国家出版基金项目
NATIONAL PUBLICATION FOUNDATION

深度学习教学改进丛书

课程教材研究所　组织研究

张国华　主编

刘月霞　副主编

U0694283

胡久华　等　著

深度学习：走向核心素养

（学科教学指南·高中化学）

教育科学出版社
·北京·

丛书编委会

本册作者团队

胡久华　刘　洋　尹博远　何彩霞　夏建华
陈　颖　支　瑶　相红英　董　娜　朱成东
陈　争　魏　锐　林红焰

丛书序

党的十八大以来，习近平总书记立足世界发展大势和国家发展全局，着眼中华民族复兴伟大梦想，紧紧围绕"培养什么人、怎样培养人、为谁培养人"这个根本问题，作出了一系列关于教育的重要论述。2019 年，《中共中央 国务院关于深化教育教学改革全面提高义务教育质量的意见》《国务院办公厅关于新时代推进普通高中育人方式改革的指导意见》对义务教育和普通高中教学改革的方向提出了明确要求，强调要培养学生学习能力，积极探索基于情境、问题导向的互动式、启发式、探究式、体验式等课堂教学，促进学生系统掌握各学科基础知识、基本技能、基本方法，培养适应终身发展和社会发展需要的正确价值观念、必备品格和关键能力。

为贯彻落实习近平总书记关于教育的重要论述和中央关于基础教育教学改革的决策部署，教育部先后印发了新修订的普通高中和义务教育课程方案及各学科课程标准，把党的教育方针中关于学生德智体美劳全面发展的总体要求具体化、细化为各门课程要培养的核心素养并提出了具体的教学要求，基础教育教学改革进入以培养学生核心素养为主要任务的新阶段。

在落实课程标准理念要求过程中我们看到，教学实践层面面临诸多问题和困难。例如，学生主体地位无法完全落实，教学模式化、问题形式化、表面化以及"教教材"依旧突出，缺乏创新性转化，特别是教师开展基于课程标准、指向核心素养培育的系统教学设计和实施的能力还不够强，出现教学目标虚化、教学内容琐碎、教学方式和教学评价固化单一等问题。

为向各地教研员和教师开展基于课程标准的教学提供方向引领与行动指导，2014年以来，教育部基础教育课程教材发展中心（现课程教材研究所）组织百余位课程、学科领域的教育专家以及优秀教研员和骨干教师，在总结我国课程教学改革经验的基础上，以边研究、边实验、边总结提炼的行动策略，研发了深度学习教学改进项目，开展基础理论研究和义务教育阶段实践研究。2019年，为顺应深化普通高中课程改革工作的迫切需要，探索落实新修订普通高中课程标准的实践路径，在持续推进义务教育深度学习研究的基础上，同时开展了普通高中深度学习教学改进项目研究工作。

我们在项目实施过程中，始终坚持理论与实践相结合。一是坚持研究先行。建立项目研究组和实验区（校）研究共同体机制，开展深度学习理论框架、教学实践模型、学科教学指南等相关理论研究。二是坚持实验为重。在全国设立5个示范区、20余个实验区、500余所实验学校，覆盖北京、天津、辽宁、山东、江苏、上海、浙江、广东、河南、湖北、新疆、四川、重庆等地，万余名教师和教研员深度参与。项目组专家对实验区进行基于问题解决的多层次、全过程、广覆盖的线上线下指导，确保实验顺利推进。三是建立研修交流机制。项目组和各实验区以"问题导向、基于案例、参与浸润"为指导思想，组织开展多样化的通识和学科研修活动，并及时总结交流项目研究取得的好的工作思路、机制、经验和成果，研究解决突出问题，规划部署和改进研究、实验工作。

经过十年的研究与实验，项目取得了一系列成果和积极成效。一是构建了指向核心素养培育的深度学习理论框架和教学实践模型，研究明确了部分学科深度学习的特征和方法策略，整体性、系统性地回答了"什么是好的教学"以及"如何实现好的教学"，丰富了我国基础教育教学理论。二是开发了部分学科深度学习教学案例和研修案例，丰富了义务教育和普通高中各学科教学指导培训资源，为广大教研员和教师提供了实践指导。三是促进了教师课堂教学能力和专业发展水平提升，为教师探索并深度参与指向核心素养培育的教学改革搭建脚手架，培养了一批掌握和运用深度学习理念，高质量实施课程教学改革的优秀教研人员和骨干教师。四是探索区域和学校课程育人的基本经验与实践模式，依托项目实验区开展研究和实验，带动一批实验区、实验学校发展，并在当地乃至全国发挥示范引领作用。

2018 年年底，我们在总结项目阶段性研究成果的基础上，策划"深度学习教学改进丛书"，陆续出版了理论普及读本和部分学科教学指南，获得了教育领域及社会各界的广泛关注和一致好评。理论普及读本重在解读基本理论和实施策略，学科教学指南重在为广大教研员和教师提供基本思路与操作方法。

近期，随着研究的不断深入，根据新修订的普通高中和义务教育课程标准，我们一方面对已出版的理论普及读本和部分学科教学指南进行修订完善；另一方面，启动其他学科教学指南的研制工作，以期实现项目研究在义务教育和普通高中的学科全覆盖。我们在出版研究成果的同时，还将通过实施培训研修、开展在线教研等方式，宣传、交流研究成果，指导、引领全国各地教研教学工作。

2023 年 5 月，教育部印发了《基础教育课程教学改革深化行动方案》，为深化基础教育课程教学改革提供了方向引领和行动指南。我们希望深度学习教学改进项目系列研究成果，能为高质量推进基于课程标准、指向核心素养培育的教学改革提供有力支撑，助力高质量基础教育体系建设，服务教育强国建设。

张国华

课程教材研究所党委书记、所长

目　录

前　言

伴随着 2017 年版普通高中课程标准的颁布，我国正式进入了核心素养为本的课程与教学时代，广大化学教育研究者和实践者围绕核心素养导向的教学进行了广泛的研究。如何更好地落实化学课程标准，如何通过教学促进学生化学学科核心素养的发展，成为化学教育工作者不断探索的问题。为了深化课堂教学改革，促进高中化学课程标准的有效实施，实现教师教学方式和学生学习方式的转变，提升化学教师的学科育人能力，经过多年的理论和实践研究，我们编写了《深度学习：走向核心素养（学科教学指南·高中化学）》（以下简称《指南》）。

《指南》界定了高中化学深度学习的内涵和意义，在明确指导思想的基础上，探讨基于课程标准设计核心素养导向单元教学的方法、策略及案例，帮助教师基于《普通高中化学课程标准（2017 年版 2020 年修订）》开展高中化学深度学习的教学实践，实施素养为本的教学，实现"教、学、评"一体化，促进学生化学学科核心素养的发展。

《指南》包括八个部分：前言、高中化学深度学习的内涵和意义、高中化学深度学习的教学设计、高中化学深度学习的关键问题与教学策略、高中化学深度学习的教学案例及分析、高中化学深度学习教学改进的推进策略、附录、后记。

第一章"高中化学深度学习的内涵和意义"，界定了高中化学深度学习的内涵（学生的深度学习），结合内涵阐述了高中化学深度学习的教学特征（对教师的教学要求），进而揭示了开展高中化学深度学习的意义：促进学生和教师的发展。高中化学深度学习的内涵关注化学学科的学习方式，强调化学学科的思维方式，既体现深度学习的普适性，又凸显学科特色；结合内涵，关联深度学习的特征，刻画高中化学深度学习的特征，并构建特征之间的内在关系；基于学生深度学习的需要，阐述高中化学深度学习的教学特征，为教师提供明确的教学改进方向；全面阐述开展高中化学深度学习对基础教育改革、基础教育实践、学生和教师的意义。

第二章"高中化学深度学习的教学设计"，首先概述了指向深度学习的教学实践模型，然后围绕四个核心要素——引领性学习主题、素养导向的学习目标、挑战性学习活动、持续性学习评价，两个支持性要素——开放性学习环境、反思性教学改进，充分考虑教师教学设计的过程和需求，按照"什么是""如何确立""诊断和优化""问题解析""实践分享"逐一展开论述。为了让教师更好地理解教学设计的方法和策略，采取理论与实例紧密结合的方式，以"粗盐精制——从微观角度看粗盐中可溶性杂质的去除"案例贯穿始终，深入剖析基于化学课程标准和教科书，以及结合学情等设计每个要素的具体方法；每个要素以其他多个教学案例作为示范，当对应第四章的教学案例时也给出对应页码，方便教师查阅。为了让老师自主评价设计的结果，《指南》提供了检验工具，并示范了基于检验工具诊断、优化案例的过程和结果。为解决教师在设计过程中遇到的具体问题，《指南》梳理了深度学习教学设计工作坊和教学改进实践活动中教师提出的问题，给出了有针对性的解决对策。为避免教师照搬《指南》提供的教学设计方法和策略，发挥优秀教师的实践智慧和引领作用，特邀请优秀教师提炼实践经验，形成"实践分享"板块。教学设计是个系统工程，第二章按照四个核心要素和两个支持性要素设置六节内容，每个要素的设计过程都充分体现多个要素间的紧密联系以及教学设计的不断具体化和完善的过程。例如，挑战性学习活动的设计，从"引领性学习主题"开始需要考虑是否设计统领整个单元的大任务；在"素养导向的学习目标"部分，从目标落实的角度考虑需要的学习活动，进而具体设计挑战性学习活动；在"持续性学习评价"部分，需要从评价任务的视角进一步完善学习活动。

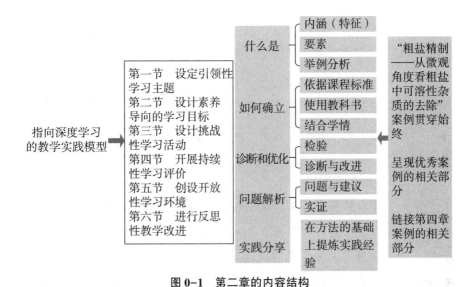

图 0-1　第二章的内容结构

第三章"高中化学深度学习的关键问题与教学策略"，依据中学化学的核心内容，设置无机物主题、化学反应原理模块、物质结构与性质模块、有机化学基础模块四节内容。每节首先从开展深度学习教学的视角，结合教学实践的实际情况抽提关键问题；教学策略部分，先基于课程标准刻画核心素养的表现性要求，再针对关键问题给出教学策略，凸显每个内容模块的特点，不同模块在教材使用、活动设计、评价设计等方面各有侧重。

第四章"高中化学深度学习的教学案例及分析"，精心开发了 6 个典型的案例，覆盖了高中化学必修和选择性必修模块，既有项目学习、社会性科学议题教学等大任务统领整个单元的教学案例，又有模型建构等知识逻辑与素养进阶融合的单元教学案例。这些教学案例均经过专家及教师的共同研讨，经过多轮次的教学实施改进，符合深度学习教学的特征，能够真实地促进学生深度学习。教学案例能够体现内容模块教学的典型特征，呈现解决该内容模块关键问题的教学策略。为了便于教师理解和借鉴，教学案例的呈现不仅给出了设计结果，还注重来源、设计思路等过程性内容，促进教师借助案例迁移核心素养导向单元教学设计的方法与策略。

第五章"高中化学深度学习教学改进的推进策略"，从区域、学校、教师三个层面，展现高中化学深度学习教学改进的推进策略和发展历程。

附录部分，包括指向深度学习的高中教学设计模板和案例模板、用于检验深度学习的教学设计的必备工具等内容。

后记描述了本书的编写背景、每个部分的执笔作者及给予各方面支持的学者。

《指南》中既有实用的教学设计的方法与策略，又有丰富、翔实的典型案例，还有教师实践智慧的分享、针对性强的答疑解惑、用于诊断和改进的工具，为教师开展指向深度学习的教学提供全方位的支持，教师可根据自身需求和实际情况选择不同的阅读路径和使用方式。若对深度学习已有一定的认识和了解，希望进一步开展教学实践探索，建议按照《指南》现有的内容呈现顺序进行阅读；若希望先对深度学习的教学有一个感性认识，在此基础上再了解深度学习的理论基础及实践策略，建议先阅读第四章的教学案例，再阅读第一章至第三章的内容；若已经具有一定的深度学习实践经验，希望就具体问题加深理论认识、丰富实践策略，可将第二章中的具体内容（如"设定引领性学习主题"）与第四章教学案例中的相应部分进行整合阅读。非常鼓励教师选定一个教学内容，结合第二章的教学设计方法，自主完成单元教学设计、实施和改进完善，在此基础上进行总结反思，并与问题解析、实践分享等板块内容联系，产生观点的碰撞。

第一章
高中化学深度学习的
内涵和意义

作为核心素养落地的有效途径，深度学习引发了教育领域的广泛探索。化学学科核心素养的培育与学生的化学深度学习过程息息相关，那么，什么是高中化学深度学习？实现深度学习的高中化学教学具有怎样的特征？本章立足理论视角，介绍高中化学深度学习的内涵和特征、高中化学深度学习的教学特征，以及开展高中化学深度学习的意义，为本书提供理论基础。

第一节　高中化学深度学习的内涵和特征

什么是深度学习？课程教材研究所负责的深度学习总项目组将其界定为："在教学中，学生积极参与、全身心投入、获得健康发展的、有意义的学习过程。在这个学习过程中，学生在素养导向的学习目标的引领下、聚焦引领性学习主题、展开有挑战性的学习任务与活动，掌握学科基础知识与方法、体会学科基本思想、建构知识结构、理解并评判学习内容与过程；能够综合运用知识和方法创造性地解决问题，形成积极的内在学习动机、高级的社会性情感和正确的价值观，成为既有扎实学识基础、又有独立思考能力，善于合作、有社会责任感、具备创新精神和实践能力、能够创造美好未来的社会实践的主人。"[1]

该界定体现了深度学习五个方面的特征：活动与体验、联想与结构、本质与变式、迁移与创造、价值与评判[2]，体现了教学应该关注的核心要素。

一、高中化学深度学习的内涵

根据化学学科学习的特征，结合高中化学课程及教学内容，高中化学深度学习的内涵如下：学生在素养导向目标的引领下，聚焦引领性学习主题，开展以化学实验为主的挑战性探究实践活动。在这个过程中，学生全身心投入，从宏微结合、变化守恒的视角，运用证据推

---

[1]　引自教育部基础教育课程教材发展中心高中深度学习研究报告，内部资料，2021 年。
[2]　同①。

理与模型认知的思维方式，习得结构化的核心知识，形成问题解决的思路方法，建构化学观念，发展科学思维，提升探究创新能力，形成积极的学习动机，内化科学态度与社会责任，成为会学习、善合作、有责任、能担当的未来社会实践的主人。

化学学科的深度学习在符合深度学习内涵的基础上，突出了化学学科的特征，具体体现在以下两方面。

一是要求学生经历体现化学学科思维方式的深度学习过程，即学生建立解决问题的角度、思路，这类体现化学学科特征、承载化学学科核心素养的角度和思路组成了化学学科思维方式。"引领性学习主题"首先定位了具有素养功能的核心知识，即主题能够统摄和整合其他具有重要功能和价值的知识。接着，在核心知识基础上构建知识结构，将结构化的核心知识转化为解决问题的角度、思路，将静态的化学观念转化为动态的学生思维方式，如将化学学科中的微粒观、平衡观等转化为解决水溶液、化学平衡问题的角度和思路。学生在分析溶液问题时，从微粒种类和数量、微粒间相互作用和作用结果等角度进行分析，将微粒观转化为学生解决溶液问题的思维方式，促进学生宏观辨识与微观探析的化学学科核心素养发展。"挑战性学习活动"凸显化学学科的活动类型，强调以化学实验为主的探究实践活动，促进学生核心素养的发展进阶。学生"全身心投入"的过程即主动参与、积极思考、合作交流等深度学习的过程，是实现深度学习结果的前提。

二是突出学生深度学习的结果为核心素养的发展。"素养导向的学习目标"既要体现素养时代对学生发展的要求，又要兼顾高中阶段对学生化学学科核心素养的要求，促进学生建构化学观念，发展科学思维，形成宏微结合、证据推理、模型认知等化学学科思维方式，强调化学学科核心素养的具体表现。与此同时，学生产生对学习的积极态度，形成内在动机。在核心素养发展的目标导向下，学生的深度学习动机和采取的深度学习策略贯通深度学习的全过程。

二、高中化学深度学习的特征

高中化学深度学习，以立德树人为根本任务，以培养学生核心素养为目标追求，是学生主动参与、全身心投入、获得健康发展的有意义的化学学习过程，具有以下五方面特征：以化学实验为主的探究实践与活动体验、自主建构化学观念与认知模型、宏微结合的推理与论证、指向化学问题解决的迁移与创新、体现社会责任的价值与评判。

1. 以化学实验为主的探究实践与活动体验

"以化学实验为主的探究实践与活动体验"指向了化学学习的重要途径和运行机制。一方面，这一特征彰显了化学学科以实验为基础的特点，强调了作为高中化学学习重要组成部分的化学实验，不仅是学生学习的重要内容，也是学生学习化学的重要途径和主要方式，在发展学生的化学学科核心素养方面具有不可替代的重要作用。另一方面，这一特征同时也强调了学生主动参与、全身心投入以实验为主的探究实践时的内在体验，包括：经历对所学学科内容的感知、理解和应用的思维加工过程，体悟知识所承载的思想、价值和意义，等等。这个特征的上述两方面互融一体，相互依存，相辅相成。学生主动参与以化学实验为主的探究实践活动是开展化学深度学习的前提条件，学生在有意义的活动中的感知觉、思维、情感、意志、价值观等[①]多维内在体验，是高中化学深度学习真正发生的重要标志。

这个特征提醒教师要真正落实学生在教学中的主体地位，要充分认识化学实验对于学生化学学科核心素养发展的独特价值[②]，在设计以化学实验为主的探究实践活动时，应以化学概念的建立、知识结构的搭建为基础，着重培养学生利用实验学习知识和发展解决问题的能力。例如，在"电解质的电离"教学中，通过氯化钠等电解质在水溶液中或熔融状态下能导电的实验事实，针对实验现象进行科学分析、推理，识别宏观现象与微观实质的因果关系，进而形成"电离"概念，并以此为基础来认识氯化钠等电解质在水中的变化和微粒存在形态，以及从电离的角度再认识酸、碱、盐。总之，在高中化学教学中，教师应结合具体教学内容的特点和学生的发展需要，尽可能设计富有挑战性

---

① 郭华. 深度学习及其意义 [J]. 课程·教材·教法, 2016, 36（11）: 26.
② 中华人民共和国教育部. 普通高中化学课程标准（2017 年版 2020 年修订）[M]. 北京：人民教育出版社, 2020: 72.

的以化学实验为主的多种探究实践活动，如针对实验现象进行科学分析和解释，基于证据推理得出结论、构建因果关系并预测可能的结果，分析问题并评价和设计实验方案等，以吸引学生持续地投入主动参与、学思并重、学以致用、自主健康发展的化学深度学习过程中。

2. 自主建构化学观念与认知模型

"自主建构化学观念与认知模型"主要指向化学学科的学习结果，强调学生主动对学习内容进行深度加工，形成对学科思想方法的深刻理解和内化。

这一特征的内涵主要包括以下三个方面：一是在化学学习中，学生在充分感知的基础上，要聚焦学科大概念、核心概念，主动建构化学观念，主动探寻知识间的关联，将知识结构化，实现对学科思想方法的深刻理解。学科大概念整合了化学学科本体论意义、认识论与方法论意义以及价值论意义[①]，对学科内容所反映的事物与现象有较强的解释力和较高的归纳程度[②]；二是针对要探究的事物或问题，要以化学学科的思想方法、化学观念、大概念为统摄，将结构化的知识转化为分析和解决化学问题的认识角度和认识思路，进而内化形成从化学视角发现、分析和解决相关问题的思维方法或认知模型，使知识具备功能性和可迁移性；三是上述两方面都需要学生主动将新知识与原有认知结构建立联系，在新、旧经验之间反复的双向作用过程中，通过事实感知、概念关联、推理和论证、问题解决等类型的活动，在建构化学观念与认知模型的同时，实现对原有经验的改造和重组，从而获得和发展解决化学问题所需要的新技能、新思路和新方法。

本特征强调教学要着眼于化学学科的思想和方法，这是实现化学知识向化学学科核心素养转化的关键。这个特征提醒教师要加强化学学科理解，准确分析和把握化学具体知识所承载的化学思想和观念，要重视核心概念、大概念具备的认识论和方法论功能，发挥其对于认

---

① 中华人民共和国教育部. 义务教育化学课程标准（2022年版）[M]. 北京：北京师范大学出版社，2022：42.

② 樊洁. 普通高中教师如何理解"大概念"？[J]. 全球教育展望，2022，51（1）：88.

识和解决相关问题的迁移价值，即作为认识方式的普遍意义①。在高中化学教学中，教师应根据教学内容的特点和学生的实际，注重将"自主建构化学观念与认知模型"同"以化学实验为主的探究实践与活动体验"等进行整体规划设计，通过结构化教学内容设计，利用典型的有意义的学习材料和活动，激发学生积极思考，主动探索知识的内在联系，进而领悟其中蕴含的更有普遍意义的、更具有迁移价值的学科思想和解决问题的思路方法。

例如，在"科学补铁——基于'价-类'视角认识铁及其化合物"教学案例中，教师的教学设计主要有：一方面，引导学生自主对铁及其化合物按物质类别进行分类，应用物质类别间反应规律预测 FeO、$Fe(OH)_3$ 与 HCl 溶液的反应，从物质类别、元素价态的角度建构铁及其化合物的"价-类"二维图；另一方面，引导学生合理选择试剂来验证 Fe^{3+} 的性质，设计实验并基于证据说明 Fe^{3+} 的性质，巩固探究物质性质的思路和方法，并通过该思路方法自主探究 Fe^{2+} 的性质；通过补铁剂中铁元素价态的检验，学会 Fe^{2+}、Fe^{3+} 的检验方法，建立在真实复杂体系中分析微粒间相互作用和排除干扰的思路，构建物质检验类问题的解决思路和方法。

3. 宏微结合的推理与论证

"宏微结合的推理与论证"，指的是化学学习的思维过程或方法方面的特征，突出了对化学学科思维方式（宏微结合）、科学思维（证据推理与论证）的强调，这是发展学生思维和能力的关键所在。

在学习中，学习什么知识（学习内容）以及如何思考并运用知识（认知或思维过程）是关乎学生知识理解、思维发展和能力培养的两个重要方面。科学思维是能力的核心，是创造力的基础②。能力以知识为载体，必须通过学生的体验和思维活动才能获得发展。化学学习以化学知识为载体，其认识活动的核心是化学思维。"宏微结合的推理与论

---

① 王磊．基于培养学生高级思维和创新能力的化学探究教学发展趋势［J］．化学教育，2014，35（7）：8.

② 同①：6.

证"同"自主建构化学观念与认知模型"有着内在的关联，两者相互依存，相伴而生，前者指的是化学学习的思维过程或方法，后者强调对化学学习内容进行思维加工的结果，是化学深度学习需要统筹兼顾的两个重要维度。

这个特征提醒教师要把化学观念和科学思维作为教学的着力点，应结合具体教学内容的特点和学生的实际情况，尽可能设计多样化的探究任务，引导学生以观察、实验为基础，开展分类与概括、证据与推理、模型与解释、符号与表征等具有化学学科特质的学习活动①，通过内在的思维活动带动基础知识与技能的教学，通过对化学学科知识的思维加工，完成化学观念建构和认知模型建立，培养和发展思维与能力。

例如，在"粗盐精制——从微观角度看粗盐中可溶性杂质的去除"教学案例中，"从微观角度分析粗盐溶液与碳酸钠溶液混合后发生的变化"这一环节的师生互动，展现了学生经历的"宏微结合的推理与论证"深度学习过程。学生小组合作自主模拟溶液中发生反应的微观过程，教师指导学生基于证据推理与论证，学生通过化学实验进一步验证，不断结合宏观证据论证微观本质。在此过程中，学生全身心投入，积极思考，合作交流。

[教师] 请小组讨论，并用白板和磁力贴模拟粗盐溶液中加入碳酸钠溶液的微观过程。

[组1学生] 展示摆放结果，并说明摆放的原因。因为钙离子与碳酸根离子结合生成碳酸钙沉淀，所以放置在白板最下部，表示脱离溶液；其他离子是自由移动的状态，所以放置在白板上部，表示在溶液中。

[教师] 引导学生思考碳酸根离子和钙离子生成沉淀是否有证据支持。追问碳酸钠里的钠离子是否与溶液中其他的离子反应。

[组1学生] 因为两种离子共同作用生成沉淀，证明反应的进

① 中华人民共和国教育部. 普通高中化学课程标准（2017年版2020年修订）[M]. 北京：人民教育出版社，2020：74.

行。钠离子没有与其他离子反应，仍在溶液中自由移动。

［教师］指出该过程为学生的想象，需要证据支持。

［证据展示1］向100 mL粗盐溶液中逐滴加入50 mL碳酸钠溶液，使用钙离子传感器，呈现整个过程中钙离子浓度的变化。

［教师］追问钙离子浓度下降是否证明钙离子与碳酸根离子一定发生了反应。

［学生］不能。加入碳酸钠溶液的同时也加入了水，相当于溶剂变多，钙离子浓度也会下降。

［教师］如何消除稀释对钙离子浓度的影响？

［学生］往里面加入等量蒸馏水，进行对比。

［证据展示2］增加对比实验后，向100 mL粗盐溶液中逐滴加入50 mL碳酸钠溶液，粗盐溶液中的钙离子和氯离子浓度变化。

［教师］引导学生分析证据，证明微观过程的假设。

4. 指向化学问题解决的迁移与创新

"指向化学问题解决的迁移与创新"，指的是在化学学习中学生将所学知识向实践应用转化，外显为综合解决化学问题的创新意识和实践能力。这既是对学习结果的检验，也是发展学生化学学科核心素养的重要途径和方式。

这一特征强调了高中化学深度学习的目的是学生能学以致用，能解决真实情境下的化学问题，而不只是单纯掌握知识与技能。"迁移"是学习发生的重要指标[①]，将所学化学知识"迁移"运用于化学问题的发现、分析和解决的过程中，是学生内化学习内容之后的外化表现，是学生化学学科活动经验的拓展和提升。"创新"是"迁移"的高级形式，需要学生在化学问题解决中具有批判性思维、创新意识和综合实践能力，能够利用所学知识有效解决各种情境中的相对复杂的化学问题，如能发现和提出有探究价值的化学问题，针对所提出的问题能

---

① 刘月霞，郭华. 深度学习：走向核心素养（理论普及读本）［M］. 北京：教育科学出版社，2018：60.

够提出假设、设计探究方案，运用化学实验、调查等方法进行探究实践，能对探究实践中观察、收集的信息进行加工并获得结论，能够对探究实践的成果提出进一步探究或改进的设想，等等。

本特征不只是知识的迁移运用，还蕴含着深入的再学习，包括：在变化的情境中练习和应用所学知识来解决实际问题，实现将知识向解决问题的思路方法和能力的转化；并通过创造性应用来建构新知识，完善和发展所掌握的新技能、新方法，实现对原有认识、经验的重组和改造。

这个特征提醒教师在教学中"应注意设计真实情境下不同复杂和陌生程度的问题解决活动"[①]，为学生理解现实世界、解决实际问题以及体会知识学习的意义创造机会，或为学生将来要从事的社会实践提供模拟活动，使学生能够实现知识的实践转化和综合运用，并在这样的活动中培养思维，历练能力，积累经验，形成积极的情感态度。

5. 体现社会责任的价值与评判

"体现社会责任的价值与评判"，反映学生的价值立场与价值判断，表现为学生对于化学学习内容、学习过程的理解与反思，是落实科学态度与社会责任的化学学科核心素养的重要途径，也是化学学科育人的价值追求和意义所在。

这个特征强调了化学学科培养崇尚科学，能独立思考，有社会责任感，具有利用化学知识服务于社会、集体、他人的意识和能力的学生的目标，主要包括以下四个层面：一是深刻认识化学对社会发展、科技进步、人类生活质量提高、人类文明可持续发展，有着广泛而深刻的影响并发挥着日益重要的作用，热爱化学科学，能够积极参与有关化学问题的科学探究与社会实践活动，初步树立利用化学知识报效社会的志向；二是正确理解所学化学知识的作用及局限，建立从化学、技术、社会和环境等多角度综合考虑、系统分析的意识，具备应用化学知识时必须考虑化学过程对自然带来的各种影响的意识，认同并坚

---

① 中华人民共和国教育部. 普通高中化学课程标准（2017年版2020年修订）[M]. 北京：人民教育出版社，2020：74.

持"绿色化学"思想，"能依据'绿色化学'思想分析某些化工生产过程的特点和存在的问题，探讨系统化处理或解决问题的基本思路"①，在利用化学知识解决生活中的问题时，能够具有安全意识和严谨求实的科学态度，遵守科学规范、道德伦理；三是体会到化学学习在促进自身成长包括开阔视野、学习知识、培养思维、掌握技能方法、形成科学观念等方面的意义，乐于运用所学化学知识和方法分析、解释或解决日常生活中较复杂的化学问题，保持对自然现象的好奇心、探索欲和求知欲，形成科学的生活态度、生活观念和生活方式；四是有积极利用化学知识为公共决策及社会、集体、他人提供可行意见和建议的意识，能依据化学原理及规律、采取辩证观点、秉持科学态度对有关化学的生活问题或社会热点问题做出正确的价值判断，能根据实际情况权衡利弊，提出理智、科学的决策或建议，做崇尚化学科学的传播者，做科学合理利用化学知识为人们生活、生产服务的宣传者和实践者。

本特征以化学知识的学习、理解、运用与反思为载体，应贯穿化学学习各个阶段的活动和实践。这个特征提醒教师要坚定以学生发展为中心的基本理念，意味着化学教学不仅要让学生学习化学知识、思想和方法，更为重要的是让学生形成探索未知世界，能够科学地生活、学习，以及利用化学知识服务社会、服务他人所必备的品格和能力。在高中化学教学中，教师要根据教学内容的特点和学生的发展需要，充分挖掘教学内容在学科育人方面的功能价值，有计划、有目的地设计和开展形式多样的"体现社会责任的价值与评判"活动，为学生必备品格和正确价值观的形成创造学习、体验和实践的机会和空间，让化学学科育人真正落地。

例如，在"科学补铁——基于'价-类'视角认识铁及其化合物"教学案例中，教师在设计和实施教学时，注重引导学生经历补铁剂的选择、使用注意事项、补铁剂的检验等学习过程，不仅促进学生体会解决真实问题的逻辑和思路，形成解决问题的方法和策略，而且让学生真切感受到化学与生活密切相关，深入体会化学的学科价值和社会

---

① 中华人民共和国教育部. 普通高中化学课程标准（2017 年版 2020 年修订）[M]. 北京：人民教育出版社，2020：60.

价值。

　　高中化学深度学习五个方面的特征之间有着内在的关联，各自反映了其中的某个维度或某一侧面。在化学学习中，它们互融一体，相互依存，相伴而生（见图 1-1-1）。"自主建构化学观念与认知模型"强调对学习内容的深度加工和内化，"指向化学问题解决的迁移与创新"则是将内化的知识运用于解决实际问题，前者是后者的基础，后者是前者的实践转化，同时也是对前者的检验，反过来可以促进前者的丰富和完善。无论是"自主建构化学观念与认知模型"，还是"指向化学问题解决的迁移与创新"，都需要学生主动经历"以化学实验为主的探究实践与活动体验"，通过"宏微结合的推理与论证"才能得以实现；反过来，"指向化学问题解决的迁移与创新"又能够丰富、拓展学生的活动与体验，也能够促进学生宏微结合、推理与论证等思维与能力的培养。基于上述各方面的综合协同作用，引领学生对学习的内容、过程和结果进行理解及反思，"体现社会责任的价值与评判"，实现价值引领和品格塑造，促进学生化学学科核心素养的全面、协调发展。

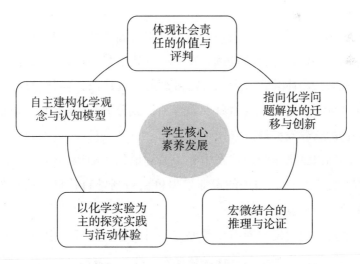

图 1-1-1　高中化学深度学习的特征

第二节 高中化学深度学习的教学特征

高中化学深度学习的五个特征，既满足深度学习的主要特征，又凸显了化学学习的特征，彰显了化学学科独特的育人价值。若要将这种育人价值落到实处，在日常教学中体现出来，就需要实施匹配深度学习特征的化学教学。首先，教师需要注重核心知识的素养发展价值，将学科观念、学科推理和研究方法、问题解决和价值意义等与核心知识建立关联；其次，教师需要设计有层次、可进阶的单元教学，将素养发展目标按合理的逻辑和顺序融入其中；再次，通过探究实践、观念建构、推理论证、问题解决和价值评判等多样化的挑战性学习活动，将素养发展目标落实到课堂上；最后，借由基于学生学习的评价，收集学生核心素养发展的证据并反思、改进教学，实现"教、学、评"一体化，确保素养发展目标落实到位。

一、注重核心知识的素养发展价值

化学深度学习在学习内容上强调化学观念和认知模型的建构，强调化学的社会责任和价值评判，在学习方式上强调以化学实验为主的探究实践和活动体验、宏微结合的推理与论证以及指向化学问题解决的迁移和创新。这就需要教师在教学前，充分分析教学内容，特别是核心知识的素养发展价值。

核心知识是指在知识体系中处于关键地位的知识，通常对应学科中的重要发现。核心知识的素养发展价值包括学科价值、认识价值、社会价值和情意发展价值。

由于这些重要发现回答了重要的学科问题，完善了学科的知识体系，因而在学科发展史上具有重要意义。如"元素周期律/表"揭示了元素性质的周期性变化规律，并为原子结构的发现提供了线索；再如对化学平衡的研究解释了化学反应存在限度的原因，并对反应调控有重要的意义。从学科知识体系的角度看，核心知识可以衍生出一系列知识；核心知识也是科学推理的重要节点，基于核心知识可以关联、推论和解释一系列具体知识。以"原电池"为例，这一核心知识将化学中的氧化还原反应与物理中的电能、电流等知识关联起来，并可用于比较物质的氧化性、还原性强弱，解释金属腐蚀现象，还使得电解成为可能，推动了一批新元素的发现。可见核心知识可以丰富和完善学科知识体系，可以生产新的知识。体现深度学习的教学应聚焦核心知识，让学生通过理解核心知识从而形成结构合理、可以在宏观和微观层面进行推理的知识体系，而不是通过记忆堆砌静态的、零散的具体知识。聚焦核心知识是实现深度学习的基础。

知识学习除了改变认识结果之外，还会改变人们认识世界和解决问题的思维方式，这就是知识的"认识价值"。越接近核心的知识，其认识价值越显著。核心知识的认识价值通常体现在：①聚焦化学的认识对象和研究问题；②形成针对特定领域问题的具有化学学科特点的认识角度和思路；③通过对不同领域问题的认识，阐释和发展化学学科观念。以"原电池"这一核心知识为例，它涉及物质与能量变化这一领域，具体研究的是如何将化学能转化为电能这一问题。这涉及两个认识对象，一个是氧化还原反应，这是物质与能量转化的基本原理之一；另一个是原电池装置，这是物质与能量转化的载体。针对原电池装置，可以概括出电极材料、电子导体和离子导体等认识角度；针对原电池反应原理，可以概括出电极反应物及电极反应、电子移动和离子移动等认识角度。根据已知信息将这些认识角度组合起来，就形成了认识原电池和实用电池的基本思路。

因此，体现深度学习的原电池教学并不能仅关注原电池的定义和形成条件，还要关注物质与能量变化这一跨学科概念，充分借助物理学中"电势差""闭合回路"等相关知识帮助学生自主建构关于原电池的认识角度和思路，并在分析不同类型原电池的过程中，形成原电池认识模型。聚焦认识对象和研究问题是为了调用本学科的学科观念（如变化观念、宏微结合观念等）和其他学科的基础知识；形成认识角度、思路和认识模型是为了"在万变中求不变"，支持学生自主形成宏微关联的学科推理，避免陷入纷繁的具体现象中。此外，借助已有的认识角度和思路，可以支持学生对陌生电池进行分析和设计，促进核心知识在问题解决中的迁移应用。化学教师在进行教学设计前，需要对核心知识的认识价值有充分思考，方能设计出符合深度学习要求的教学。

核心知识还具有社会价值和情意发展价值，是深度学习中学生做出"体现社会责任的价值与评判"的基础。这种社会价值和情意发展价值表现在多个方面。首先，学习知识最终是为了解决问题。有些核心知识与实际应用关联紧密，可以迁移应用到实际问题中，这样的核心知识就具有直接的社会应用价值。其次，很多学科知识关联着重要的社会性科学议题，如硫及其化合物、氮及其化合物就与工业生产和污染治理紧密相关。在解决问题的过程中，经常需要结合学科知识和实际情况对原理进行选择，或者对方案进行评估，进而做出判断和决策。这类学科知识将学生与社会问题、决策责任关联起来，间接地体现出其社会价值和情意发展价值。最后，还有些知识明确地展现了化学工作者的科学态度和价值追求，如"绿色化学""原子利用率"等，这些知识可以引导学生更好地、更理性地做出判断和决策。以"原电池"这一核心知识为例，构造原电池可以实现能量转化，因此可以用于供能与储能；原电池工作时还伴随有物质变化，可以使氧化还原反应的速率加快，因此可以用于某些废水的处理，以及预防金属材料的腐蚀。"原电池"体现着人们对化学变化的创造性应用和调控，因此这一核心知识对学生的创新意识、科学使用（化学知识/技术）意识都有明显的促进作用，还可以让学生辩证认识化学反应，趋利避害。

值得注意的是，上述素养发展价值不是笼统的、空泛的，而是基于核心知识的。核心知识不同，其蕴含的素养发展价值也不同。例如，基于电离、离子反应等核心知识，形成的是对溶液组成、导电性现象的宏观辨识，以及溶液中微粒种类、数量和相互作用的微观探析；基于原子结构、元素周期律等核心知识，形成的是对不同元素原子结构的微观认识，以及对元素性质周期性变化、物质性质递变的宏观认识。在深度学习中，教师需要结合核心知识具体分析其素养发展价值，避免笼统、模糊的描述。课程标准中的内容要求、学业要求部分概括化地阐述了核心知识的素养发展价值，教师可以在此基础上进一步具体化。

二、指向素养进阶的单元教学

传统教学将知识点分散在单课时教学中，通常倡导"堂堂清"。在这种短期压力下，教师倾向于分配较多的时间来做练习，强化每一个知识点。这就使得单课时教学中缺少让学生经历探究、自主建构知识和学科观念，以及应用它们来解决问题的时间。深度学习的教学需要突破传统单课时设计的局限性，通过单元教学设计统筹考虑多个课时，让课时之间形成合力。通过前后内容之间的逻辑顺承和呼应，将后续内容作为先前知识的应用，减少机械性的巩固训练；通过循序渐进的活动规划，指向多个知识目标，提高效率，为学生开展自主探究、知识建构、问题解决、价值评判等活动提供时间保证，也让更具素养发展价值的核心知识分配到更多学习时间。

深度学习的教学中的单元，指的是围绕特定主题形成的"学习单元"。学习单元是指围绕大概念、核心概念，将学习内容中零散的、碎片化的知识整合起来所形成的结构化的学习内容和高度整合的学习过程，特定主题贯穿学习单元始终。学习单元的规划和设计可以遵循不同的逻辑，例如，指向探究实践和活动体验，或者指向学科知识、认知模型的建构，又或者指向实际问题解决或社会性科学议题的评判等。高水平的学习单元规划可能同时兼顾上述两条或以上的逻辑。学习单元的规划应站在学生素养发展的立场上，应突出深度学习的特点，因此可能与教科书的单元不一致，教师可根据需要选择和重组教科书内容。

促进学生的化学学科核心素养发展是高中化学深度学习的内核和最终目标。无论教师的单元设计倾向于何种逻辑，都需要体现和服务于化学学科核心素养的发展。化学学科核心素养的发展是持续性的，不是一个"突变"过程，每节课都要对素养发展有所贡献。学科核心素养的发展并不是知识积累到一定程度时的自然产物，它需要师生做好多方面的准备。这种准备既包括知识结构的建立和落实，也包括认识角度和思路的概括，还包括学生对真实问题理解的逐步加深以及自主建构能力的发展。因此，需要对核心素养在不同课时中的发展进行规划，确定素养进阶的若干节点，并与课时相对应，从而设计出指向核心素养进阶的单元教学。

核心知识的学习、认识对象的变化以及应用领域的丰富都可能推动核心素养的发展进阶。以突出"变化观念"发展的电解质的电离与离子反应单元教学规划为例，"基于电离认识电解质在溶液中的微观存在与变化过程"是单元规划的第一个阶段，此阶段应支持学生依托宏观证据进行微观想象，自主建构和应用电离概念；"基于离子反应认识多种电解质在溶液中的反应及其规律"是单元规划的第二个阶段，此阶段应先诊断多溶质情况下学生能否自主应用电离知识分析问题，再结合宏观电导率及其他离子浓度变化的证据形成离子反应概念，并结合微观想象概括离子方程式的书写规则；"基于电离、离子反应解决复杂离子检验与除杂问题"是单元规划的第三个阶段，此阶段应让学生有机会设计离子检验和除杂方案，并借此检验电离、离子反应知识的掌握情况。可见，通过学习单元的规划与设计，将电离、离子反应、离子检验三个内容系统关联起来，在学生自主探究和知识建构活动中达到了检验、巩固和迁移应用前序知识的目的，由此为学生活动的开展营造了空间。

三、承载素养发展功能的挑战性学习活动

指向深度学习的化学教学强调"以化学实验为主的探究实践与活动体验""宏微结合的推理与论证""指向化学问题解决的迁移和创新"等，其共同特征是关注学生在学习中的主体地位。因此深度学习的开展需要依托一系列挑战性学习活动。挑战性学习活动要有一定的难度，但是这种难度不应是单纯的、抽象的、虚构的难度。要避免由于知识超过课标要求（如将大学知识直接"下放"）、复杂公式计算

和抽象逻辑判断等带来的难度，应鼓励由有意义的、体现学科独特思维和实践的、具有创造性的任务带来的难度。顾名思义，挑战性学习活动过程应对学生现有的知识、经验、方法、观念等构成挑战。

挑战性学习活动需要承载素养发展功能，其中很重要的一个方面就是要促进核心知识的理解与内化，促进核心知识向认识角度、思路和学科观念转化，在思维上对学生形成挑战。例如，通过植物营养液的配制活动，让学生发现不同宏观组分营养液在微观上可能完全相同，某些组分组合在一起可能降低营养液效果等事实，挑战学生原有的基于具体物质的宏观认识，促使学生基于电离、离子反应等核心概念，认识物质在溶液中的存在形态、微粒种类与数量变化及其规律，形成微观认识，发展学生的微粒观和变化观，提升解决真实问题的能力。通常来说，挑战性学习活动应当促使学生关注核心知识背后的学科问题，并将知识结构化，将核心知识内化为针对一类研究对象的认识角度和思路，建构针对此类研究对象的、稳定的认知模型，最终内化为学科观念。因此在设计挑战性学习活动时，应重视通过探究、建模和反思类活动实现上述目标。

挑战性学习活动承载素养发展功能的第二个方面是提升基于核心知识、认识角度和学科观念解决实际问题的能力。因此挑战性学习活动通常会依托真实问题情境展开。真实问题不仅包括生产生活领域中的问题，也包括科学史与前沿发展，以及实验探究中的问题等。真实问题一方面为核心知识的建构提供了驱动力，另一方面为核心知识、认识角度和思路、学科观念的应用提供了契机。挑战性学习活动中的真实问题情境要匹配核心知识所回答的基本问题，在问题解决中应能调用核心知识及基于此形成的认识角度和思路。例如，硫及其化合物、氮及其化合物等核心知识回答了物质性质与转化的基本问题，燃煤脱硫、脱硝方案设计等挑战性学习活动恰能匹配这一点。在脱硫、脱硝方案设计中，学生需要形成从物质类别和化合价视角认识和研究含硫、含氮物质的性质及转化。在选取真实情境时，需要判断和聚焦真实问题中对素养发展贡献最明显的部分，避免陷入某些在当前阶段难以解决的细节问题中。

挑战性学习活动承载素养发展功能的第三个方面是为创新意识、科学态度、正确价值观的培养等提供载体。真实情境往往具有较大开放性和思维空间，同时包含了来自现实条件的约束，学生的思维会在其中经历从发散到聚敛的过程，有助于系统思维和创新意识的培养；真实情境还能激发学生的兴趣，促进师生、生生间的交流互动，促进学生的全身心参与，将学生卷入历史、社会、科学发展的大场景中，并将情感投入其中。在真实问题解决中，学生会展现出价值立场，做出价值评判，为科学态度和价值观的培养提供契机。

承载素养发展功能的挑战性学习活动至少要具备上述某一个方面的特点。高水平的挑战性学习活动可以兼具上述所有方面。挑战性学习活动是深度学习最直观、最突出的教学特征。

四、基于学生学习的"教、学、评"一体化

指向深度学习的化学教学中前三个特征侧重在教师将学科观念、认识角度与思路以及态度与责任等融入核心知识，并通过合理设计的挑战性学习活动让学生体验和领悟；学生体验和领悟的效果则需要基于学生学习的评价反馈给教师，帮助教师改进教学。深度学习的教学中强调的"教、学、评"一体化主要指教师全面、深入参与"教、学、评"的过程，强调了解和诊断学生情况，针对学生情况开展教学，教学中基于学生学习设计活动，针对学生观点提供反馈和指导，将作业与课堂教学统整设计，基于作业情况反思、调整后续教学等。

在深度学习中，学生通过参与挑战性学习活动学习核心知识，形成化学学科思维方式并解决实际问题，学习的效果既反映在认识结果中，也反映在分析和解决问题的过程中，因此需要将过程中学生的主要观点、问题、困惑暴露出来，由教师进行判断，提供反馈、适时指导，并根据需要补充信息、追问或解释等。为了实现这一目标，需要将评价融入教学活动的设计中，并且将评价与后续指导、教学调整相关联，提前做好预案和准备。

需要特别注意的是，这里的评价应以促进学习为目的，而不应以

区分学生为目的。因此评价要有针对性，要与学生学习目标以及核心教学内容相一致。深度学习的学习目标通常是多维度整合的，涵盖核心知识、学科思维、关键能力、科学态度和价值观等，因此深度学习的评价也需要是多维度的。教师要特别关注对宏微结合、变化守恒等学科观念，以及推理、模型建构、探究、创新等关键能力的评价，并在此基础上，根据学生学习情况和评价结果对教学进行动态调整。这种调整既包括基于学生情况进行的课前调整，也包括基于课上学生的活动表现进行的即时调整、基于学生课后作业的完成情况等进行的后续教学活动的调整。

此外，深度学习的教学的"教、学、评"一体化强调基于学生学习，其中一个最核心的问题是研究学生的活动表现，开展基于学生活动表现的评价（即表现性评价）。教师需要从学生的视角出发，预期学生可能的活动表现，根据活动表现推测学生对核心知识、关键能力的掌握情况，以及态度价值观的发展状况。化学学科中很多学习活动都可以用于开展表现性评价。例如，在面对问题时由学生提出猜想假设，让学生进行方案设计，做实验前让学生预测现象并说明依据，实验后让学生基于现象或数据建构解释等。开展表现性评价时，教师需要倾听学生的观点、延迟判断、适当追问，避免因引导或纠正打断学生的表述，失去诊断时机。学生表达观点之后，教师需要结合预期，对学生的现状和问题做出判断和反馈。

第三节　开展高中化学深度学习的意义

指向深度学习的化学教学主要针对化学教学实践中培育学生的化学学科核心素养方面的主要问题进行教学改进，促进学生学习方式发生真正的改变，落实学生的核心素养发展，从而促进高中化学课程标准在实践层面的有效实施。在信息化时代，学生的学习方式需要发生改变，课堂教学的使命和方式需要发生改变：开展深度学习有利于揭示和理解当今时代的学习本质，推动教师教学方式变革，实现学生学习方式转变。在素养时代，如何才能基于学科教学，全面发挥学科育人价值，实现学生核心素养的发展？这需要教师提升学科育人能力，掌握基于核心知识提升学生核心素养的教学设计与实施能力。

一、深化课堂教学改革，促进课程标准的有效实施

尽管当前对课堂教学的理论研究越发深入，但课堂实践层面与之还有较大差距。内容多、课时紧、考试任务重成为课堂教学改革的绊脚石，导致常规课堂仍以教师的知识讲授为主，教学方式单一；课堂活动多为学生按照教师要求完成识记、理解、动手操作等，活动目的单一，活动体验不充分；师生之间缺少对话，或者对话内容直指事实性知识和结果，缺少指向思维过程和能引起学生深入思考的交流。

改变课堂教学现状成为需要持续探索的话题。如何能让学生在课堂中全身心参与、积极思考、主动解决问题，和同伴之间互相帮助、互相学习？如何能让学生真实地经历学习过程，能够应用化学学科的思维方式解决问题，具备解决问题的能力和态度？"深度学习"作为具有"活动与体验、联想与结构、本质与变式、迁移与创造、价值与评判"特征的学习和教学理论，强调学生能够充分体验，经历有意义学习、深刻理解和实现学以致用的过程，能够促进课堂教学的深度变革。

当今时代，课程与教学面临着素养为本的新课标、新教材、新教学、新高考等挑战。2017 年版普通高中课程标准的颁布意味着基础教育教学进入了素养为本的课程与教学阶段，确立了以核心素养发展为导向的课程目标，以此优化课程结构，组织课程内容、设定学业要求和学业质量水平标准，进一步提出课程实施建议，促进知识向素养的转化，推动课堂教学变革。

高中课程标准倡导的学生核心素养的发展路径是与记忆信息、复述知识大相径庭的学习过程，与倡导深层动机、深度理解、迁移解决问题的深度学习过程一致。深度学习强调以学生为中心的学习过程，学生有意义地参与学习活动，深入理解课程内容，使用适当的更高层

次的认知活动，将学生的深度学习策略与内在学习动机联系起来[1]，随着时间的推移能够长期识记学习材料，并能够随时应用它[2]。这样的深度学习过程正是课程标准要求的学习过程。

二、推动教师教学方式变革，实现学生学习方式转变

常规教学中教师以知识讲授为主，而现代社会提供了获取知识的多种途径，教师的课堂教学不仅是传递知识，更重要的是促进学生对核心知识的理解和应用、提高学生解决问题的能力、塑造学生的价值观念。课堂教学功能的变化推动教师教学方式的变革，教师教学方式的变革促进学生学习方式的转变。

"教师为中心"的常规教学方式下，学生的主动性、投入感和参与度不足，表现出以浅层、被动的学习为主，无法适应素养时代对创新能力和合作能力的需求。深度学习的教学更多是让学生"全身心投入"，"形成积极的学习动机"，"成为未来社会实践的主人"，在此过程中学生能够更直接、深度地投入学科实践活动，积极地理解、内化、反思，不仅在知识上有所收获，更能在问题解决的思路方法、关键能力、必备品格方面有所发展。深度学习的教学将课堂教学的功能从单一的知识传授转变为核心知识的应用，在和谐的生生、师生学习共同体中，课堂教学从"教师为中心"变革为"学生为中心"，教师从常规的教学方式向适应社会变革和学生学习新需求方向转变。

学生采取的学习方式部分取决于学生的个性和学习方法，部分取决于环境因素，但环境因素会影响个人因素。总体来说，学生对学习环境的感知影响学生学习方式的选择，教师在设计、布置和完善学生能感知到的学习环境的过程中发挥着关键作用。教师通过设计和实施教学，有意识地利用教学过程影响学生的学习方式，由于教学目标设

---

① BIGGS J. Individual Differences in the Study Process and the Quality of Learning Outcomes [J]. Higher Education, 1979, 8: 381-394.

② RHEM J. Deep/Surface Approaches To Learning: An Introduction [J]. The National Teaching & Learning Forum, 1995, 5 (1): 1-5.

计、活动设计、评价设计，以及教师的热情、教学风格等都通过教师的教学实践影响学生的学习方式。为了促进学生学习方式的转变，教师所采取的教学方式也要相应改变。因此设计和实施促进学生深度学习的教学，在推动教师教学方式变革的同时，也有助于实现学生学习方式的转变。

三、促进学生化学学科核心素养发展

素养时代重新定义了学生发展目标，"21 世纪技能框架"（Framework for 21st Century Learning）提出了未来学生要发展的 21 世纪技能[①]，这对英国、法国、加拿大、OECD、中国等多个国家或国际组织的教育理论、教育政策和教育实践产生重要影响[②]。发展学生的核心素养作为新的教育理念落实到不断修订并发布的国家课程体系中，尤其是我国高中课程标准明确提出了各学科的核心素养。《普通高中化学课程标准（2017 年版 2020 年修订）》要求培养学生的化学学科核心素养，实现学生在"宏观辨识与微观探析""变化观念与平衡思想""证据推理与模型认知""科学探究与创新意识""科学态度与社会责任"五个方面的化学学科核心素养的发展。

学生经历深度学习的过程，最终目标是实现化学学科核心素养的发展。学生在深度学习的过程中围绕核心知识，从化学学科本质出发进行深入理解。核心知识作为知识内容的结构化表征，承载着解决一类问题的迁移功能。提炼出大概念统摄下的核心学习内容，具有丰富的实践意义及重要的功能价值，能将知识整合成为有机整体，承载化学学科观念，融入问题解决情境，承载思维方法。富兰（Fullan）开展了"为了深度学习的新教育学"（New Pedagogies for Deep Learning）

---

① PARTNERSHIP FOR 21ST CENTURY LEARNING. Framework for 21st Century Learning [EB/OL].［2022-06-05］. https：//static. battelleforkids. org/documents/p21/P21_Framework_Brief. pdf.

② 邓莉，彭正梅. 知识优先抑或技能优先？——美国关于 21 世纪技能教育改革的争论 [J]. 教育发展研究，2019，39（12）：66-77.

研究项目①，剖析学生学习理论，强调核心知识是学生迁移创新的基础，也是深度学习的基础。学生深度学习的过程能够深入理解核心知识，高质量地引发和促进核心知识的学习②，从而获得高水平的学习结果。体现化学学科本质的核心知识正是化学学科核心素养发展的有力抓手，深度学习的过程较大限度地发挥核心知识的功能价值，有利于学生高水平的知识建构和迁移，从而促进化学学科核心素养的发展。

深度学习倡导的学习方式是化学学科核心素养发展的重要方式。学生经历深度学习的过程不是零散的碎片化的知识点学习，而是整体化学习，需要经历深入理解、应用实践、迁移创新解决问题的过程。这样的学习方式以学生为中心，学生在此过程中建构知识，在与真实世界相联系的过程中应用知识解决问题。学生通过深入分析，对信息深度加工，与同伴讨论，主动参与实验和实践。这样的过程正是化学学科核心素养发展的必经之路。

四、提升教师学科育人能力

我国已经在深度学习的概念内涵研究和教学实践方面进行了丰富的探索，形成了深度学习的系统理论。深度学习是学生和教师共同参与的过程，教师作为教育改革和教学的实践者，是实施和推动促进学生深度学习的关键。常规教学中，"教师为中心"的学习方式让教师固化了讲授式这一教学方式，而深度学习倡导的"学生为中心"的学习方式，需要教师在开展教学活动、评价与反馈等方面做出改变，顺应学生的学习需求。促进学生深度学习的教学过程，能够让学生在深度学习中充分感受到学科价值，建立学科观念和学科大概念，形成基于学科认识的情感态度和价值观念。在此过程中，教师引导学生进行比

---

① FULLAN M，LANGWORTHY M. A Rich Seam：How New Pedagogies Find Deep Learning [M]．London：Pearson，2014．

② 马云鹏．深度学习视域下的课堂变革 [J]．全球教育展望，2018，47（10）：52-63．

较、分析、探究、评价等多种主动的、全身心参与的学习活动，学生逐渐习得良好的思维品质；教师将学科内容转化为具体的教学内容，通过教学过程促进学生更深度地学习，实现从学科到学生发展的转化，实现学科育人。因此，有必要全面、深入地开展高中化学深度学习的教学研究与实践，为教师开展素养为本的教学实践，实现从学科到适应社会变革和学生学习需求的育人转变，为提升教师学科育人能力提供广泛的实践探索和有力支持。

第二章

高中化学深度学习的
教学设计

指向深度学习的高中化学教学是在课程标准的指导下，系统设计教学中的多个要素，以学习单元的形式呈现结构化的教学内容，展现"教、学、评"一体化的教学过程。高中化学深度学习项目提出了指向深度学习的教学实践模型，包括引领性学习主题、素养导向的学习目标、挑战性学习活动、持续性学习评价、开放性学习环境、反思性教学改进六个要素，如图 2-0-1 所示。

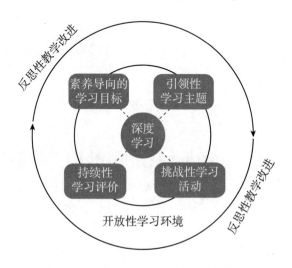

图 2-0-1　指向深度学习的教学实践模型

引领性学习主题是对学习单元中核心知识的教育价值的提炼，统摄整个单元。素养导向的学习目标是深度学习教学设计的"逆向设计"起点，展现了学生"学会什么"的具体表现。挑战性学习活动解决学生"如何深度学习"的问题，作为具体的展开过程，承载学习主题、目标、评价、学习环境。持续性学习评价回答了"如何表明学习达到了目标"这一问题，作为反馈要素，监控学习目标的达成情况，与挑战性学习活动融合。开放性学习环境作为支持要素，为主题、目标、活动、评价提供支持。反思性教学改进作为支持要素，系统优化主题、目标、活动、评价、环境，保障深度学习的教学的持续改进。

第一节 设定引领性学习主题

一、什么是引领性学习主题

1. 引领性学习主题的内涵

引领性学习主题是对单元学习中核心知识教育价值的提炼，既反映学科观念，体现核心素养，又与真实世界、学生的基础和兴趣相联系。引领性学习主题，突出体现了教师对特定教学内容价值的理解与判断，同时也起着统摄素养导向的学习目标、挑战性学习活动和持续性学习评价的作用。

引领性学习主题，应当明确体现核心知识，还应体现学科观念和化学学科核心素养。学科观念反映的是人们对学科思维方式及其特征的理解，在同一学科共同体中应当能达成共识——化学教师和化学研究者对学科观念的理解不应存在本质差异。核心素养反映的是不同阶段学生在学科观念、学科实践和态度情意方面的认识和表现，隐含了学生发展的阶段性特征。学科观念和化学学科核心素养具有高度的概括性，需要结合核心知识和知识结构来理解它们的具体内涵。教师需要结合核心知识和学科观念，预设学生在单元学习中应当具有的素养表现。在这个过程中，预设的核心知识是否真的具有核心性，是否真的能承载学科观念和化学学科核心素养，也得以检验。可见，学科观念、化学学科核心素养与核心知识、知识结构之间具有紧密的、双向的关联，如图 2-1-1 所示。

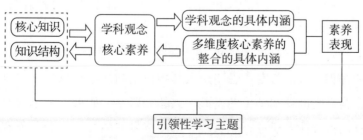

图 2-1-1 引领性学习主题的内涵

引领性学习主题与真实世界和学生的基础、兴趣相联系。学生的学习不是发生在纯粹的抽象世界里，而是发生在生动、具体的真实世界中；不仅有理性的参与，更需要情感的投入。因此，引领性学习主题应当在现实世界中具有意义，并且是学生能够且乐于参与的。

引领性学习主题作为深度学习的引领性要素，不仅要反映学习的内容，还要在一定程度上体现学习方式和历程，倡导基于真实问题解决的学习方式，促进学生的深度参与和全身心投入。因此，引领性学习主题需要关注到学生的基础和兴趣。

2. 引领性学习主题的要素与表达

引领性学习主题不是教学内容的标签，也不是核心素养的标签，而是一个对后续目标、活动和评价设计起指导、凝聚、启发作用的主题，通常是一句话或一段简洁的陈述性文字。为了真正发挥这些作用，引领性学习主题需要至少包含"核心知识"和"素养表现"两方面。很多引领性学习主题中还会包含对整个单元具有统领作用的"挑战性学习活动"。

核心知识是核心素养的载体，因此在引领性学习主题中需要明确地点出单元中包含的核心知识。这样能明确表明该单元教学所处的课程模块和教学阶段。

素养表现是引领性学习主题的灵魂。由于引领性学习主题是高度概括的，素养表现不能简单复述课标要求，因此需要教师反复思考，抓住本单元最重要的意义和素养发展价值，并凝练表达。通常，素养表现应当点出本主题的认识对象、认识角度和思路，或者重要的学科观念。例如，"基于位-构-性关系的元素周期律/表的理解与应用"，其中"位-构-性"关系就是重要的认识角度和思路，而元素周期律/表则是核心知识。

有些引领性学习主题还可以体现统领整个单元的挑战性大任务，将核心知识、认识角度和思路融入其中或用副标题外显出来，以强调大任务与真实世界和学生的基础、兴趣相联系。如果整个单元有一个贯穿性的挑战性大任务，能够较好承载待发展的核心素养，就有必要在引领性学习主题中体现出来。

综上所述，引领性学习主题在表述时，通常包括三个要素：核心知识、素养表现、挑战性大任务（见图 2-1-2）。引领性学习主题可以回答"学什么""为什么学""怎么学"等基本问题，以表达一个单元学习的整体概貌。

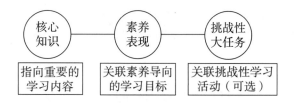

图 2-1-2　引领性学习主题的要素

3. 引领性学习主题的举例分析

电离、离子反应是高中必修课程中重要的学习内容，某个单元教学确定的引领性学习主题为：粗盐精制——基于电离、离子反应从微观角度认识物质在溶液中的存在形态与变化（见图 2-1-3）。

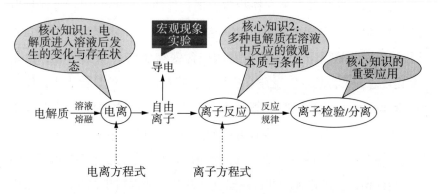

图 2-1-3　高中必修电离、离子反应内容的知识结构

"电离、离子反应"是该单元主题的核心知识，"电离"概括了电解质进入溶液后发生的变化与存在状态。"离子反应"反映了多种电解质在溶液中反应的微观本质与条件、规律。通过这两个核心知识可以揭示溶液体系中"微粒观"的具体内涵，将宏观物质的类别与其在溶液中的微观行为，以及溶液的导电情况和反应现象等关联起来，促进"宏观辨识与微观探析"素养的发展；同时，通过这两个核心知识还可以揭示一种或多种电解质进入溶液后的变化，以及变化的基本规律，

促进"变化观念与平衡思想"素养的发展。"粗盐精制"是一个需要应用上述核心知识和学科观念的挑战性大任务，是素养发展的活动载体，故也体现在引领性学习主题的表述中。

"铁及其化合物"也是高中化学必修课程中的重要学习内容，某个单元教学确定的引领性学习主题为：基于物质类别和核心元素价态视角，设计实验检验菠菜中铁元素的存在价态（见图2-1-4）。

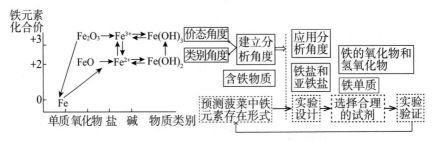

图2-1-4 "铁及其化合物"的知识结构、单元大任务与核心知识的关联

铁盐和亚铁盐等多种含铁物质的理化性质是核心知识；含铁物质之间的转化过程蕴含着"变化观"这一学科观念，体现为学生建立并应用物质类别和元素价态的角度认识含铁物质的性质和转化，这是"变化观念与平衡思想"化学学科核心素养在该单元的具体表现；体现"科学探究与创新意识"化学学科核心素养，具体内涵为学生基于"价-类"二维角度预测、设计并实施实验的过程；体现"证据推理与模型认知"化学学科核心素养的内涵为基于"价-类"二维角度，结合实验证据，推理论证预测的正确性，并基于证据得出结论。"菠菜中铁元素价态的检验"是统领整个单元的挑战性大任务。

二、如何确立引领性学习主题

确立引领性学习主题是单元教学设计的重要环节，课程标准、教科书、学情是确立引领性学习主题的重要依据。

确立引领性学习主题的思路流程如图2-1-5所示，具体包括以下环节：通过分析课程标准中相关的"内容要求"和教科书中的相关内容，确定核心知识和知识结构；综合分析课程标准中的"学业要求""学业质量水平""化学学科核心素养的水平"及教科书的编写框架、内容体系等，明确核心素养的表现；通过分析课程标准中的必做实验、活动建议、情境素材建议及教科书中的活动性栏目，寻找能够统摄整个单元的挑战性大任务，通过调研学情、学生学习需求，结合核心知识和素养表现，论证挑战性大任务。综合核心知识和知识结构，及其所承载的核心素养内涵，挑战性大任务，共同论证学习主题的引领性；不断概括、提炼，用简明语言表达与呈现引领性学习主题。

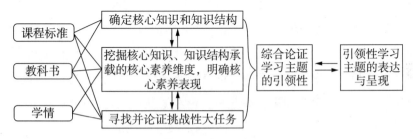

图 2-1-5　确立引领性学习主题的方法与思路

1. 确立核心知识，构建知识结构

无论是核心知识的确立，还是知识结构的构建，首先都要基于课程标准中的"内容要求"明确教学内容及其要求。通过分析"内容要求"中的小标题，可以初步确定本主题涉及的主要内容维度。

例如，电离、离子反应这节内容位于课程标准必修模块的"主题2：常见的无机物及其应用"中，内容要求中包含"2.3 电离与离子反应""2.7 学生必做实验"两个小标题（见表 2-1-1），说明电离、离子反应不仅包含概念原理内容，还承载着必做实验。

表 2-1-1　与电离、离子反应等相关的课程标准中的内容要求

2.3 电离与离子反应	认识酸、碱、盐等电解质在水溶液中或熔融状态下能发生电离。通过实验事实认识离子反应及其发生的条件，了解常见离子的检验方法
2.7 学生必做实验	用化学沉淀法去除粗盐中的杂质离子

在"2.3 电离与离子反应"中，提到电解质、电离、离子反应及其发生条件、离子检验方法等具体内容。这些内容中哪些是核心知识？围绕核心知识建构的知识结构又是怎样的？通常可以从学科视角进行分析，看哪些知识作为核心知识更能统摄和促进知识结构化，更有利于学生的学科观念的建构以及核心素养的发展。

通过分析，发现"电离"作为过程性知识，是理解"电解质"概念的基础，促进学生对溶液的认识从宏观层面进入微观层面，促进建立微粒种类、数量和宏观现象之间的关联，发展了"宏观辨识与微观探析"这一化学学科核心素养。"离子反应"描述微粒在溶液中的相互作用的本质，"离子方程式"是微粒相互作用的表征方式。学生基于对离子反应本质的理解书写离子方程式，建立宏-微-符之间的关联。可见，电离和离子反应是推理的关键点，通过它们将电解质、自由离子、导电性、反应现象等知识关联起来，形成了知识结构，如图 2-1-3 所示。因此，"电离"和"离子反应"是本单元的核心知识。

从促进学科观念建构和学生核心素养发展的角度看，如果将电解质作为核心知识，则很容易出现"辨析什么是电解质"这类问题，并且电解质与导电性有关，但又不直接相关，会导致学生产生偏差认识。另外，电解质本身是关于物质分类的宏观概念，对微粒观、变化观学科观念的发展帮助不大，主要作为物质进入水溶液推理的起点。电离、离子反应是对不同类型变化的描述，对发展溶液体系中的变化观至关重要；它们又是宏观上电解质与微观上微粒行为间的桥梁，对发展"宏观辨识与微观探析"化学学科核心素养有重要作用。因此，电离和离子反应更适合作为核心知识，电解质是知识结构中的一个组成部分。

教师可以通过分析教科书的内容体系、具体知识，帮助确定和论证核心知识和知识结构。鲁科版教科书在"电解质的电离　离子反应"一节中包含了电解质的电离、离子反应两个节下标题，详见图 2-1-6。

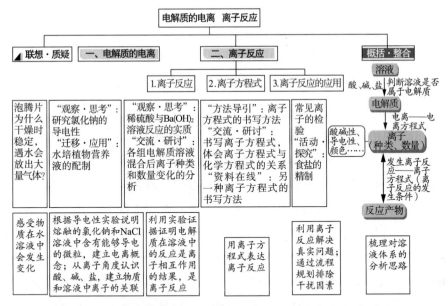

图 2-1-6 鲁科版教科书"电解质的电离 离子反应"的内容体系

在"电解质的电离"部分，教科书用了较大篇幅呈现电离概念的建立过程。研究氯化钠的导电性活动，让学生根据导电性实验推断熔融氯化钠和氯化钠溶液中存在自由移动的带电微粒，体会"导电"是宏观现象，"自由移动的离子"是微观实质，建立宏观与微观的关联。在此基础上，建立溶液的宏观性质与微观粒子之间的关系，引导学生从"电离"视角认识酸、碱、盐等电解质。"迁移·应用"部分配制营养液的活动，是对电解质电离的逆向应用，目的是诊断学生是否建立起微粒与物质间的关联，即看到电解质能否推测电离出的离子，看到离子能否对应可能的电解质。"离子反应"部分包括"离子反应的含义""离子方程式""离子反应的应用"。"离子反应的含义"部分引导学生从"电离"出的离子之间的相互作用看化学反应，"离子方程式"是微粒间的相互作用及其结果的表征，"离子反应的应用"是应用电离、离子反应分析解决真实问题的过程，体现知识的应用价值。"概括·整合"部分给出了本节教科书的内容框架。可见，电离和离子反应概念的建构与应用，在教科书中占了较大的篇幅，这也从一个侧面说明电离、离子反应是核心知识。

无论是核心知识的确立，还是知识结构的构建，都需要考虑这些内容所承载的学科观念、核心素养维度，即核心知识、知识结构与学科观念、核心素养之间是互相关联的。从核心素养视角，结合学科理解，审视教学内容，促进对教学内容的理解，有助于明确教什么、为什么教的问题。

挖掘核心知识的功能价值。可从两个视角分析，一是学科观念，二是核心素养。学科观念是教师比较熟悉的，跟教学内容的结合比较紧密；核心素养具有较强的统摄力和包容性，需要教师主动将教学内容与其关联，挖掘教学内容在不同维度核心素养上的特质性内涵，避免仅仅贴上核心素养的标签。

从学科观念、核心素养视角分析教学内容，更加明确教学内容的教学价值，促进对教学内容的理解，体现学科观念、核心素养的核心知识和知识结构，更具有功能性，更能够促进学生思维方式的形成和发展，更能够体现学生学习之后应该具有的素养。

核心知识、知识结构、学科观念、核心素养之间也是相互作用的（见图2-1-7）。当从学科观念、核心素养视角分析教学内容时，对核心知识、知识结构的判断会发生变化，形成更加结构化的知识框架，有助于明确教学内容之间的关系和层级结构，有助于明确核心知识，有助于学科观念、核心素养的具体化。

图 2-1-7　核心知识、知识结构、学科观念、核心素养之间的相互关系

2. 确定引领性学习主题中的核心素养表现

在进行单元教学设计时，确立学生在单元中应当具有的素养表现非常重要，也就是通过单元学习中核心知识的教学，将学生的核心素养提升到什么程度，把学生带领到哪里。

如何确定引领性学习主题中核心素养的表现？这需要系统分析（见图2-1-8）。首先，需要通过分析课程标准，确定课程标准中必修、选择性必修的素养进阶；然后分析相关的教科书，明确与核心知识密切相关的教科书内容的组织与编排，确定教科书所呈现的素养进阶；最后，需要结合教学定位（新授课、复习课）、学情等，确定引领性学习主题中核心素养的表现。

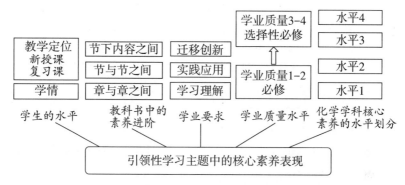

图 2-1-8　确定引领性学习主题中核心素养表现的依据

　　课程标准的学业质量标准是学生的核心素养在学业上的具体体现[①]，与"化学学科核心素养的水平"共同指向学生应达到的核心素养目标，"学业要求"是核心素养和学业质量标准在课程内容主题层面的具体化[②]。根据课程标准的"学业要求""学业质量水平""化学学科核心素养的水平划分"确定课程标准中必修、选择性必修的素养进阶。将"学业要求"具体条目标签化，区分条目的重要程度和给学生带来的挑战程度。关注反复出现的名词、形容词和动词，逐条分析再概括抽提，关注行为动词代表的不同水平，如分析、说明、书写、设计等，如表 2-1-2 为课程标准中与"电离和离子反应"相关的要求。

　　在此基础上，审视教科书，分析教科书的组织编排，分析教科书章节内的不同内容体现的核心素养的具体表现，还需要考虑不同教学阶段，如新授课、单元复习或高三复习等，指向核心素养的不同水平。最后，分析学情，考虑学生实际的水平阶段，进而确定引领性学习主

　　① 马志强，虞天意，雷浩. 指向核心素养的课程理论与实践——第十五届上海国际课程论坛综述［J］. 全球教育展望，2018，47（3）：125.

　　② 王磊，魏锐. 学科核心素养发展导向的高中化学课程内容和学业要求——《普通高中化学课程标准（2017 年版）》解读［J］. 化学教育（中英文），2018，39（9）：48-53.

题中核心素养的表现。

表 2-1-2　课程标准中与"电离和离子反应"相关的要求

	课程标准的内容
学业要求	1. 能利用电离、离子反应等概念对常见的反应进行分类和分析说明。能用电离方程式表示某些酸、碱、盐的电离 2. 能用化学方程式、离子方程式正确表示典型物质的主要化学性质 3. 能利用典型代表物的性质和反应，设计常见物质制备、分离、提纯、检验等简单任务的方案
学业质量水平	1-1　能认识离子反应和氧化还原反应的本质，能结合实例书写离子方程式和氧化还原反应化学方程式 1-2　能从物质的组成、构成微粒、主要性质等方面解释或说明化学变化的本质特征 2-1　能从构成物质的微粒、化学键、官能团等方面说明常见物质的主要性质，能分析物质性质与用途的关系 2-2　能设计物质转化的方案，能运用化学符号表征物质的转化，能说明化学变化的本质特征和变化规律 3-1　能从物质的组成、性质、官能团、构成微粒和微粒间作用力等多个视角对物质进行分类；能说明物质的组成、官能团和微粒间作用力的差异对物质性质的影响 3-2　能运用宏观、微观、符号等方式描述、说明物质转化的本质和规律 4-1　能根据物质的类别、组成、微粒的结构、微粒间作用力等说明或预测物质的性质，评估所做说明或预测的合理性 4-2　能选择简明、合理的表征方式描述和说明化学变化的本质和规律
化学学科核心素养的水平	**宏观辨识与微观探析** 水平1　能根据实验现象辨识物质及其反应，能运用化学符号描述常见简单物质及其变化，能从物质的宏观特征入手对物质及其反应进行分类和表征，能联系物质的组成和结构解释宏观现象 水平2　能运用微粒结构图式描述物质及其变化的过程 水平3　能从原子、分子水平分析常见物质及其反应的微观特征，能运用化学符号和定量计算等手段说明物质的组成及其变化 水平4　能从宏观与微观结合的视角对物质及其变化进行分类和表征

续表

	课程标准的内容
化学学科核心素养的水平	**变化观念与平衡思想** 水平 1　能根据观察和实验获得的现象和数据概括化学变化发生的条件、特征与规律 水平 2　运用动态平衡的观点看待和分析化学变化 水平 4　能对具体物质的性质和化学变化做出解释或预测，能运用化学变化的规律分析说明生产、生活实际中的化学变化 **证据推理与模型认知** 水平 1　能从物质及其变化的事实中提取证据，对有关的化学问题提出假设，能依据证据证明或证伪假设 水平 2　能从宏观和微观结合上收集证据，能依据证据从不同视角分析问题，推理合理的结论 水平 3　能从定性与定量结合上收集证据，能通过定性分析和定量计算推出合理的结论 水平 4　能依据各类物质及其反应的不同特征寻找充分的证据，能解释证据与结论之间的关系

电解质的电离和离子反应促进学生微粒观、变化观、守恒观等学科观念的发展。分析课程标准发现：必修阶段的任务主要是分析强电解质在溶液中存在的微粒及微粒间的相互作用（离子反应）；在选择性必修阶段的任务是探讨更多种类的物质在溶液中存在的微粒及微粒间的相互作用（例如，弱电解质电离、盐类水解、沉淀溶解平衡等）。体系的复杂程度，微粒种类、微粒间相互作用的复杂程度，体现了化学学科核心素养从必修到选择性必修的进阶。

在初中的学习中，学生从宏观视角认识了溶液由溶质和溶剂组成，从质量视角定量认识了溶液的组成。在高中必修阶段，学生需要从微观视角认识强电解质进入溶液后存在的微粒及微粒间的相互作用，并据此解决离子检验、除杂等实际问题。结合学生的实际情况，确定在电离、离子反应的单元学习中，核心素养的表现为：基于电离、离子反应，从微观视角认识物质在水溶液中的存在及变化。在该单元学习中更重要的是，建立从微粒视角看溶液的视角，能够分析强电解质溶液中的离子种类和数量，能够分析常见离子之间发生的反应，能用电离方程式和离子方程式进行表征，建立宏-微-符三重表征。如图2-1-9为水溶液认识模型。

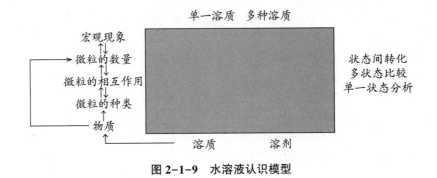

图 2-1-9　水溶液认识模型

3. 寻找并确立统摄整个单元的挑战性大任务

确立引领性学习主题时，考虑学生的学习兴趣，需尽可能找到能够统摄整个单元的挑战性大任务。挑战性大任务需要承载引领学生掌握核心知识、发展核心素养的功能。寻找并确立挑战性大任务时，可初步分析课程标准中的"教学策略""学习活动建议""情境素材建议"，以及教科书中的活动性栏目，结合学生经验，综合考虑确立统摄整个单元的大任务（见图2-1-10）。

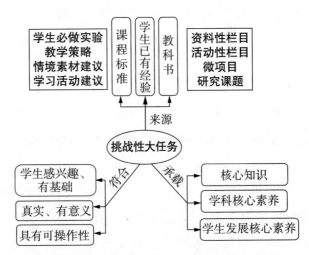

图 2-1-10　寻找、论证统摄整个单元的挑战性大任务的思路

"用化学沉淀法去除粗盐中的杂质离子"是课程标准中规定的学生必做实验，鲁科版化学必修第一册教科书中有活动探究栏目《食盐的精制》，该任务具有真实的意义和价值（见图2-1-11）。通过分析发现，该任务能够承载电离、离子反应等核心知识，能够帮助学生从微观视角认识物质在溶液中的存在及变化。通过调研发现94%的学生对粗盐精制任务感兴趣，62%的学生对"如何除去杂质"感兴趣。这就意味着，"粗盐精制"这一任务不仅与真实世界联系紧密，还能引起大多数学生的兴趣。

活动·探究

学生必做实验

食盐的精制

氯碱工业通过电解饱和食盐水制得烧碱、氢气和氯气，并以它们为原料生产一系列化工产品。氯碱工业的主要原料是粗食盐。粗食盐中除了含有难溶性杂质外，还含有钙盐、镁盐等可溶性杂质。在氯碱工业中，这些可溶性杂质不但会增加生产能耗，还会带来安全隐患。因此，氯碱工业的一道重要工序是除去粗食盐水中的杂质。

实验目的

从粗食盐水中除去 Ca^{2+}、Mg^{2+}、SO_4^{2-}。

图2-1-11　鲁科版教科书中的活动性栏目示例

4. 论证、表达引领性学习主题

通过一系列分析，初步确立引领性学习主题后，需要把核心知识、核心素养表现、挑战性大任务三个方面进行综合分析，判断它们是否匹配，是否能够满足素养导向的学习目标、学习内容、学习过程的一致性。

在此基础上，通过不断概括提炼，用简明的语言，选择合适的呈现方式，将学习主题呈现出来。可以采用一主一副的形式，凸显核心知识和核心素养表现，关联挑战性大任务，使之具有驱动性，如将引领性学习主题定为"粗盐精制——基于电离、离子反应从微观角度认识物质在溶液中的存在形态与变化"。还可以把引领性学习主题的三个要素高度概括，凝练成短句，如"基于价、类视角探究 $FeSO_4$ 的性质"。其中，"$FeSO_4$ 的性质"是核心知识，"价、类视角"是素养表现，"探究"对应着挑战性大任务的活动类型。

三、引领性学习主题的诊断和优化

1. 引领性学习主题的检验

引领性学习主题是否具有引领性，能否统领整个单元？为了解决该问题，教师需要诊断并持续优化引领性学习主题，反思和诊断如下方面：引领性学习主题设计过程中构建的知识结构框架能否体现核心知识和促进知识的结构化；核心知识承载的学科观念和核心素养是否反映了学科本质，核心素养是否具体化；挑战性大任务是否具有一定的复杂性和综合性，能否承载单元学习的全程，是否有利于学生构建认知模型和经验图式；学生是否感兴趣，主题是否具有驱动性；任务能否实施，以及实施中可能存在哪些问题；引领性学习主题的呈现或表达是否高度凝练、是否具有概括性。引领性学习主题的检验工具，见表 2-1-3。

表 2-1-3　引领性学习主题的检验工具

要素	内容
核心知识、知识结构	核心知识能够促进学生的核心素养发展；知识结构化程度高，具有素养发展功能，反映学科思想方法，体现认知模型
核心素养表现	多维度整合后的素养表现，具体化程度高，针对性强，符合教学阶段和学生的基础
挑战性大任务（可选）	能够承载核心知识和素养发展功能；符合学生兴趣，具有驱动性和挑战性，能够贯穿单元学习全程
表达	高度概括的语句，表明了核心知识、素养表现及挑战性大任务

2. 引领性学习主题的诊断与改进

以某位教师设计铁及其化合物的引领性学习主题的过程为例，该教师确定了引领性学习主题（1.0版）：基于离子反应和氧化还原反应核心概念，构建物质类别、元素价态的核心角度，从核心元素视角预测物质的化学性质和变化，依据复分解反应和氧化还原反应原理，设计实验进行探究，最终能够检验菠菜中的铁元素。依据的知识结构见图2-1-12。

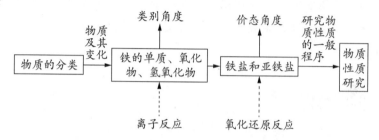

图2-1-12　铁及其化合物的知识结构（1.0版）

教师了解了什么是引领性学习主题以及如何设计引领性学习主题后，形成了知识结构（2.0版），如图2-1-13所示，厘清主题的核心知识和主题承载的核心素养发展功能，即促进学生建立物质类别和元素价态视角，尝试构建核心知识间的关系，但核心知识的内在逻辑存在问题，知识结构有待改进，没有体现学科思想方法，缺少核心素养的具体内涵。

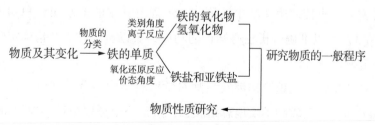

图2-1-13　铁及其化合物的知识结构（2.0版）

设计素养导向的单元学习目标、挑战性学习活动、持续性学习评价后，教师关联单元各部分内容，再次修改引领性学习主题为"基于物质类别和核心元素价态视角，设计实验检验菠菜中的铁元素的存在价态"，形成的知识结构（3.0 版）见图 2-1-4。"铁元素的存在价态"体现核心知识，"基于物质类别和核心元素价态视角"是学生核心素养的具体表现，"设计实验检验菠菜中的铁元素的存在价态"外显了挑战性大任务。从物质类别和核心元素价态视角预测物质的化学性质和变化是学科观念（元素观、分类观、转化观）在本单元的具体内涵，促进学生构建元素化合价和物质类别二维的知识结构，研究不同含铁物质的性质及转化，从而形成物质性质预测与检验的方法和思路，最终设计并完成实验检验菠菜中铁元素的存在价态，完成挑战性大任务。

四、问题解析

确立引领性学习主题，相当于进行整个单元教学设计的初步构想，对于教师来说，往往面临着一系列挑战。高中化学深度学习项目组开展的深度学习的教学改进案例研究中，通过教师访谈发现教师在设计引领性学习主题时的常见问题主要有：确定核心知识、知识结构存在困难；核心素养的具体化存在困难；定位引领性学习主题存在困难。

1. 确定核心知识、知识结构存在困难

主要表现为：（1）难以确定单元的知识结构，平时较少梳理知识间的关系；（2）借鉴其他教师的设计或案例，或者查找相关的教学研究等文献，直接使用文献中的语句，不理解其中的核心知识和知识结构；（3）难以准确分析核心知识的功能，难以基于知识结构确定学科观念和核心素养。

核心知识、知识结构涉及教师对学科教学内容及其教育价值的理解和分析，需要教师不断地总结反思，这是一个循序渐进的发展过程。从学科理解的视角，深入分析课程标准中的内容要求，多比较分析不同版本教科书中的内容框架、知识体系，有助于教师理解教学内容的主次关系，构建知识结构。

教师找出相关的教学内容要点后，可将其按照具体知识、核心概

念、学科观念进行分类。具体知识，往往是事实性知识，主要回答"是什么"的问题；核心概念（核心知识），一般是概念原理类内容，反映事物规律，能够概括或解释具体知识。围绕核心知识形成的知识结构是建构学科观念的基础；学科观念是比概念原理更上位的知识，对学科的基本认识具有更强迁移能力。教师要主动了解学科观念，并将其与核心知识和知识结构进行关联。

核心知识、知识结构的确定，离不开学科观念和核心素养。需要从学科观念、核心素养视角审视教学内容，明确教学内容的教育价值，进而实现对教学内容的深入理解。需要不断地将核心知识、知识结构与学科观念、核心素养进行关联互动，进而论证和确定核心知识和知识结构。

2. 核心素养的具体化存在困难

主要表现为：（1）难以准确分析核心知识对核心素养发展的功能；（2）能够找到单元内容对应的核心素养维度，但难以确定核心知识的功能价值与核心素养的关联；（3）能够找到相关的学科观念和核心素养维度，但是不知道如何具体化和整合。

核心素养具体化，指明确学生学习之后应该有的思考问题和解决问题的具体表现，关键是明确核心知识的功能价值和核心素养发展的进阶路径。核心知识承载了核心素养发展的关键进阶点。教师可以考虑核心知识的学习顺序，结合学生的已有素养水平，分析课程标准中的"学业要求""学业质量水平""化学学科核心素养的水平划分"等，参考教科书的编排体系和具体内容，综合确定核心素养的具体表现。对于课程标准的阅读和分析，要把内容要求、教学提示、学业要求结合起来；三者之间具有一致性，这三个部分回答了学什么、怎么学、学到什么程度的基本问题，如表2-1-4所示。三者结合起来分析，更有助于发现什么是教学重点，学生学习之后应该达到的素养要求，通过怎样的活动和学习环境来促进学生的素养发展。

表 2-1-4　课程标准中关于"羧酸"的内容要求、学业要求、教学策略

内容要求	学业要求	教学策略
2.2　烃的衍生物的性质与应用 认识羧酸、酯的组成和结构特点、性质、转化关系及其在生产、生活中的重要应用 2.3　有机反应类型与有机合成 认识加成、取代、消去反应及氧化还原反应的特点和规律，了解有机反应类型和有机化合物组成结构特点的关系 2.4　有机化合物的安全使用 结合生产、生活实际了解某些烃、烃的衍生物对环境和健康可能产生的影响 2.5　学生必做实验 乙酸乙酯的制备与性质	1. 能写出烃及其衍生物的官能团、简单代表物的结构简式和名称；能够列举各类有机化合物的典型代表物的主要物理性质 2. 能描述和分析各类有机化合物的典型代表物的重要反应，能书写相应的反应式 3. 能基于官能团、化学键的特点与反应规律分析和推断含有典型官能团的有机化合物的化学性质。根据有关信息书写相应的反应式 4. 能综合应用有关知识完成推断有机化合物、检验官能团、设计有机合成路线等任务	1. 进行烃及其衍生物性质教学时，除了以典型代表物的具体反应为载体，通过类比迁移学习一类有机化合物的性质，还可以分析有机化合物分子中的官能团和化学键、预测可能的断键部位与相应的反应，然后提供反应事实，引导学生通过探究学习一类有机化合物的性质 2. 引导学生利用反应类型的规律判断、说明和预测有机化合物的性质

　　以"羧酸"为例，综合内容要求、学业要求和教学策略后可见，课程标准强调有机物结构特点、性质与转化、应用之间的关联，要求"能基于官能团、化学键的特点与反应规律分析和推断含有典型官能团的有机化合物的化学性质"，同时在教学策略中也提到了预测断键部位与反应、结合反应事实探究有机物类别性质等关键点。这些与"羧酸"内容紧密相关且高频重复的关键行为描述就是学生的学科核心素养表现。进一步分析发现，这部分描述体现了"结构决定性质"学科观念，将其中的"结构"具体化为"官能团"和"化学键"这两个重要的二级认识角度。在描述引领性学习主题时突出这些二级认识角度，可将引领性学习主题确立为"基于官能团和化学键预测并验证羧酸的性质"。

3. 定位引领性学习主题存在困难

主要表现为：（1）对课程标准和教科书的相关板块的作用认识模糊；（2）对课程标准和教科书中相关内容的分析不全面；（3）局限于教科书内容，按照教科书内容描述；（4）缺少对教科书中活动所承载的素养发展价值的分析；（5）不能准确捕捉课程标准中的关键词语，尤其是学业要求中的行为动词和程度用语。

解决该问题的关键是建立对课程标准、教科书的认识和学习机制。课程标准是指导教科书编写和教学的重要材料，教师对课程标准的重视是促进教师主动学习、研读课程标准的起点。建立理解课程标准、教科书指导作用的学习机制，参考相关文献，建立对课程标准整体和课程标准各部分内容之间关系的认识。通过实践促进教师对课程标准、教科书的理解与反思，基于课程标准进行教学设计并实施教学，基于实践证据反思课程标准和教科书内容的指导功能。

教师可以将课程标准和教科书结合起来进行分析，从课程标准视角分析教科书，思考教科书为什么这样组织内容和设计活动；从教科书的视角去对应课程标准，进一步理解教科书是如何落实课标要求的，如图2-1-14所示；进行多版本教科书的比较，关注多版本教科书的共性与差异（共性一般指示着重要的内容），理性对待不同版本教科书在组织和处理内容方面的差异。

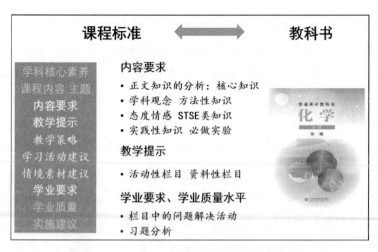

图2-1-14　将课程标准与教科书进行紧密关联

许多最新版本的教材其编写时就是以素养为导向，因此，有的教科书中的一节内容本身就具备很好的引领性学习主题。教师可以应用引领性学习主题的检测工具进行论证，确认后可以直接采纳教科书的内容组织方式，或者在此基础上进行调整。

实 践 分 享

提炼引领性学习主题的实践经验

北京市海淀区教师进修学校附属实验中学　王严

1. 明确教学内容，研读课程标准中的内容标准

首先，我们聚焦的是选择性必修第一册中的溶液中离子平衡的复习，通过酸中毒病人血液成分分析和透析液配制方案的两课时教学，解决水溶液中的离子反应与平衡的应用问题。

接下来，我们仔细研读课程标准中的内容要求。新的课程标准表述的是"水溶液中的离子反应与平衡"，与旧的课程标准相比，增加了"离子反应"，这是在原有三大平衡的弱相互作用基础上增加了微粒间的强相互作用——离子反应。在具体陈述中增加了新的内容条目"3.1电解质在水溶液中的行为"，这是统摄性概念，离子反应和平衡不仅作为内容要求，也体现了认识角度。因此，我们提炼出 1.0 版引领性学习主题为"从离子反应及平衡的角度看电解质在水溶液中的行为"。

2. 挖掘素养内涵，对接课程标准中的素养目标

我们用素养目标来检验引领性学习主题，希望能找到其中体现的素养目标。我们发现提出的引领性学习主题仅仅聚焦了知识内容，并没有体现素养内涵。我们用什么思路来看电解质在水溶液中的行为呢？我们把具体教学内容和化学学科核心素养逐一对照："宏观辨识与微观探析"，在这个单元教学中，体现了从微粒水平认识离子反应和平衡，这是微粒观的发展；"变化观念与平衡思想"，在这个单元中也是体现得非常突出的，三大平衡问题本身就是平衡观的发展。在课程标准中的教学提示部分，明确指出了"形成并发展学生的微粒观、平衡观和

守恒观"。据此我们生成了 2.0 版引领性学习主题：基于微粒观、平衡观、守恒观分析电解质在水溶液中的行为。

3. 关注素养进阶和评价导向，关联具体教学单元

我们从内容角度、素养角度来验证，发现 2.0 版引领性学习主题很不具体。微粒观、平衡观、守恒观在别的章节中也有体现，那么，在这个单元中的具体表现是什么？该单元是一个指向实际问题解决的教学单元，前面还有具体学习三大平衡的教学单元，这些单元之间存在素养进阶，那么，这个具体单元中的平衡观、微粒观、守恒观又有什么不同之处呢？由此，我们想把这个思路方法具体化。我们把焦点放在了课程标准中的"素养水平"部分。这个单元的关键进阶体现在体系复杂了，这些变化之间有相互影响了，而且变化的种类增加了。我们认为，微粒间的相互作用及其影响，就是微粒观、平衡观、守恒观在这个具体教学单元中的进阶表现。从评价的角度看，我们在近几轮的教学中特别关注微粒间相互作用及影响这个问题，起源于几年前北京高考题对碳酸氢根与亚铁离子反应的考查，第一次关注到碳酸氢根电离、水解以及碳酸盐沉淀这三个平衡关系。这也进一步帮助我们锁定了素养进阶的方向。我们生成了 3.0 版引领性学习主题：基于微粒间的相互作用及其影响解决多物质、多平衡水溶液中的真实问题。

4. 回归内容标准，再次明确素养进阶的内容载体

目前的定位，与我们最初认识的知识内容有一点脱离，或者说我们没有在具体问题中展示清楚我们认识的对象。"真实问题"这个表述有点宽泛，到底这个真实问题的内涵是什么呢？素养发展，毕竟是依托于具体知识的。这样，我们又生成了 4.0 版引领性学习主题：基于微粒间的相互作用及其影响解决复杂电解质水溶液中的离子反应与平衡问题。也就是说，这里的真实问题，其实并非问题中的所有部分，突出的还是最初我们提到的"水溶液中的离子反应和平衡"，真实问题的内涵，回归了内容标准。

从这个不断推翻、不断提炼的过程中，我们感受到提炼引领性学习主题，其实是一个反复研读课程标准、反复在课程标准中的内容标

准和素养水平之间对接与具体化的过程，也是一个将课程标准、课堂教学、评价标准一致化、协调化的过程。

第二节　设计素养导向的学习目标

一、什么是素养导向的学习目标

1. 素养导向的学习目标的内涵

素养导向的学习目标，是指学生经由单元学习应当获得的核心素养的具体表现，包括学生对核心知识的深度加工、对学科思想和方法的灵活运用、对相关新情境或新问题的应对、对学习过程和结果的自我调控，以及对与单元学习内容有关的人、事、物的态度和价值评判等。可见，素养导向的学习目标是多维度但又相互关联的一系列目标。化学学科深度学习强调学科观念和认识模型的自主建构、学科探究实践和活动体验、宏微结合的推理与论证、指向化学问题解决的迁移和创新，以及体现化学的社会责任和价值评判。在这样的教学中，多维素养将实现协同发展。

理解素养导向的学习目标需要关注以下方面。首先，素养导向的学习目标是一种单元学习后要达成的目标，也包括在此基础上每个课时要实现的学习目标。无论是单元学习目标还是课时学习目标，其确立过程和最终呈现均应体现核心素养的要求。其次，素养导向的学习目标是对引领性学习主题的具体化，需要从体现核心知识价值、形成学科观念、完成挑战性大任务等多个角度进行分析，明确在核心知识、思想方法、态度价值观等多个方面的发展。再次，素养导向的学习目标囊括了整个单元学习后的素养表现。素养是在做完整事的过程中形成的，因此需要以终为始，先预设和描绘学生在整个单元学习后所能达成的目标和具体素养表现，再根据达成目标过程中的关键点来拆解课时学习目标，从而避免局限于具体知识点，避免只见树木不见森林。素养导向的学习目标，应当展现出学生基于核心知识理解与单元问题解决的具体行为表现和情感态度价值观，包括学生深度理解核心知识、运用学科思想和方法解决问题的过程及结果。这个过程中可能涉及多个维度核心素养，多维度核心素养相互关联，融合为学习目标的具体表述。最后，素养导向的学习目标应展现学生要经历的深度学习过程，要呈现出达成目标所需的活动载体，体现学生灵活调用多种学习策略、自我评价与反馈、监控学习过程等方面的学习成果，应充分体现学生持续学习兴趣和主动探究意愿方面的发展。学习目标还应描绘学生经深度学习过程后获得的深度学习结果，即核心素养的发展。

2. 素养导向的学习目标的特征

素养导向的学习目标，应符合课程标准的要求，符合学生的已有基础，揭示学生的发展空间，反映学生对单元学习内容的认知水平、应用程度或态度倾向等。这样的学习目标立足于单元整体，具有整合性、具体化、可评价、可落实等特征，详见图 2-2-1。

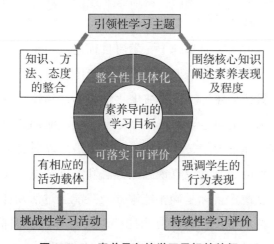

图 2-2-1　素养导向的学习目标的特征

整合性。素养导向的学习目标描述了学生在单元学习过程中需要学习的知识、认识角度和思路，需要自主建构的学科观念和认识模型，在问题解决和探究实践中需要迁移应用的知识、思路、方法等，参与深度学习的动机、体验和策略，以及经历带有社会责任感的决策和评判后的反思和态度变化。素养导向的学习目标不仅应包含这些方面，还应当体现它们的整合——多维度目标在某一活动载体中的融合，以及目标之间"循序进阶"的关系。

具体化。素养导向的学习目标应围绕核心知识呈现核心素养的具体表现，揭示基于某一核心知识或面对某一问题时应当表现出的认识角度、思路、学科观念、情感态度和价值立场。为了确定这些具体表现，教师需要除了依据自己的学科理解去推测外，还需要与课程标准中的素养水平相对照，完善在这些维度上对学生表现的具体要求。特别是课时学习目标，更应结合单元内学习目标的进阶规划，具体化形成各个课时的、有层次递进的学习目标。

可落实。学生的学习要在实践活动中完成，核心素养的发展也要依托具体的探究实践活动。因此，要将前述学生学科核心素养的具体表现，融于学习活动载体中，例如，以实验为主的实践探究和体验活动，自主建构学科观念和认识模型的活动等化学深度学习的独特活动。在确定素养导向的学习目标时，就需要初步预设这样的活动，并思考活动的价值和可行性。

可评价。在可落实的基础上，学习目标还应当是可评价的。将学习目标作为评价学生学习结果的标准，才能体现"教、学、评"一体化。要使学习目标可评价，既要细化"学习要达到什么目的"的状态描述，以学生为主语描述学生的行为表现，如举例说明、解释、预测、设计、评价等具体行为。又要确保学习目标是可以通过活动表现或者其他方式来评价的。要避免空谈思路方法和态度情意，要确保预设的思路方法和态度情意目标是确实能够涉及且能通过活动体现出来。另外通过现有的技术手段，教师应当能获取到充分的反馈信息（例如，可以通过概念图呈现，或用实物投影的方式公开展示）。

素养导向的学习目标，在整个深度学习的教学过程中起着承上启下的作用。"整合性"和"具体化"是指素养导向的学习目标的设置有助于教师在设置引领性学习主题的基础上进一步审视单元内容。"可落实"指素养导向的学习目标关联挑战性学习活动，展现探究实践过程。"可评价"指素养导向的学习目标关联持续性学习评价，可作为评价标准，提供具体的学生表现。

3. 素养导向的学习目标的要素与表达

素养导向的学习目标包括单元学习目标和课时学习目标。单元学习目标强调"以终为始"，侧重描绘学生学习后的应然表现，目的是在更大的时空跨度中思考基于核心知识的学习所能对学生产生的多方面影响。课时学习目标强调"循序进阶"，侧重分析单元学习目标达成的前提和所需解决的主要问题，在此基础上考虑核心知识的组织和挑战性学习活动的设计。总之，素养导向的学习目标，从单元整体和课时层面展现了对学生深度学习过程和结果的预期。

表述具体、清晰、规范的学习目标，是教师组织学习内容和选择教学方法的依据，也是评价学生是否进行了深度学习的依据。它不是按照核心素养维度逐条陈述，而是以展现学生的学习过程为逻辑，整合多维核心素养，以文字条目的方式呈现。因此，素养导向的学习目标的表述，应以学生为主语，包括：核心知识及知识结构的具体内涵；活动载体展现学生行为发生的情境或条件；具体的素养表现内涵、素养表现水平，展现可观测的学生行为表现（见图 2-2-2）。即素养导向的学习目标回答了"学什么、怎么学、学得怎样"基本问题。

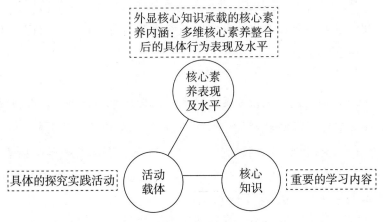

图 2-2-2　素养导向的学习目标的要素

"电离和离子反应"单元素养导向的学习目标中，关于知识建构的一个条目表述为：通过对食盐固体、食盐溶液组成的微观想象和导电性实验，建立并论证电离概念；基于电离概念从微观角度认识不同物质在溶液中的存在状态，概括形成电解质的概念。该目标的表述，明确了探究实践活动"对食盐固体、食盐溶液组成的微观想象和导电性实验"；指出了核心知识"电离概念"，并且明确了在电离概念的基础上形成电解质概念；阐述了学生应该具有的核心素养的具体表现"基于电离概念从微观角度认识不同物质在溶液中的存在状态"；明确了学生对于核心知识理解程度、素养表现水平应完成"阐述并论证""概括"。这样的目标表述，明确了要发挥核心概念"电离"的教学价值，发展学生对物质在溶液中存在状态的认识，从宏观的溶液颜色、溶质到微观的离子，促进学生建立关于溶液组成的宏微结合的认识方式。另一个关于化学的社会责任和价值评判的条目表述为：从成本、除杂效果和安全性等方面评价和优化实验方案，分析并理解历史和工业上食盐精制的方案；体会盐对人体健康、社会发展的重要性，认识历史上盐和制盐技术的重要地位，以及我国在制盐方面的成就。这样的目标表述，不仅明晰了食盐和粗盐精制的社会价值，而且激发了学生进一步探索粗盐精制的兴趣。

4. 素养导向的学习目标的举例分析

"基于反应方向、限度、速率视角综合探讨合成氨反应的调控"为高中化学选择性必修1化学反应原理模块的内容，作为复习课，单元学习目标表述如下：

（1）通过选择适合工业生产氨的化学反应的活动，综合应用焓变和熵变判断化学反应的方向，进而选择合适的化学反应。

（2）通过理论分析浓度、温度、压强、催化剂等单一因素，确定合成氨反应的适宜条件，分别从提高反应速率和平衡转化率两个角度对化学反应进行定性调控。

（3）结合数据资料，从浓度、温度、压强、催化剂四个因素综合分析合成氨反应所选择的条件，形成基于寻找较高反应速率、获得适当平衡转化率来调控反应的基本思路，能运用对立统一思想和定性、定量结合的方式调控化学反应。

（4）通过分析工业合成氨的生产条件及生产工艺，综合化学反应方向、化学反应速率和化学反应限度，从变化观念和平衡思想角度调控可逆反应，依据实际条件运用所学的化学知识和方法解决生产、生活问题，形成节约成本、循环利用、保护环境等观念。

（5）通过总结反思实际生产过程中化学反应的调控，能对化工生产中的关键要素进行分析并构建模型，发展证据推理与模型认知的化学学科核心素养。

该单元学习目标的描述中明确提出化学反应方向、化学反应速率、化学反应限度等核心知识，综合应用核心知识解决合成氨反应调控的实际问题，描述此过程中学生的核心素养表现及水平。综合分析、调控、分析关键要素等词语描述学生对化学反应调控问题的表现水平。选择适用于工业生产的化学反应、分析合成氨反应的适宜条件等实践活动承载着学生的核心素养发展。呈现的学习目标符合素养导向的学习目标的基本特征和书写要求。

二、如何设计素养导向的学习目标

素养导向的学习目标指向单元整体，关联引领性学习主题，综合学生学情，关联挑战性学习活动和持续性学习评价，起着承上启下的作用。因此在设计素养导向的学习目标时，要充分参考课标和教科书，不断与其中的要求进行"对话"，通盘考虑，前后关联，不断调整、修改完善。

设计素养导向的学习目标，首先，应当关联引领性学习主题，结合课标确定相关学科知识、思路方法上的具体要求，并将这些要求转化为表现性要求，即学生能做什么，以此作为学生在单元学习后的应然水平；其次，分析学生学情，包括学生的已知点、障碍点、发展点，刻画学生实际的、具体的素养表现；再次，综合学生的应然水平和障碍点，关联挑战性学习活动，分析课标中的"学生必做实验""教学策略""学习活动建议"，确定促进学生素养发展、解决学习障碍点的活动载体，描绘学生通过活动在核心知识、思想方法和态度价值观方面的发展，实现学习目标的具体化表述；最后，综合素养导向的学习目标包含的学习活动载体、核心知识、核心素养表现性要求，检验单元学习目标是否符合深度学习的要求，是否指向学生深度学习全过程。在此基础上，初步预设挑战性学习活动的可能开展过程，以及该过程中学生的自主建构历程，将前述学习目标合理地分散到课时中，形成初步的课时学习目标，如图 2-2-3 所示。

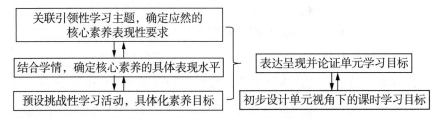

图 2-2-3　设计素养导向的学习目标的思路

1. 关联引领性学习主题，确定应然的核心素养表现性要求

素养导向的学习目标是在引领性学习主题的基础上，将核心知识、核心素养表现和挑战性学习任务进一步细化，描绘学生深度学习的过程和结果。因此，确定素养导向的学习目标不是另辟蹊径，重新设计，而是基于前期确立的引领性学习主题，将课标中的相关要求"聚合"起来，并关联教科书中相关内容和活动的目的意图，见图 2-2-4。

确定深度学习目标的过程也是教师深入理解课标和教科书设计意图的过程。对于大部分教师，可以先分析教科书中内容表述和活动的意图，并尝试概括为表现性要求。再与前期确定的引领性学习主题对照，分析差异，思考差异部分对学生的额外要求及其价值。同时对照课标中的内容要求和学业要求（若为复习课，还需参考学业质量水平）以及核心素养水平部分，看在引领性学习主题下，哪些要求和素养被强调了，需要学生知道什么、理解到什么程度、能够做什么，由此确定应然的核心素养表现性要求。

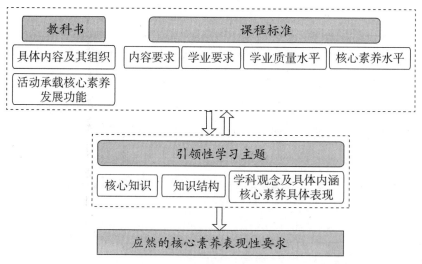

图 2-2-4 确定"应然的核心素养表现性要求"的思路

以"电离和离子反应"为例，在鲁科版教科书必修第一册中电离、离子反应在前，"粗盐中可溶性杂质的去除"在后，体现的是知识建构、表征和应用的逻辑。电离、离子反应都有相应的实验支持，并注重用电离方程式、离子方程式来表示，体现了学业要求中"能用电离方程式表示某些酸、碱、盐的电离""能用化学方程式、离子方程式正确表示典型物质的主要化学性质"的相关要求。从教科书的活动设计可以看出，"表示"的真正含义并不是直接记忆书写规则，而是要让学生先经历理论分析和实验论证，再用化学语言表达。在深度学习中，将引领性学习主题确定为"粗盐精制——从微观角度看粗盐中可溶性杂质的去除"后，应当进一步加强这一点，应强调通过宏观证据论证微观想象，通过符号表征微观过程。由此确定学生应然的素养表现为"在宏观视角的基础上，基于电离概念认识物质在溶液中的微观变化与存在，基于离子反应概念认识多微粒之间相互作用的实质和规律，基于此形成微观视角，并定性、定量相结合地认识溶液中微粒间的相互作用、微粒的种类与数量关系"。此外，由于粗盐精制具有现实意义，在真实问题解决方面还可要求学生"能从微观视角认识杂质，能利用离子反应去除杂质并避免引入新杂质，能有序、高效地除去体系中的多种杂质"。

2. 结合学情，确定核心素养的具体表现水平

核心素养表现性要求描绘了学生的应然水平，不同的学校及班级的学生，水平差异较大，制订学习目标时还需要关注学生学习的起点，进行精准的学情分析。了解学生在知识、方法、态度方面的已有基础、发展进阶和学习障碍，刻画所教学生的核心素养的具体表现水平。教师可以结合已有的教学经验、相关教学研究文献，根据需要进行课前问卷调查、学生访谈等，精准诊断学生对本单元的核心知识、解决单元问题的思想方法、态度情感等各个方面的已知点、障碍点和发展点，如图 2-2-5。

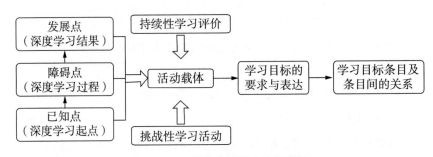

图 2-2-5　学情分析的内容及途径

综合学生的已知点、发展点和障碍点，确定核心素养的具体表现水平。教师可将学生的已知点、发展点和障碍点与课标中"学业质量水平"和"化学学科核心素养水平"的内容对应，找到相关的内容条目；参考"学业要求"中的具体语句，将"学业质量水平"和"化学学科核心素养水平"的内容具体化，形成核心素养的具体表现，关注课标对学生行为表现的用词，准确描述核心素养表现的水平。

例如，通过前测分析和经验判断，关于电离和离子反应，大部分学生的已知点可以概括为：初中阶段已经学习过酸、碱、盐，已经能够从宏观物质角度分析酸、碱、盐在水溶液中的行为，能基于一些酸、碱、盐的代表物，从宏观角度、孤立地分析酸、碱、盐之间的反应。部分学生能基于经验从微观角度认识溶液中常见溶质对应的离子种类。大部分学生的障碍点为：知道酸、碱、盐在水溶液中以离子形式存在，但由于没有建立电离、电解质等概念，对什么样的物质能产生离子、

物质如何产生离子、多种物质产生的离子之间能否共存等问题不明确，也不能准确运用化学用语进行表征；只能从宏观角度进行分析，不能从微观离子的角度分析酸、碱、盐之间的反应；只能关注到离子的种类，不能关注离子的数量，从定量的角度分析问题的意识和能力比较薄弱。学生的已知和障碍点基本上能对应课标中学业质量水平1的描述，并且能反映"宏观辨识与微观探析"水平1的情况。考虑到新授课的定位，学生的发展点主要指向学业质量水平2和"宏观辨识与微观探析"素养水平2的描述，将其综合起来可以表述为"宏观上要辨识物质的种类、导电性等现象，微观上要探析物质在溶液中的微观存在状态与变化"。同时，在"证据推理与模型认知"素养方面，也需要达到"利用实验现象和数据证据，论证电离、离子反应的发生"的水平。

这些要求基于课标水平2，是单元学习完成后所必须达到的，故应当认为是对全体学生的基础要求。学情差异主要影响课时目标的确定，以及目标中对"证据推理与模型认知"素养的要求。例如，对于基础较薄弱、完全没有微观视角的学生，在第1课时中可适当降低目标中对证据推理的要求，能结合实验现象理解电离，能利用电离方程式表征电离即可；而对于基础较好，已经普遍认可酸、碱、盐在水溶液中以离子形式存在的学生而言，应适当提高对证据推理的要求，如对食盐溶于水前后的变化进行分析与论证，以便为后续自主分析多溶质体系的电离和离子反应做准备。

通过问卷调查进行学情分析示例（北京某中学调研学生43人）

在"电离和离子反应"单元学习前，通过问卷调查诊断学生对该单元的知识、方法、态度的已知点和障碍点。

调查点1：诊断学生能否从微观角度分析常见酸、碱、盐在溶液中的存在形式。

题目：盐酸是HCl的水溶液。

（1）用化学符号表示盐酸中存在的微观粒子＿＿＿＿＿＿＿＿＿＿。

（2）HCl属于酸，请你给"酸"下定义＿＿＿＿＿＿＿＿＿＿。

　　分析：94%的学生能够写出盐酸中存在 H^+、Cl^-。17%的学生在给酸下定义时结合已知实验现象，如"酸是能使紫色石蕊试液变红的化合物"，直接从物质的元素组成定义"酸是含氢元素的化合物"；83%的学生能够从微观离子角度，认为"酸是电离出的阳离子全部为氢离子的化合物"。学生在提示下能够从微观角度看待具体物质在溶液中的微观粒子，但是对酸、碱、盐特征进行概括时仍有少部分同学仅从宏观实验现象和元素组成角度展开。

　　调查点2：让学生选择除杂试剂并解释原因，诊断学生从微观角度认识常见酸、碱、盐之间复分解反应和选择除杂试剂实现分离的已知点和障碍点。

　　题目：如何除去 $NaCl$、$CaCl_2$ 混合溶液中的 $CaCl_2$？

　　（1）下列试剂哪些能够作为除杂试剂？为什么？（$NaNO_3$、$AgNO_3$、Na_2CO_3）

　　（2）写出除杂试剂与 $CaCl_2$ 反应的化学方程式，并从微观角度谈谈你对该反应的认识。

　　分析：86%的学生能够正确选择除杂试剂。54%的学生只能从宏观的复分解反应现象和物质之间交换成分的角度分析除杂试剂与杂质间的反应，不能准确确定杂质离子并根据离子反应分析除杂过程。31%的学生能够根据是否引入杂质离子判断除杂试剂，但仍然是从物质之间交换成分的角度分析，缺少根据微观离子种类分析的角度。

　　调查点3：了解学生对单元学习任务的兴趣和困惑，以及学生面对真实任务时的想法。据此教师可以了解学生解决真实问题时可能存在的困难，以便为学生提供必要的学习支架。

　　题目：粗盐的主要成分为氯化钠，含有氯化钙、氯化镁、硫酸钠杂质和泥沙，需要精制。

　　（1）你对食盐精制这个任务感兴趣吗？你对其中的什么问题感兴趣？请列举。

　　（2）如果你来解决这个问题，你打算怎么做？

分析：94%的学生对食盐精制任务感兴趣，其中60%的学生对"如何高效除去粗盐中的Ca^{2+}、Mg^{2+}、SO_4^{2-}"感兴趣，此部分学生能够考虑到粗盐中可溶性杂质的去除；2%的学生提出对"难溶性杂质的去除"感兴趣；11%的学生对"除去粗盐中的杂质的方法"感兴趣，此部分学生关注到除杂的具体方法。26%的学生根据初中学习的粗盐中难溶性杂质的去除，提出通过溶解过滤，70%的学生提出还需要加一些试剂，将可溶性杂质转化为可以直接通过过滤除去的，提出部分可以作为除杂试剂的物质，但是仅除去其中一种杂质，没有考虑多种杂质及完整除杂方案。

3. 预设挑战性学习活动，具体化素养目标

素养导向的学习目标不仅强调结果，也强调学习过程。素养导向的学习目标的具体化离不开对学习过程的预期。因此，在确定素养导向的学习目标时，对挑战性学习活动载体的初步预设是必要的。通过对挑战性学习活动载体的预设，可以将素养导向的学习目标（特别是课时目标）进一步具体化，并且使目标间的进阶关系更加清晰。这个阶段对挑战性学习活动的预设可以有多个，可以评价这些预设活动在多维度素养发展方面的价值，在具体化学习目标的同时，对挑战性学习活动也进行了初步论证。

除了自行预设活动外，教师还可以参考课程标准中的"学生必做实验""情境素材建议""学习活动建议""教学策略"，分析教科书中的核心活动和情境素材，综合考虑统领整个单元的大任务，初步规划单元核心知识和知识结构的逐步建立过程和学习活动的展开过程，初步拆解为解决学生障碍点的学习活动，使其与学生的核心素养的具体表现水平相对应，能够承载学生的核心素养发展。

考虑学习目标与持续性学习评价的关联，学习目标作为评价目标，指向评价内容。学习目标中初步规划的学习活动承载着探查学生的核心素养表现的功能，学习活动载体兼顾诊断、评价功能。此时处于初步关联挑战性学习活动和持续性学习评价阶段，学习目标中更详细、更准确的描述，将在后续设计时不断修改完善。

例如，"电离和离子反应"单元，将"粗盐精制"作为单元大任务，学生在完成粗盐精制的过程时，学生通过食盐固体、溶液的微观想象和导电性实验，建立并论证电离概念，针对性地解决"没有建立电离、电解质等关键概念，不清楚什么样的物质能产生离子、如何产生离子"这一障碍点。该学习活动具有诊断、评价功能，承载着活动表现评价，评价学生能否想象电解质进入溶液后的变化与微观存在。通过磁贴摆放，判断学生能否在多溶质体系中应用电离概念认识到多种微观粒子的存在，以及探查学生是否关注到多种微观粒子间的定量关系。

4. 表达呈现并论证学习目标

学习目标以文字条目的形式呈现。核心素养的具体表现水平作为发展点描述了学生深度学习结果，学情分析得到的已知点和障碍点描述了学生深度学习的起点和发展需要解决的障碍，活动载体构建了学生从深度学习起点到学习结果的实践路径，然后考虑学习目标的要素与表达，形成目标条目，如图2-2-6所示。

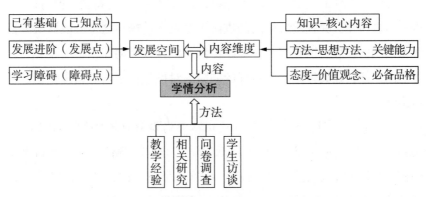

图2-2-6 素养导向的学习目标的表达与呈现的思路

学习目标通常为多个条目，不同条目之间具有一定的逻辑关系，可以是核心知识形成的逻辑，也可以是实际问题解决的逻辑。指向情感态度维度的目标，通常会贯穿整个单元教学，该维度可以分散到各个活动中，也可以通过一个条目集中表达，例如，通过粗盐中杂质的分析、粗盐精制方案的设计、工业生产中粗盐精制流程的分析等活动，体会食盐对人体健康、社会发展的重要性，认识历史上食盐和制盐技术的重要地位，以及我国在制盐方面的成就。

从三个方面论证单元学习目标是否体现素养导向，是否符合深度学习的要求：综合核心素养表现性要求和学生的障碍点，论证单元学习目标的具体表述是否符合学生的核心素养发展进阶过程，能否体现学生真实的核心素养表现；审视课程标准和教科书，论证学习活动能否有效解决学生的障碍点；逐句阅读学习目标，反思学习目标是否详尽描述了学生的核心素养表现内涵和水平，能否作为评价内容。

"电离和离子反应"单元的学习目标如下。

（1）通过食盐固体、溶液的微观想象和导电性实验，建立并论证电离概念；基于电离概念从微观角度认识不同物质在溶液中的存在状态，概括形成电解质的概念；用电离方程式表征电解质电离的过程。

（2）通过导电性和传感器实验，论证溶液中反应的本质是离子间的反应，建立离子反应概念；基于离子反应再认识酸、碱、盐溶液间的反应，并概括离子反应的规律；用离子方程式表征离子反应的过程。

（3）基于电离、离子反应进行离子检验；通过设计食盐精制方案，明确试剂种类、加入量和顺序，实施方案并检验除杂效果，综合应用离子反应规律进行证据推理、干扰排除，概括复杂离子检验的思路。

（4）从成本、除杂效果和安全性等方面评价和优化实验方案，理解并分析历史和工业上食盐精制的方案；体会盐对人体健康、社会发展的重要性，认识历史上盐和制盐技术的重要地位，以及我国在制盐方面的成就。

4条目标既反映了核心知识形成的逻辑，也反映了实际问题解决的逻辑。从核心知识形成的逻辑看，（1）是电离知识的形成和表征，体现的是从微观角度对物质的认识；（2）是离子反应知识的形成与表征，体现的是从微观角度对多物质及其相互作用的认识；（3）和（4）是电离、离子反应知识的实验和实际应用。从实际问题解决的逻辑看，（1）初步认识食盐，明确粗盐在溶液中的微观存在，为除杂明确目标；（2）探究离子间的反应，为粗盐精制提供方法支持；（3）和（4）分别是在实验室和工业条件下实现粗盐的精制。

5. 初步设计单元视角下的课时学习目标

课时学习目标不是将单元学习目标按照知识点简单拆分，而是完成课时规划后，考虑单元学习目标达成所需解决的关键问题，拆分形成的阶段性目标。课时学习目标之间要体现出进阶性，进阶的逻辑和节奏要合理，避免逻辑上的断裂和难度上的突跃。同时，课时学习目标还要体现素养导向单元学习目标的要求，体现知识、思维、态度等多维度的融合进阶发展。

课时学习目标的设计程序如下。首先将单元拆分成多课时。教师可根据引领性学习主题再次分析单元核心知识建构顺序、核心知识承载的素养发展进阶，以及真实问题解决过程，构建单元内的关键进阶点，据此将单元拆分为若干课时，同时参考学校教学规划确定单元课时。其次针对每个课时，参考单元学习目标，确定每个课时的核心知识、核心素养表现性要求、学习活动载体，按照素养导向的学习目标的要素与表达要求概括成课时学习目标。课时学习目标对课时内的活动载体、核心素养表现内涵与水平的描述比单元学习目标更具体，多个课时学习目标间的关联与单元学习目标的不同条目间的关联一致。

由于此时挑战性学习活动、持续性学习评价尚未经充分论证，无论是单元学习目标还是课时学习目标，都仅需初步考虑单元整体的规划；待后续设计完成后，需再次审视单元和课时学习目标，不断修改完善。素养导向的学习目标的设计是循环往复，不断完善的过程。

"电离和离子反应"单元，核心知识"电解质的电离"发展学生从微观角度认识溶液中的酸碱盐的能力；"离子反应"发展学生从微观角度认识酸碱盐在溶液中的反应的能力；"离子反应发生的条件"发展学生从微粒作用的角度判断复分解反应能否发生的能力；"离子反应的应用"发展学生应用离子反应规律，检验离子、除去杂质离子等能力。如此形成了学生认识能力的进阶过程，总体来说经历了从微观角度看物质、看变化及实际应用的三个关键阶段，对应"粗盐精制"问题的解决过程，包括"粗盐中的杂质是什么？""加入除杂试剂后粗盐发生了怎样的变化？""如何设计和优化粗盐精制的方案？"，如图2-2-7。据此将单元学习目标初步拆分为3个课时。按照素养导向的学习目标的要素和表达要求，初步设计课时学习目标如表2-2-1。

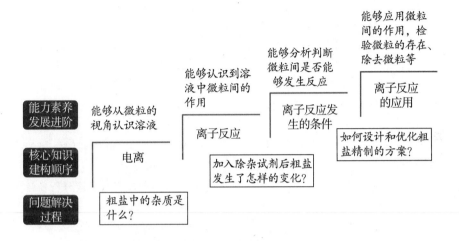

图 2-2-7　"电离和离子反应"单元学生的能力素养发展进阶过程

表 2-2-1　"粗盐精制"单元初步的课时学习目标

单元学习目标	课时	课时学习目标
（1）通过食盐固体、溶液的微观想象和导电性实验，建立并论证电离概念；基于电离概念从微观角度认识不同物质在溶液中的存在状态，概括形成电解质的概念；用电离方程式表征电解质电离的过程 （2）通过导电性和传感器实验，论证溶液中反应的本质是离子间的反应，建立离子反应概念；基于离子反应再认识酸、碱、盐溶液间的反应，并概括离子反应的规律；用离子方程式表征离子反应的过程	微观角度看物质（第1课时）	（1）能结合宏观溶液导电性等实验证据论证电离结果——产生自由移动的离子 （2）能利用电离、离子概念描述常见的酸碱盐在水溶液中的微观存在形态 （3）能用电离方程式表征常见酸碱盐的电离过程 （4）能从电离视角认识酸碱盐 （5）能从宏观性质（导电性）和微观实质（电离）的角度对物质是否属于电解质进行说明论证

续表

单元学习目标	课时	课时学习目标
（3）基于电离、离子反应进行离子检验；通过设计食盐精制方案，明确试剂种类、加入量和顺序，实施方案并检验除杂效果，综合应用离子反应规律进行证据推理，干扰排除，概括复杂离子检验的思路 （4）从成本、除杂效果和安全性等方面评价和优化实验方案，理解并分析历史和工业上食盐精制的方案；体会盐对人体健康、社会发展的重要性，认识历史上盐和制盐技术的重要地位，以及我国在制盐方面的成就	微观角度看变化（第2课时）	（1）能利用电解质、电离等概念，结合宏观反应现象推论酸碱盐在溶液中发生复分解反应的微观实质——离子间的反应 （2）能利用电导率变化等实验证据论证反应本质 （3）能应用酸碱盐的电离特征解释复分解反应规律及离子反应本质 （4）能用离子方程式表示典型离子反应
	实际应用（第3课时）	（1）能利用离子反应规律，考虑多种离子反应间的相互影响，进行离子检验或鉴别 （2）能从微观离子角度分析多溶质溶液，利用离子反应规律推论除杂试剂的多种可能方案，从原料、操作、成本等多角度对学生方案和工业方案进行评价、反思和完善 （3）反思粗盐精制对人们生活和社会发展的影响和意义

表 2-2-1 中初步的课时学习目标规划主要来源于单元学习目标，将单元学习目标按课时和素养维度进行拆分。例如，将单元学习目标（1）具体拆分到"电离结果"和"电离过程"上，并与电离方程式等知识结合起来；同时展开了从电离视角认识酸碱盐等目标，完整体现电离概念的形成、巩固与应用。再如，将单元学习目标（3）和（4）整合到第 3 课时的目标中，在诊断单元学习目标（2）达成情况的同时，通过学生方案设计、交流、评价任务实现单元学习目标（3），通过引入工业方案并评价、交流实现单元学习目标（4）的一部分，再通过反思活动实现单元学习目标（4）中的态度情意部分。

三、素养导向的学习目标的诊断和优化

1. 素养导向的学习目标的检验

素养导向的学习目标是否准确描绘了核心素养的内涵与水平？是否凸显核心知识？是否充分展现了学生深度学习的过程？要解答这些问题，需要诊断并持续优化素养导向的学习目标。诊断和优化如下方面：呈现出的素养导向的学习目标是否符合学习目标的要素和表达的要求；是否指向深度学习全过程，综合知识、素养多方面，整合多维度核心素养，形成素养的多维进阶，体现"整合性"特征；是否结合具体知识、思路方法和学科观念，体现核心素养表现的具体内涵，体现"具体化"特征；是否有初步的活动设计和实现路径，实施活动时需要调用核心知识、思路方法和学科观念，体现"可落实"特征；是否使用行为动词描述学生的核心素养表现水平，审视通过现有活动规划能否获取评价所需的必要信息，体现"可评价"特征；单元学习目标和课时学习目标是否匹配，是否符合学生的核心素养进阶过程。素养导向的学习目标的检验工具见表 2-2-2。

表 2-2-2 素养导向的学习目标的检验工具

要素	内容
素养导向的学习目标的要素与表达	以学生为主体，凸显核心知识，体现活动载体，表述核心素养具体表现及水平
整合性	学习目标的内容能够整合学生深度学习过程和结果的全阶段；整合学生的知识、能力、素养多方面；同一个目标条目内整合多维度的化学学科核心素养
具体化	不仅明确体现化学学科核心素养的维度，而且结合主题内容描绘学生的核心素养的具体表现，描绘学生的核心素养表现的程度
可落实	描述学生经历的具体实践活动；体现出学生经历该活动时具有怎样的核心素养表现；可与单元学习目标检核

要素	内容
可评价	描述学生学习过程中可能达成的核心素养表现水平，能用行为动词，如举例说明、解释、论证等描述并初步评估水平；体现可供评价的具体内容，并确认能否获取评估目标达成情况的必要信息
单元学习目标和课时学习目标的关联	课时学习目标间的逻辑关系与单元学习目标相匹配，课时学习目标较单元学习目标更具体

2. 素养导向的学习目标的诊断与改进

应用素养导向的学习目标的检验工具，可对案例的学习目标进行诊断和修改完善。

"基于价、类视角研究硫酸型酸雨的形成及防治"单元，属于高中必修课程"常见无机物及其应用"模块，参考鲁科版教科书必修第一册第3章第2节"硫的转化"设计的新授课，将"研究硫酸型酸雨的形成及防治"作为统摄整个单元的挑战性大任务。该单元的素养导向的学习目标的初步表述如下：

（1）通过梳理自然界中的硫及其化合物，建立"价-类"二维图，进一步发展从物质类别和元素价态两个视角认识物质的能力，发展模型认知的核心素养。

（2）应用"价-类"二维图设计不同价态含硫物质的转化，建立物质转化视角，理解物质之间的转化关系，发展变化观念的核心素养。

（3）通过选取试剂、设计实验方案并实施，验证不同价态含硫物质的转化，根据实验事实得出结论，发展科学探究与创新意识的核心素养。

（4）通过应用硫及其化合物的转化关系，解决酸雨防治的问题，强化环境保护和可持续发展意识，培养科学态度与社会责任的核心素养。

上述素养导向的学习目标条目，按照核心活动的逻辑依次呈现，体现了活动载体、核心知识、素养表现等要素。整体来看，缺少核心知识具体内涵的阐述，如对硫及其化合物认识到什么程度，学习哪些含硫物质的性质；缺少学生完成学习活动的核心素养的具体表现及水平，如对"转化"的认识程度缺少描述，具体化和可评价性有待改进；描述了具体的学习活动，但学习活动间的关联不足；描述知识结构的建构过程，基于价、类视角研究物质转化能力的发展进阶，酸雨环境问题的危害、形成及防治的问题框架，三者之间的匹配融合有待加强，可落实性有待改进。

根据诊断分析，修改该单元的素养导向的学习目标如下：

（1）通过酸雨问题引出自然界中存在的硫及其化合物，了解硫及其化合物，建立硫元素的"价-类"二维图，从物质类别和元素价态视角认识含硫物质。

（2）通过探讨酸雨的形成过程，设计从二氧化硫到硫酸的转化路径，通过选取试剂、设计实验方案并实施实验，验证含硫物质的转化，在此基础上总结二氧化硫、浓硫酸的主要性质，完善硫元素的"价-类"二维图，建立从物质类别和元素价态视角设计物质转化的思路和方法。

（3）应用含硫物质的性质及转化关系，设计酸雨防治的方案，分析解决含硫物质的制备、分离等问题，形成应用"价-类"二维思想方法解决实际问题的思路。

（4）通过探讨酸雨的危害、含硫物质及转化对生态环境的影响，强化环境保护和可持续发展意识。通过硫酸型酸雨防治方案的设计与评价，体会化学学科在解决环境问题中的价值。

四、问题解析

高中化学学科项目组开展深度学习的教学改进案例研究时，组织指向深度学习的化学教学设计的教师培训活动，通过教师访谈了解到教师在设计素养导向的学习目标时遇到的常见问题主要有：凸显核心知识和阐释具体内涵存在困难；难以精准分析学情确定学生的起点和障碍点；难以确定核心素养表现的内涵和水平，多维度素养缺少整合；课时学习目标与单元学习目标的关联不足。

1. 凸显核心知识和阐释具体内涵存在困难

主要表现为：（1）罗列单元内的知识点，按照知识逻辑顺序依次呈现，缺少体现核心知识和其他知识的关联，缺少体现核心知识对学生核心素养发展的关键作用。（2）提出核心知识，但以一个概括性的词语表示，缺少对核心知识具体内涵的阐述，导致学习目标不具体。

解决此问题的关键是，重新审视引领性学习主题的分析过程，可关注以下两个方面：（1）素养导向的深度学习与常规知识本位的学习，对知识的功能价值的关注程度不同，教师在设计学习单元时，以单元内众多知识内容对学生的能力素养的发展功能为切入点，进而确立核心知识和知识结构，这样分析得到的功能价值也正是核心知识的具体内涵。（2）分析知识的不同类型，有些知识是表达型的，如离子反应方程式；有些知识是描述实验现象型的，如导电。分析这些知识对核心知识的支撑作用，将这样的支撑作用体现在学习目标中，形成凸显核心知识兼顾其他具体知识的目标表述。

2. 难以精准分析学情确定学生的起点和障碍点

主要表现为：（1）能够分析学生已经具有的知识水平，根据经验判断学生的核心素养水平的起点，但难以准确表达学生的真实水平。（2）能根据课标分析学生的核心素养表现的应然水平，但不能分析学生的核心素养的发展进阶过程。（3）常常根据常规知识学习的教学经验分析学生，缺少从知识学习向素养导向的深度学习的转变。

解决此问题可关注以下两方面：（1）借助多种学情分析的方法弥补教学经验的不足，增加问卷调查和有代表性的学生访谈，问卷题目和访谈问题既可诊断学生的已有知识、核心素养水平，又可以让学生迁移解决问题，诊断学生的障碍点。（2）借助课标，以终为始，倒推学生的核心素养发展的进阶过程。依据课标，明确学生的核心素养表现的应然水平，核心知识具有素养发展功能，通过探究实践活动，促进学生核心素养的不断进阶。通过分析核心知识的学习顺序，挖掘活动承载的素养功能，明确学生的起点到发展点之间的过程，构建核心素养的发展进阶，在这个过程中捕捉学生核心素养发展的障碍点。此外，通过教学实践中学生的表现，不断诊断学生核心素养的水平和发展进阶过程，这需要教师不断积累和持续研究。

3. 难以确定核心素养表现的内涵和水平，多维度素养缺少整合

主要表现为：（1）能够体现所承载的核心素养的维度，但是缺少结合单元内容体现核心素养表现的具体内涵。（2）分析学生的核心素养表现时缺少描述行为表现的词语，包括行为动词和表示不同水平的词语，将课标内容转化为学生行为表现的具体用词时存在困难。（3）学习目标的条目逐条对应核心素养维度，缺少多维度核心素养表现的整合。（4）部分表达与优秀案例的表达方式、用词相似，与本单元内容主题的关联性较弱。

教师可关注以下两个方面来明确核心素养表现的内涵和具体表现水平等问题：（1）关注核心知识的本体内涵和功能价值。从学科本体切入分析知识的内涵，分析这些知识属于什么类型、这些知识是如何促进学生的核心素养的发展的。从学生的角度描绘，这样的分析结果为凝练核心素养表现提供基础。（2）关注课标中关于学生表现的动词和程度之类的词语。课标中的"学业要求""学业质量水平""化学学科核心素养水平"描述了学生的核心素养表现，虽然缺少结合具体知识的核心素养表现，但课标的语句中包含了明确学生行为的动词、体现学习程度的词语，可借鉴此部分词语并结合单元具体知识，凝练核心素养表现的内涵和具体表现水平。

4. 课时学习目标与单元学习目标的关联不足

主要表现为：（1）仅将单元学习目标的不同条目简单拆分，作为课时学习目标，缺少细化过程。（2）多个课时学习目标间的逻辑，与

单元学习目标条目的逻辑不一致。

检查和诊断素养导向的学习目标，对发现和解决该问题有重要作用。完成学习目标的设计后，采用检查工具逐一审视单元学习目标和课时学习目标是否符合要求，完成挑战性学习活动、持续性学习评价要素的设计时，再次诊断和修改学习目标。核心知识和知识结构、问题解决框架（活动结构）是明确单元学习目标和课时学习目标之间逻辑关系的重要依据，将课时学习目标的逻辑、单元学习目标条目间的逻辑，分别与知识结构的建立过程、问题解决框架相互论证，两者均应符合知识结构的建立过程、问题解决框架，从而确保课时和单元学习目标的逻辑一致。

实 践 分 享

设计素养导向的学习目标的实践经验

首都师范大学附属中学　何文杰

1. 研究课程标准，定位核心目标

在鲁科版必修第一册第 3 章"物质的性质与转化"中第 1 节"铁的多样性"的学习中，为确定学习目标，依据课程标准的定位和要求，关注了主题 2 "常见的无机物及其应用"，并结合主题 1 "化学科学与实验探究"和主题 5 "化学与社会发展"的内容要求、学业要求、学业质量水平，确立了元素化合物知识的素养导向的学习目标：关键能力是基于物质类别、元素化合价认识铁及其化合物的角度和思路，即"价-类"二维的系统元素观，必备品格和正确的价值观念是科学合理使用物质的科学态度和社会责任。

2. 聚焦教材内容，确定单元学习目标

鲁科版必修第一册第 1 章"认识化学科学"聚焦研究物质的方法，第 2 章"元素与物质世界"聚焦核心概念的学习，包括物质分类、离子反应、氧化还原反应，第 3 章"物质的性质与转化"是利用方法和概念认识元素化合物，是研究物质性质方法和观念的进一步发展。"铁的多样性"排在硫、氮元素之前，单元学习目标定位在建构铁元素的"价-类"二维图及利用二维图预测含铁物质的主要化学性质，并设计实验验证性质，发展研究物质性质的方法。

3. 分析学生情况，确定目标进阶

通过第1、第2章的学习，大部分学生可以依据物质类别对含铁物质进行分类，但不能自主从化合价角度分类，不能主动调用物质通性研究物质性质。为符合学生认识发展，将"价-类"二维图的构建分两步，先从类别角度分类，再根据实际应用需要从价态角度分类。预测铁盐的性质时先预测 Fe^{3+} 的性质，构建思路和方法，形成结构化的知识，然后将结构化的知识功能化，自主调用角度研究 Fe^{2+} 的性质。

在探究物质性质的实验中，大部分学生知道探究物质性质的基本思路，如：预测性质、进行实验设计、获取有效证据、依据证据进行推理，但只停留在记忆里，缺少实践经验。为适应学生认知规律，应设计研究物质性质的能力进阶活动。在探究 Fe^{3+} 的氧化性时，学生先选择试剂并说明选择原因，再预测实验现象并进行交流讨论优化实验方案，最后实施实验并获取证据，基于证据得到结论。在研究 Fe^{2+} 的性质时进行开放的学生活动，学生自主应用完整的探究物质性质的思路进行活动，巩固研究物质性质的思路和方法。

4. 聚焦引领性学习主题，丰富单元学习目标

"科学补铁——基于'价-类'视角认识铁及其化合物"作为本单元的学习主题，以解决"缺铁了怎么办"这一真实问题的逻辑拆解成3个任务：选择补铁剂、使用补铁剂、检测补铁剂，体会生活中真实问题的解决思路。通过3个课时完成教学：第1课时选择补铁剂时，对含铁物质分类，建构"价-类"二维图，预测物质类别通性，预测 Fe^{3+} 的氧化性并进行实验验证，将知识结构化。第2课时使用补铁剂中，利用"价-类"二维图预测并验证 Fe^{2+} 的性质，将结构化的知识功能化，应用其性质，实现科学补铁，展示了化学与生活的密切相关，体现了化学的学科价值。避免补铁剂实际使用中与氧化性物质接触，避免与茶叶等同服，与维生素 C 同服效果更佳。第3课时检测补铁剂中需要明确 Fe^{3+}、Fe^{2+} 的检验方法，体验在补铁口服液等复杂体系中离子

检验的思路和方法，实现对学生科学态度和创新意识的培养。

5. 关联挑战性学习活动，具化单元学习目标

第 1 课时选择"除了 Fe^{2+} 适合做补铁剂，其他物质是否可以做补铁剂"的活动，了解含铁物质并进行分类，通过胃的消化过程写出 Fe、Fe_2O_3 分别与 HCl 溶液反应的离子方程式，应用类别通性预测 FeO、$Fe(OH)_3$ 与 HCl 溶液的反应，将 Fe^{3+} 是否可以做补铁剂作为驱动任务来探究 Fe^{3+} 的氧化性，借助实验探究中的实验证据和 Fe^{3+} 在小肠代谢过程的事实证据确认其氧化性，并认识到价态角度对物质分类的实际价值和必要性，完成"价-类"二维图的建构。第 2 课时"使用补铁剂的注意事项"活动中引导学生利用"价-类"二维图分析 Fe^{2+} 具有还原性、易与碱性物质发生反应，通过实验进行验证，认识补铁剂使用的注意事项，实现科学补铁的初步认识。第 3 课时"检验口服液补铁剂中铁元素的价态"活动时要求学生知道 Fe^{3+} 如何检验、Fe^{2+} 如何检验、Fe^{3+} 和 Fe^{2+} 共存时如何检验、如何排除试剂的组成微粒间的干扰，知道检验试剂间存在相互干扰时需要使用灵敏特征试剂，感受微粒间的相互作用及物质检验过程对学生的科学探究和创新意识的发展。

基于以上分析确定"科学补铁——基于'价-类'视角认识铁及其化合物"的单元学习目标：

（1）自主对铁及其化合物按物质类别进行分类，写出 Fe、Fe_2O_3 分别与 HCl 反应的离子方程式，应用物质类别间反应规律预测 FeO、$Fe(OH)_3$ 与 HCl 溶液的反应。

（2）通过对 Fe^{3+} 氧化性的研究，体会按价态对物质进行分类的意义，建构铁及其化合物的"价-类"二维图，自主应用"价-类"二维图从物质类别、价态视角研究 Fe^{2+} 的性质。

（3）合理选择试剂来验证 Fe^{3+} 的性质，能设计实验并基于证据说明 Fe^{3+} 的性质和转化，巩固探究物质性质的思路和方法，并通过该思路方法自主探究 Fe^{2+} 的性质，进而认识补铁剂使用的注意事项，体会科学补铁的重要性。

（4）通过补铁剂中铁元素价态的检验，学会 Fe^{2+}、Fe^{3+} 的检验方法，建立真实复杂体系中微粒间的相互作用和干扰的思路，体会科学

探究的复杂性与创新性。

（5）通过补铁剂的选择、使用注意事项、检验的真实问题体会解决真实问题的逻辑和思路，感受化学与生活密切相关，进一步体会化学的学科价值和社会价值。

第三节　设计挑战性学习活动

一、什么是挑战性学习活动

1. 挑战性学习活动的内涵

挑战性学习活动是落实素养导向的学习目标的重要途径。每个单元都由一组彼此关联的、结构化的、有逻辑的学习活动构成。

"挑战性"指学习活动相较于学生现有水平具有一定的难度，学生依靠现有的知识经验或思路方法难以完成，必须吸收新的知识、建立新的联系，或者转变思路、调整方法等，即在上述各方面有综合发展后，才能够完成任务。从学习动机的角度看，挑战性学习活动应能激发学生的好奇心、参与热情和挑战欲望，能吸引学生接受挑战并为此全身心投入。这样具有"挑战性"的活动才与学生深度学习的需求相匹配，才能够承载素养导向的学习目标。

2. 挑战性学习活动的特征

基于挑战性学习活动的内涵和学生素养发展的需要，高水平的挑战性学习活动，应该体现出针对性、进阶性、建构性、真实性、驱动性五个方面的特征，如图 2-3-1 所示。

图 2-3-1　挑战性学习活动的特征

针对性。学习活动需要承载化学核心知识的学习，同时需要在活动中切实体现和发展单元学习目标中的关键能力和必备品格，进而落实化学学科核心素养的发展。学习活动是针对单元学习目标和素养发展点设计的，学生的活动表现就是目标达成和素养发展的反映，所以挑战性学习活动同时承载着表现性学习评价的功能。

进阶性。每个单元中一系列学习活动间应有合理的逻辑和适当的难度梯度，在多个目标维度循序渐进，支持学生的核心素养的发展进阶。合理的逻辑包括科学探究的逻辑、问题解决的逻辑以及学生化学学科认识发展的逻辑等。

建构性。学习活动的开展强调学习者的主动建构过程，强调让学生在已有经验的基础上形成认知冲突从而进行深度学习。基于学习科学和认知科学领域的多种学习理论探索学生的学习过程后发现，可以从学生是否实现深度理解来区分学生是否进行了深度学习[①]，并将"迁移创新"作为深度理解的结果。建构性体现了学生与已有经验建立关联、深度理解、迁移的主动建构过程。

真实性。学习活动应关联真实世界，解决真实问题，彰显现实意义和价值，体现化学学科思想方法在真实世界中的应用，并能丰富学生对真实世界的认识。真实问题具有复杂性和挑战性，需要从化学学科视角建构模型来对其进行简化和转化，这就需要高阶思维的参与；真实问题受到现实条件的制约，其解决过程往往涉及效果评价、影响分析、利弊权衡、优化改进等活动，这些活动是学生核心素养发展的重要载体。从学生参与的角度看，真实性还意味着学生真实地参与学习过程，真正深入探究、讨论，充分体验，实现做真事、真做事。

驱动性。学习活动应能够激发学生的好奇心，引起学生的兴趣和持续关注，吸引和鼓励学生持续参与，并通过活动获得满足感、成就感和责任感。通过驱动性学习活动激发并维持学生的内在学习动机，促进学生成为主动的学习者、问题的解决者和负责任的参与者。

---

① PASK G. Styles and Strategies of Learning [J]. British Journal of Educational Psychology, 1976, 46: 128-148.

3. 挑战性学习活动的类型

按照挑战性学习活动外显的逻辑线索类型，可将挑战性学习活动分为两种类型：

大任务统领的挑战性学习活动。该类型的学习活动将解决复杂问题作为单元的外显明线；将核心知识的学习、理解、应用过程中学生的认知逻辑和核心素养进阶作为暗线；单元内不同学习活动之间的外显逻辑符合问题解决过程。例如，"环境问题解决——酸雨"是一个基于真实复杂问题的单元大任务，其中的挑战性学习活动应符合环境类问题解决的逻辑——认识环境问题的实质与危害、分析成因、提出防治对策。在明线之下，将核心知识的学习、理解、应用以及学科思想等融入其中，将不同价态含硫、含氮物质的性质与转化融入酸雨问题的成因分析和防治对策中。类似地，"科学使用含氯消毒剂""是否应该停止使用氮肥""科学补铁"等都是大任务统领的挑战性学习活动。

知识逻辑与素养进阶融合的挑战性学习活动。该类型学习活动的外显明线，主要是核心知识和认知模型的建立、理解、应用过程，凸显核心知识及学科思想方法的价值，学以致用；单元内不同学习活动间的外显逻辑符合核心知识学习的内在逻辑，即从学习理解到应用实践。此类学习活动虽然没有贯穿始终的统摄性大任务，但也有联系实际的情境素材，在各个学习活动中也能联系真实世界。例如，"从微观视角认识溶液""建构研究物质氧化性和还原性的思路方法""运用'价–类'二维图研究 Fe^{3+} 和 Fe^{2+} 的转化"等都是典型的知识逻辑与素养进阶融合的学习活动。

4. 挑战性学习活动的举例分析

以选择性必修模块化学反应原理中"物质在水溶液中的行为"主题的单元教学设计为例，进一步分析大任务统领的挑战性学习活动。该单元设计定位为模块复习课，以"人体酸中毒的原因和解决办法"为明线和统领性大任务，按病因诊断、对症下药、临床应用这样的真实问题解决逻辑用 3 个课时完成了一系列挑战性学习活动的实施，如图 2-3-2 所示。

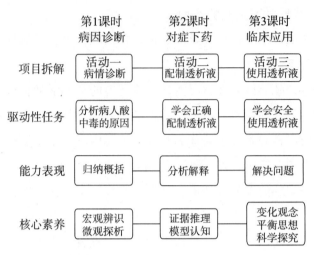

图 2-3-2　化学反应原理模块"水溶液中的离子平衡复习课"单元挑战性学习活动

第 1 课时的核心活动是病因诊断，以化验单中的酸中毒作为切入点，引领学生关注血液体系中的 pH 变化，借由生物学知识和资料建构基于 H_2CO_3-HCO_3^- 缓冲对的离子平衡体系，从微粒种类、数量、相互作用等角度建立分析水溶液中多平衡体系的思路。第 2 课时的核心活动是透析液的配制，模拟人体血液中的离子种类和浓度，计算并尝试定量配制透析液。在实验中，若学生发现配制过程中出现了会影响透析液安全使用的白色沉淀，可引导学生围绕白色沉淀的产生原因进行分析讨论和进一步的实验验证。第 3 课时的核心活动是讨论透析液的配制和使用中的注意事项，基于 $CaCO_3$ 沉淀产生的原因尝试提出对策，通过先稀释、再混合的方式来创造性地解决配制时因离子浓度过大而产生沉淀的问题。

上述挑战性学习活动取材于真实问题，具有现实性和复杂性，并且与"物质在水溶液中的行为"主题的核心知识与思路方法非常匹配。在分析人体酸中毒的原因和提出解决办法时，需要用到溶液酸碱性、各种平衡和平衡移动规律等核心知识，需要调用系统分析溶液问题的角度和思路。学生希望了解酸中毒的原因，于是动手配制透析液，期待可以缓解酸中毒现象，又在配制过程中发现新的问题，通过创造性地应用 K-Q 关系避免沉淀产生，并由此关注健康和医疗安全等问题，故上述活动具有足够的建构性和驱动性。核心知识和思路方法目标较好地融合在病因诊断、对症下药和临床应用三个活动中，逻辑环环相扣，水平要求逐渐提高，具有明显的进阶性。

以"认识有机反应的思路方法——基于反应类型建构有机化学反应的认识模型"为例，进一步分析知识逻辑与素养进阶融合的挑战性学习活动。该单元设计定位为选择性必修模块"有机化学基础"的新授课，核心知识是有机反应类型，核心目标是基于有机反应类型建构认识有机反应的思路方法，其挑战性学习活动设计如图 2-3-3 所示。

第 1 课时的学习活动聚焦加成反应，从反应物特征、反应试剂、反应条件、反应产物等多个角度初步建立认识有机化学反应认识模型。第 2 课时的学习活动聚焦取代反应和消去反应，目的是应用前述认识模型由学生自己归纳和总结这两类反应的特征，实现反应类型知识结构化和思路化的学习目标。第 3 课时应用有机化学反应认识模型实现卤代烃的制备，实现知识的功能化。通过这样的学习活动让学生理解有机反应，建立有机化学反应认识模型，进而应用其解决问题。

上述挑战性学习活动强调知识逻辑与核心素养发展进阶的融合，在针对性、建构性和进阶性上表现突出，前面活动中学生建立的核心知识和认识模型会在后续的活动中得以应用和发展。这类挑战性学习活动虽然没有贯穿始终的真实问题线索，但也会在局部尽力体现真实性和驱动性的特征。例如，在卤代烃的制备活动中，就涉及实际工业生产和路线选择问题，可以激发学生多角度的思考，并考虑产率、条件、成本等现实因素。

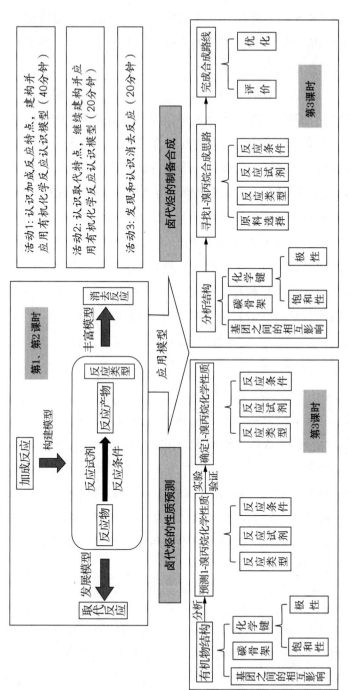

图2-3-3 "认识有机反应的思路方法" 单元挑战性学习活动

二、如何设计挑战性学习活动

挑战性学习活动与教学设计的多个要素紧密关联，在引领性学习主题的统领下，承载素养导向的学习目标，兼顾持续性学习评价，以系列学习活动的形式呈现学生深度学习的历程。

在设计挑战性学习活动时，应根据学习主题的内容，参考课标和教科书，初步确定挑战性学习活动的类型；考虑不同类型的挑战性学习活动的特点和要求，将单元驱动问题拆解为具体的学习活动，确定挑战性学习活动的结构，进而规划课时；考虑挑战性学习活动与引领性学习主题、素养导向的学习目标、持续性学习评价、开放性学习环境等要素的关联，细化具体学习活动；结合问题解决过程、学生的核心素养进阶等方面，综合论证挑战性学习活动，并进行修改完善，如图 2-3-4 所示。

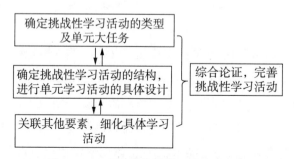

图 2-3-4　设计挑战性学习活动的思路

1. 确定挑战性学习活动的类型及单元大任务

挑战性学习活动包括大任务统领、知识逻辑与素养进阶融合两种类型。设计学习主题和学习目标时已经初步考虑挑战性学习活动，因此需要在满足学习主题的统摄功能、承载学习目标和评价任务的基础上，综合分析后确定挑战性学习活动的类型。一般而言，物质性质类内容更容易设计成大任务统领的挑战性学习活动，需要寻找核心物质性质相关的真实问题；概念原理类内容更容易设计成知识逻辑与核心素养发展逻辑融合的挑战性学习活动，概念或模型的建构、理解、应用是逻辑线索。此外，课标中的"教学策略""情境素材建议""学习活动建议""学生必做实验"可以作为具体活动设计的参考。不同版本教科书中的活动性栏目、资料性栏目等，也可以为学习活动设计提供重要参考。

确定挑战性单元大任务还需要考虑学情。学生对大任务是否感兴趣直接影响学生参与深度学习的动机，学生的已有知识和核心素养水平决定了完成学习活动的能力。此外，还需要综合考虑教学实施条件、教师的教学特点和学生的学习习惯等。

以"电离和离子反应"单元的挑战性学习活动设计为例，此前已经确定了该主题承载的核心素养表现为"从微观角度认识溶液中的物质存在状态及其变化"，要达成这一目标，需要经历"从微观角度看物质""从微观角度看变化"以及"应用对溶液的微观认识解决问题"等过程，这已经体现了知识逻辑与核心素养发展进阶的融合。在此基础上，若有恰当的、贯穿性的真实问题和大任务，可以真实问题解决为主线索，而将上述逻辑融入其中，实现双线并行。

分析课程标准发现"学生必做实验"部分有"用化学沉淀法去除粗盐中的杂质离子"的要求。教科书中也设计了"粗盐精制"的必做实验活动，促进学生应用电离和离子反应解决实际问题。课标"教学策略"部分也提到"紧密联系生产和生活实际，创设丰富多样的真实问题情境"。经过综合分析发现，"粗盐精制"这一真实问题能够承载核心知识，符合核心知识的建构过程，体现学生的核心素养发展进阶，具有一定挑战性和驱动性，能激发学生的兴趣和参与热情。以上述课前调查为例（详见57—59页），发现94%的学生对食盐精制任务感兴趣，其中60%的学生对如何除去粗盐中的可溶性杂质离子感兴趣，11%的学生对除去粗盐中的杂质的方法感兴趣。通过多角度综合分析，确定将"粗盐精制"作为统领整个单元的大任务，相应地将挑战性学习活动调整为"从微观角度看杂质""从微观角度看除杂过程"和"粗盐精制方案的设计"。

2. 确定挑战性学习活动的结构，进行单元学习活动的具体设计

设计挑战性学习活动时，需要确定学习活动的结构，考虑单元内

多个学习活动之间的逻辑关系，实现问题解决线索、核心知识线索、学生的核心素养进阶线索的匹配融合。根据引领性学习主题的分析结果，再次分析单元的核心知识和知识结构的建立过程，以及学生的核心素养发展进阶过程，据此确定挑战性学习活动的顺序。不同类型的挑战性学习活动在设计时有不同的侧重点。

知识逻辑与素养进阶融合的挑战性学习活动，遵循学生的认识发展和核心素养进阶过程，拆解时需关注四个方面：（1）围绕核心知识结构组织教学内容。分析知识结构的建构过程，凸显核心知识对学生建立认识角度和思路的作用。分析学生的认识发展和核心素养进阶路径，以学生的已有水平为起点，结合核心知识、知识结构的建构过程确定核心知识的组织顺序。（2）根据学生的核心素养发展过程设计问题。设计指向学生认识发展的问题，尤其建议在学生的核心素养发展进阶的关键点上设置问题引发认知冲突。（3）围绕学生的学习，选择与组合教学活动方式。以解决学生的学习障碍点为目的，选择与组合教学方式，确定学习活动。分析学生在核心知识建立、理解和应用及核心素养发展方面的可能障碍点，选择以学生为中心的多种教学方式，论证教学方式对解决学生障碍点的作用，进而确立主要的学习活动。（4）根据素材功能选择与使用活动素材。论证素材对促进学生知识建构和认识发展的作用，考虑素材能否承载驱动问题，能否为学生解决问题提供支架，能否提供证据，进而选择素材及使用方式，见图2-3-5。

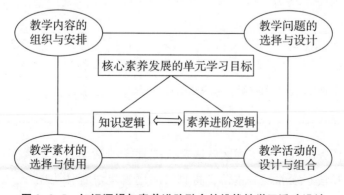

图 2-3-5　知识逻辑与素养进阶融合的挑战性学习活动设计

　　"电离和离子反应"单元，按照知识逻辑与素养进阶融合下的挑战性学习活动进行设计与规划。核心知识"电离"支持学生建立物质在水溶液中存在形态的微观角度和思路，"离子反应"支持学生建立物质在水溶液中的变化的微观角度和思路，"离子反应发生的条件"支持学生分析判断微粒间是否发生反应，"离子反应的应用"让学生应用微观角度和思路进行溶液中的物质检验和分离提纯等。确定核心知识的组织顺序：电离→离子反应→离子反应发生的条件→离子反应的应用。这样的知识组织顺序对应的学生核心素养的发展进阶为：从微观视角认识和论证物质在水溶液中的存在→认识物质在水溶液中的变化、相互作用，学习使用离子反应表征微观过程，建立微观视角和分析思路，发展宏观、微观、符号表征相结合的思维方式→运用电离、离子反应和宏-微-符结合的思维方式解决问题。

　　参考课标提出的"重视开展高水平的实验探究活动"教学策略，"电解质的电离""探究溶液中离子反应的实质及发生条件（测定电流或溶液电导率的变化）"实验及探究活动，"用化学沉淀法去除粗盐中的杂质离子"学生必做实验，参考教科书提供的"研究氯化钠的导电性""稀硫酸与 $Ba(OH)_2$ 溶液反应的实质"等活动，确定主要的学习活动内容及类型，具体如表 2-3-1 所示。

表 2-3-1　"电离和离子反应"单元学习活动设计

课时	核心学习活动
从微观角度认识物质在水溶液中的存在——电离（课时 1）	实验探究电解质的电离
从微观角度认识物质在水溶液中的反应，深化从微观角度认识溶液中反应的思路——离子反应（课时 2）	实验探究离子反应及发生的条件
应用建立的新认识和新思路，解决离子检验和除杂问题——离子反应的应用（课时 3）	实际问题解决：粗盐精制

　　大任务统领的真实问题解决类挑战性学习活动，依据真实问题解决过程和核心素养发展进阶，将真实问题解决过程作为明线，综合考虑问题解决过程、学生的核心素养进阶发展、核心知识建构过程，将

真实复杂问题拆解为一系列子问题，进而设计挑战性学习活动。拆解时需考虑以下 3 个关键点：（1）把核心概念融入真实问题解决过程。教师可以通过查阅相关资料，厘清真实问题的背景和实际解决过程、真实问题与学科问题之间的关联。（2）关注学生与专业人员解决真实问题的不同表现，关注二者在解决真实问题时的已有基础的差异。通过分析学生的知识基础、能力和素养水平，预设并进一步探查学生解决真实问题的情况，收集整理学生的兴趣和面临的挑战与困难，为设计驱动问题和学习活动做铺垫。（3）将问题解决逻辑和学生的认识发展逻辑融合。问题解决逻辑体现单元学习的真实性，拆解时应尽量以问题解决过程为主线，将核心知识和知识结构的建构过程与真实问题解决过程相互结合论证，满足知识结构建构和学生的核心素养发展进阶的同时尽量符合真实问题解决过程。通过搭建解决子问题的台阶、提供多种支持性脚手架等方式，帮助学生发展认识逻辑和解决真实问题中的矛盾，如图 2-3-6 所示。

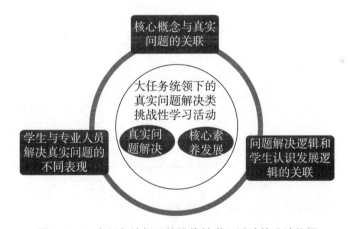

图 2-3-6　大任务统领下的挑战性学习活动的设计依据

"电离和离子反应"单元，设计"粗盐精制"的真实问题作为统领整个单元的大任务。按照大任务统领下真实问题解决类挑战性学习活动的设计思路，分析解决粗盐精制这一真实问题的具体路径，包括：粗盐中的杂质是什么，加入除杂试剂后发生了怎样的变化，如何设计和优化粗盐精制的方案。在这个过程中，学生经历电离、离子反应、离子反应发生的条件等多个概念的学习，核心概念"电离"对应真实问题"粗盐中的杂质是什么"，"离子反应"对应真实问题"加入除杂试剂后发生怎样的变化"。学生的核心素养发展进阶遵循从微粒的视角认识物质在溶液中的存在形态、认识溶液中微粒间的作用、分析判断微粒间是否发生反应、应用微粒间的作用检验微粒的存在及微粒的去除，考虑除去多种杂质的实验方案也正是工业生产中要解决的方案优化问题。

该单元共有 4 个课时（见表 2-3-2）。第 1 课时从微观角度看粗盐中的杂质，认识物质在水溶液中的存在形态。第 2 课时从微观角度看粗盐中除杂试剂的作用过程，认识物质在水溶液中的反应。第 3 课时完成粗盐精制的实验方案设计与实验过程，应用建立的认识角度和思路解决离子检验和除杂问题。第 4 课时单元总结梳理，查漏补缺。

表 2-3-2 "粗盐精制"单元学习活动设计

课时	驱动问题	核心学习活动
课时 1	粗盐中的杂质是什么？	实验探究物质在水溶液中的存在形态
课时 2	加入除杂试剂后发生怎样的变化？	实验探究溶液中微粒间的相互作用及发生的条件
课时 3	如何设计和优化粗盐精制的方案？	设计、实施粗盐精制的方案
课时 4	通过本单元的学习，你有哪些收获？	构建核心概念间的联系；查漏补缺

3. 关联其他要素，细化具体学习活动

在分析学习活动结构和规划课时的基础上，还需要聚焦课时内学习活动的具体展开过程，设计具体学习活动展开过程的问题、情境素材、学习资源、支持性资料等，解决从教学设计到教学实施的问题。因此需要关联学习主题、目标、评价、学习环境等其他要素，细化学习活动的设计。

将单元驱动问题细化为符合学生认识规律的问题线，通过提问与追问引导学生的认识角度和思路，给学生留出主动思考和完整分析的

时间，通过问题线引导学生主动参与深度学习，示例见表2-2-3。

表2-3-3　"电离和离子反应"单元的问题线

课时	问题线
从微观角度认识物质在水溶液中的存在——电离（课时1）	问题1：酸碱盐进入水中会发生什么？ 问题2：如何证明酸碱盐在水中的微观形态？ 问题3：如何从微观角度认识酸碱盐溶液，如何表征？ 问题4：如何从电离角度对化合物分类？
从微观角度认识物质在水溶液中的反应，从微观角度认识溶液中的反应——离子反应（课时2）	问题1：两种电解质溶液混合会发生什么变化？ 问题2：如何证明电解质溶液反应的微观本质？ 问题3：如何从微观角度认识电解质在溶液中的反应？ 问题4：如何基于离子反应概括复分解反应的条件？
应用建立的新认识和新思路，解决离子检验和除杂问题——离子反应的应用（课时3）	问题1：如何应用离子反应规律进行物质检验？ 问题2：如何应用离子反应规律进行物质分离提纯？ 问题3：如何应用离子反应规律推论陌生复杂离子反应？

　　将真实问题"粗盐精制"转化为化学问题"可溶性杂质的去除"，并将其作为总驱动问题。按照前述对学习活动间关联的拆解，将总驱动问题拆解为具体的问题线和学习活动，并设计为具体学习活动，如表2-3-4所示。

表2-3-4　"粗盐精制"大任务内的具体学习活动

课时	学习活动
课时1	活动1：如何除去粗盐中的氯化钙杂质？ 活动2：物质进入溶液前后有什么不同？ 活动3：从微观角度看粗盐溶液的组成，总结和分享你的新认识
课时2	活动1：从微观视角分析Na_2CO_3与粗盐溶液混合后的变化 活动2：其他离子如何除去？加入试剂后离子除净了吗？ 活动3：对酸碱盐在溶液中的反应有什么新认识？除去溶液中杂质离子的思路是什么？
课时3	活动1：粗盐精制方案的交流改进 活动2：粗盐精制方案的实施与反思 活动3：真实工业情境中粗盐精制方案的分析与评价

续表

课时	学习活动
课时 4	活动 1：梳理电离、通（导）电、电解质等概念的关系，用图示呈现梳理结果 活动 2：从电离的角度分析酸或碱具有通性的原因，概括酸碱盐的特征 活动 3：再认识离子方程式

关联其他引领性学习主题、素养导向的学习目标、持续性学习评价等要素，设计情境素材、支持性资料、学案和学习资源的内容与呈现形式，承载课堂活动的表现性评价功能。设计情境素材时，可以是同一个素材贯穿始终，也可以是多个素材组合，促进学生深度学习的教学倡导情境素材贯穿教学始终；支持性资料，如数据、现象、相关研究等，可以是教师提供的作为阅读和观察的资料，也可以作为学生自主寻找、主动分析、探究的学习资源，促进学生深度学习的教学倡导多样化处理支持性资料，营造"学生为中心"的学习环境，提供"学生为中心"的活动体验；学案，不仅承载着学习活动的基本展开过程，而且有助于提高学习活动的开展效果，避免学生因为信息读取偏差和对学习活动的理解偏差而影响顺利开展小组合作和深入理解学习内容。无论是情境素材的选择和使用，还是支持性资料和学案的设计，都要尽可能把问题解决的第一机会给学生，诊断学生的原始思维，使学习活动具有评价诊断功能，成为评价任务。

"电离和离子反应"单元的"粗盐精制"大任务，第 1 课时的"活动 2：物质进入溶液前后有什么不同？"中，教师演示蒸馏水、氯化钠固体和氯化钠溶液的导电性实验，要求学生解释导电性实验现象和微观粒子之间的关联，教师追问"根据导电原理，你认为导电性实验说明了什么？"，提供资料卡片介绍物理中电流的形成原因，帮助学生解决推理的第一步，即"有电流表明其中有自由移动的离子"，进而帮助学生推理得出氯化钠进入水溶液后发生电离，建立宏观现象和微观粒子间的关联。第 2 课时的"活动 1：从微观视角分析 Na_2CO_3 与粗盐溶液混合后的变化"，对应的学案内容经多轮次教学改进后，增加了白板的实物图示和使用说明，提示学生如何使用白板和磁贴模拟

Na_2CO_3溶液加入粗盐溶液的微观过程（见图2-3-7）。

一、从微观角度看粗盐溶液中加入Na_2CO_3溶液的过程
1. 微观模拟
用白板和磁贴模拟向粗盐溶液加入Na_2CO_3溶液的微观过程。

粗盐溶液	Na_2CO_3 溶液

白板使用说明：
①在白板右侧用磁扣表示Na_2CO_3溶液的微观组成；
②把白板中间的磁条抽掉，模拟出两种溶液混合的微观过程；
③将反应之后的微粒组成呈现在白板上。

图 2-3-7　"粗盐精制"单元的部分学案内容

4. 综合论证，完善挑战性学习活动

挑战性学习活动的设计是不断优化完善的过程，确定引领性学习主题时初步考虑挑战性学习活动，设计素养导向的学习目标时关联学习活动，再到后续设计持续性学习评价、开放性学习环境时也可能会不断修正挑战性学习活动。

综合系统设计过程，从以下三个方面论证并完善挑战性学习活动。

论证挑战性学习活动的功能定位。即分析学习活动能否承载核心素养导向的学习目标，能否作为表现性评价任务等。就论证的方式而言，可以借助个别学生的访谈结果来帮助判断；也可以站在学习者的视角，完整思考和经历挑战性学习活动，反思和审视在活动中真正用到了哪些核心知识和思路方法，多维度的单元学习目标能否达成，活动中是否真的有思考空间，以及这种思考能否反映在活动结果中供评价使用。

论证活动结构。分析问题解决线索和学生核心知识及知识结构建立过程、学生的核心素养发展过程的逻辑关系，避免彼此割裂。论证时要重点关注核心知识与学习活动是否匹配，核心知识与学习活动逻辑间的关系，以及学生完成学习活动的条件是否具备等。要避免核心知识突兀地出现在学习活动中，要避免在问题解决的过程中突然切换

到知识本身的逻辑中，要避免在目标不清、必要信息或证据不足的情况下盲目让学生开展活动。

论证学习活动能否实现学生的深度学习。分析学习活动能否让学生真实地参与学习过程，能否实现学生的深度理解、持续探究、实践应用。促进学生深度学习的挑战性学习活动要具有较高的驱动性，让学生感兴趣、主动参与。综合论证时可调整驱动问题的表述方式、师生互动方式、教学材料的内容和呈现方式等来提高问题的驱动性。

三、挑战性学习活动的诊断和优化

1. 挑战性学习活动的检验

结合挑战性学习活动的内涵与特征，诊断并持续优化挑战性学习活动时，可从如下几个反思问题入手：挑战性学习活动是否体现针对性，针对素养导向的学习目标和持续性学习评价提供实践过程和活动评价依据；是否体现进阶性，符合学生的认识发展规律，符合学生的核心素养发展进阶；是否给学生主动探索、主动建构的空间和时间；是否体现真实性，提供真实的参与过程，与真实世界关联；是否体现驱动性，符合学生兴趣，满足学习需求；是否彰显挑战性，学习活动内容的表达是否适合学生所处的阶段。挑战性学习活动的检验工具详见表 2-3-5。

表 2-3-5　挑战性学习活动的检验工具

要素	内容
针对性	针对素养导向的学习目标，提供核心素养发展的实践过程，突出以化学实验为主的多样化探究实践活动；针对持续性学习评价提供可评价的活动表现
进阶性	学习活动间的关联，符合学生核心素养的进阶路径，符合知识结构的建构过程，符合知识从建立到理解再到应用的过程，符合问题解决的基本过程
建构性	为学生创造主动建构的机会和空间，学生主动合作、解决问题，主动完成关联已有知识、理解新知识、迁移创新的过程

续表

要素	内容
真实性	学习活动为学生提供真实的参与过程，给学生真实的参与探究、讨论的机会，学习活动与真实世界关联，为学生提供与真实世界相关联的情境素材，为学生迁移应用知识提供真实的环境
驱动性	符合学生的兴趣，激发学生持续探索；学习活动以简短的语句表达，具有一定的挑战性

2. 挑战性学习活动的诊断和改进

"硫酸型酸雨的防治"单元的挑战性学习活动如图 2-3-8 所示。该案例来源于高中必修课程"常见无机物及其应用"主题，属于新授课，参考了鲁科版教科书必修第一册第 3 章第 2 节"硫的转化"。

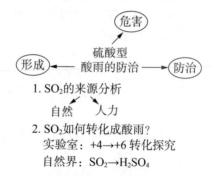

图 2-3-8 "硫酸型酸雨的防治"单元挑战性学习活动（1.0 版）

图 2-3-8 中，以硫酸型酸雨防治的实际问题作为外显线索，拆分为酸雨的形成、危害、防治三个驱动问题，符合学生的兴趣规律，具有一定的挑战性，与真实世界相关联，但缺少学习任务的进一步拆解，尚未展现出学生参与学习活动的过程。酸雨的形成、危害、防治与核心知识获得之间建立了关联，但没有体现学生的核心素养发展进阶过程，缺少学生建立、应用"价-类"二维模型解决问题的核心素养发展，进阶性、建构性方面有待进一步完善。仅给出初步的学习活动规划，学习活动没有关联学习目标、承载学习评价，针对性方面也有待完善。

修改后的单元挑战性学习活动如表 2-3-6 所示。

表2-3-6 "硫酸型酸雨的防治"单元挑战性学习活动（2.0版）

课时	活动	教学过程（以任务为线索描述）	与目标的关系
课时1	活动1：探讨酸雨的污染物来源：SO_2是如何产生的？	活动1包含4个子活动： ①根据经验等阐述大气中的SO_2的来源 ②根据自然界中硫及其化合物的存在，分析哪些物质可以转化为SO_2，说明推测依据 ③探讨这些物质如何转化为SO_2 ④汇报、展示工业生产中SO_2的产生	①②是初步建立静态的"价-类"二维图 ③④从价、类视角分析理解硫及其化合物之间的转化关系
课时2	活动2：探究酸雨的形成：SO_2如何转化为H_2SO_4？	活动2包括4个子活动： ①预测并画出大气中SO_2转化为H_2SO_4的路径，说明推测依据 ②思考实验室中如何实现SO_2到H_2SO_4的转化，预测、设计、实施实验 ③分析讨论大气中SO_2转化为H_2SO_4的路径 ④梳理总结SO_2的物理性质和化学性质	①通过物质类别、元素价态分析物质转化 ②③应用复分解反应、氧化还原反应原理分析并实验探究SO_2的转化 ④从价、类角度梳理掌握SO_2的物理、化学性质
课时3	活动3：酸雨的危害及如何防治酸雨？	活动3包括3个子活动： ①交流讨论酸雨的危害 ②讨论防治硫酸型酸雨的具体措施和依据 ③阅读资料"工业生产中SO_2的防治"并分析比较，总结研究酸雨防治的方法	体会理论和实际生产间的联系和差异，感受知识应用于真实的社会问题，增强学生的环境保护意识
	活动4：梳理含硫物质性质和转化的思路	活动4基于价、类视角梳理含硫元素典型物质的物理性质和化学性质，综合含硫物质的相互转化，总结基于价、类视角设计物质转化的思路方法，概括环境问题解决思路	梳理核心知识，完善"价-类"二维系统元素观

四、问题解析

高中化学深度学习项目组开展深度学习的教学改进案例研究时，组织深度学习教学设计的教师培训活动，通过教师访谈了解到教师在设计挑战性学习活动时遇到的常见问题主要有：照搬教科书，缺少基于课程标准、学情分析等的论证过程；细化学习活动时较少体现"学生为中心"和关联真实世界；与学习目标、学习评价等要素关联不足；不能整合多条线索，对学生的认识发展缺乏关注。

1. 照搬教科书，缺少基于课程标准、学情等的论证过程

主要表现为：（1）重点分析教科书，从教科书中寻找活动和素材，按照教科书中的活动顺序进行设计，只做细节调整，不愿意尝试在活动顺序和逻辑上进行调整。（2）不关注课标，或者仅从课标"内容要求"部分片段化地摘录某些陈述，将课标中的建议与教科书的活动简单对照，缺少对课标中不同部分内容及其关系的关注。（3）对教科书承载的知识逻辑和学生素养进阶的认识不足，凭借教师个人已有的教学经验选择教科书内容。（4）缺少根据课标、教科书、学情等综合论证学习活动的适宜性这一步骤。

　　教师访谈片段：

　　"我在设计时总是脱离不开实际教学的局限，习惯依赖于教材中的知识点，没有将学生解决问题的思路方法融入学习活动中。"

　　"分析课程标准和教科书，参照引领性学习主题，确定挑战性学习活动的过程，容易出现问题解决过程和知识割裂的情况，所以我总是会按照原有经验，只看到知识点，总想把知识点铺满，忽略学生核心素养的发展进阶。"

解决此问题的关键是，从单元核心素养目标、学生素养进阶的视角分析课程标准和教科书。第一，重视课标，明确课标中各部分内容的功能定位，发挥课标的指导作用。分析课标中对核心知识和学习目

标的表述，重视学习活动建议和情境素材建议，基于单元将学习活动与课标的要求相对照。深入分析核心知识、学习活动的教学价值，有意识地与单元核心素养目标、学生素养进阶建立联系。第二，深入研读教科书，梳理教科书中的核心知识及知识结构，梳理重点活动之间的关系，以及重点活动与核心知识之间的关系。第三，整体审视单元活动中蕴含的学生素养进阶的脉络。在充分理解课标和教科书的基础上，尝试重组或微调教科书中的活动，最大限度地发挥教科书中活动和素材的功能。建议教师使用思维工具，如概念图、思维导图等，外显教科书中的知识要点和活动线索，并与课标中的要求建立对应关系，促进构建合理的知识逻辑和活动逻辑。

2. 细化学习活动时较少体现"学生为中心"和与真实世界的关联

主要表现为：（1）学习活动类型选择不合理。教师能够理解不同学习活动类型的特征，但对不同类型学习活动的功能存在误解，认为必须有解决真实问题的大任务等具有统领功能的学习活动才能促进学生深度学习。（2）细化学习活动时不关注与真实世界的关联，未考虑真实问题的复杂性和现实条件的制约。（3）细化学习活动时缺少基于学生的障碍提供的脚手架等支持工具。（4）学习活动的开放度偏低或偏高。有些活动开放度偏低，教师讲解偏多，活动和交流时教师的提示和引导过于明显，学生思考和活动的时间不足，活动中缺乏高级思维的训练和培养，教师不根据学生反馈调整教学等。有些学习活动的开放度过高，学生难以完成任务，具体表现为学习目标不明确，教师未提供必要的资料支持，未能预判学生表现和提供必要的指导等。

教师访谈片段：

"我在确定挑战性学习活动的结构和细化活动方面存在困难。活动是否涵盖核心知识；是否围绕单元学习主题合理设计驱动问题；是否将教学内容与问题解决进行较好融合；是否体现解决问题的思路和框架；是否提供适用于学生化学学科核心素养发展的活动；课上课下任务安排是否合理且有可行性……这些都是我们在分析学习活动的关联时难以确认的问题。"

　　"我认为确定活动类型和活动结构相对比较容易，但是细化活动时提供合适的支架比较困难，究其原因还是学情分析不充分。"

　　"我们目前设计的活动还不够具体，只是设计了活动的框架和初步设想，没有从学生角度考虑核心素养的进阶需要怎样的学习活动，每个活动完成时需要哪些支持。"

　　"以往的教学中，我们不可能完全放开让学生活动，但是如果限制条件太多又会偏离真实的问题解决过程，所以活动开放度的设计是设计挑战性学习活动的难点。"

　　解决此问题的关键是，认识到不同类型的学习活动对学生深度学习的功能，以及准确预设学生完成学习活动时的表现及遇到的困难。首先，教师应对学生深度学习的状态有充分的认识，不同的单元内容适用不同类型的学习活动，如规律建立、概念理解、实验探究等不同类型的内容有其适合的活动类型，这些活动类型都能促进学生的深度学习。教师应根据不同内容特征匹配合适的活动类型。其次，教师在细化学习活动时存在多方面的困难，教师应充分预设学生可能的活动表现及遇到的挑战，从学生的视角出发不断追问"面对这个问题，学生会怎么想？解决问题时会有哪些困难？需要怎样的帮助？"，进而调控活动的开放度和提供必要的支持。教师需要为学生活动准备必要的材料或信息，并在软硬件环境方面提供保障，准备便于交流展示的设备，营造鼓励交流讨论的氛围。

　　挑战性学习活动的设计，要精准诊断学情，特别是针对具体学习活动，预设学生的具体活动表现和困难。当前存在的困难一方面源于教师的经验积累有限，另一方面源于教师较少关注学生解决问题的思维过程。这需要教师在日常教学中从关注学生是否学会了，转向关注学生为什么没有学会、学生解决问题的思维过程是怎样的、学生面对学习活动的困难到底是什么。此外，教师还可以针对具体活动，通过问卷调查和对典型学生的访谈，主动开展调研，精准诊断学情。

　　3. 与学习目标、学习评价等要素关联不足
　　主要表现为：(1) 学习活动与知识结构的建立过程的关联不足。

（2）忽略学习活动与学习目标的关联。（3）忽略学习活动承载的表现性评价功能，缺少学习活动与评价任务的关联。

　　教师访谈片段：

　　"要参照素养导向的学习目标分析学生的认识发展脉络，确定挑战性学习活动的结构。素养导向的学习目标相对容易确立，但是在分析学生的认识发展脉络时，我不能准确考虑到学生的实际情况。"

　　"我们设计时还是依据教材，跟素养导向的学习目标和引领性学习主题脱节，经过专家提点之后，我们才关注到。"

　　"我在确定挑战性学习活动类型时已经感觉困难了，后面还需要注意与前面的引领性学习主题和素养导向的学习目标的关联，要整体规划每个课时、活动，感觉越来越吃力。"

　　解决此问题的关键是重视深度学习要素间的关联，以挑战性学习活动的设计为核心不断进行要素间的联系，双向、动态地修正单元整体教学设计，如图2-3-9所示。双向、动态是指在设计挑战性学习活动时，考虑活动能否承载学习主题和实现学习目标，能否根据学生活动表现开展评价；同时，设计挑战性学习活动后，学习目标和持续性学习评价等也可能会有相应的调整。

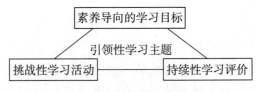

图2-3-9　学习活动与其他要素的关联

　　在思考挑战性学习活动与其他要素的关联时，教师可以"自上而下"或"自下而上"进行审视。"自下而上"是指从对学生的了解和教学经验出发，综合考虑学生表现、应对策略和课堂容量等因素，基于教学直感和教学习惯进行审视，这种方式侧重学习活动的可行性和操作性，是一种"战术性"思考；"自上而下"是指从课标要求和学科理解出发，对主题、目标与学习活动之间的关联进行审视，这种方式侧重学习目标的方向性、价值性以及深度学习要素间的一致性，是一种"战略性"思考。这两种思考都非常重要，教师在进行"自下而上"的审视时，需要尽可能预期学生的活动表现，并由此反思活动的准备是否充分、活动要求是否明确等；在进行"自上而下"的审视时，需要尽可能回顾单元设计的"初心"，追问引领性学习主题是否清晰、能否指引活动设计，素养导向的学习目标是否具体、能否在活动中实现等。

4. 不能整合多条线索，对学生的认识发展缺乏关注

主要表现为：（1）分析学习活动之间的关联时，缺少清晰的学生认识发展线索，具体学习活动之间比较孤立，缺少活动逻辑，活动结构性不强；（2）学习活动的问题解决过程和核心知识建构逻辑、素养进阶的整合存在困难；（3）分析学生的应然能力发展逻辑和学生的实然发展进阶存在差异。

教师访谈片段：

"在根据学生的能力进阶设计每个学习活动时，将活动、知识、能力融合这一过程对我来说很有难度。"

"有设计挑战性学习活动的思路，但要满足学生化学学科核心素养进阶的需求，活动间的衔接可能会出现断层，可能会导致学生感到困难，难以开展。应然的学生能力发展线和学生真实的能力发展不一致。"

"活动应该是学生真正感兴趣的，让学生'跳一跳'才能解决的，但是我比较容易设计成简单的问题，如果问题有难度，我会倾向于替学生解决。对我来说最大的困难在于设计出的挑战性学习活动既在学生的最近发展区，又能承载核心知识建构和关键能力发展的功能。"

解决此问题的关键是厘清单元核心知识建构逻辑和学生认识发展

规律的关系，多条逻辑线索的优先程度不同。学生认识发展规律体现了学生从建构理解到实践应用的认识过程，是最核心的逻辑。真实问题解决过程是学生素养发展的重要载体，学生对真实问题越熟悉、解决真实问题的经验越丰富，真实问题解决过程对学生的指导性就越强，这条逻辑线索的优先度就越高。核心知识之间有关联，但不一定有必然的逻辑。不同版本教科书中核心知识的编排顺序有差异，说明核心知识间可以有不同的逻辑顺序。核心知识逻辑应服从于学生认识发展逻辑和真实问题解决逻辑。教师不要认为教科书上的知识顺序是必然的、不变的。整合多条逻辑线索，需要首先符合最核心的逻辑关系，在此基础上整合其他逻辑线索，寻求其间的协调。此外，可以使用图示工具（见图2-3-10），将核心知识建构逻辑、核心素养发展进阶、学习活动线索三者进行对应和匹配，强力督促教师进行系统考虑。

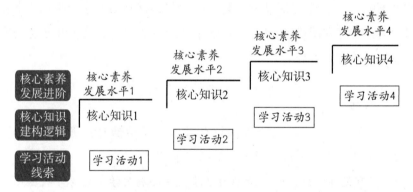

图2-3-10　核心知识建构、核心素养发展进阶、学习活动线索的匹配

　　在比较不同线索和逻辑的优先度后，接下来要找准结合点，特别是这些逻辑与核心知识的结合点。知识是对学科问题的回答，将真实问题拆解、转化为学科问题后，就是建构和理解知识的重要契机。知识是科学工作者针对学科问题提出的观点，这种观点在一定历史时期内被证明，且得到公认。因此，当学生针对问题提出观点后，就是建构和理解知识的另一个重要契机。把握这两类重要契机，教师就可以把知识逻辑与其他逻辑线索更好地整合。

实 践 分 享

设计挑战性学习活动的实践经验

北京市八一学校　　庞雪

1. 依据单元学习目标、课时目标梳理指向认识发展的驱动问题线索

在活动设计前，我们首先对学生所需要的学习历程进行了梳理，除了分析学生的认识发展起点、终点和障碍点外，我们认为最关键的要有清晰的驱动问题线索，让学生自主发现自己在酸、碱、盐水溶液及反应存在的认识角度的缺失或认识思路的偏差，从而驱动学生自主进行认识转变。例如，在建构微观角度认识溶液的能力进阶中，我们梳理了一系列驱动问题线索：你认为酸、碱、盐水溶液的微观存在形态是怎样的？酸、碱、盐溶于水时发生了什么变化？怎样寻找实验证据证明？如何从微观角度认识酸、碱、盐？

2. 围绕驱动问题的解决进行活动设计

在梳理出清晰的驱动问题线索后，活动的设计都应该围绕真实问题解决的驱动问题，依据学生的认识发展脉络，将驱动问题拆解为不同的子问题，这就是设计学习活动的过程。例如，"粗盐精制"单元教学第 1 课时，聚焦的驱动问题是如何去除粗盐中的可溶性杂质，课时教学目标主要是发展学生能够从微观角度看溶液中的酸、碱、盐。在具体目标的达成过程中，我们首先创设情境让学生进入真实的任务中，在综合性任务驱动下逐步达成目标，所以创设了长芦盐场这样的情境，一方面让学生感受化学在生活中的贡献；另一方面，从学科视角让学生体会到分离除杂的过程，让学生经历从初识杂质是什么，到物质加入溶液前、后有何不同，最后到再认识粗盐中真正的杂质是什么，这样的认识发展变化过程是第 1 课时 3 个核心学习活动的设计初衷。

3. 按照化学学科核心素养的发展需要细化具体活动

在根据驱动问题确定了核心活动后，还需要根据化学学科核心素养的发展需要细化具体的活动，让学生在活动中能够自主地调用学科视角和思想方法，同时综合考虑活动的开放度。比如在"粗盐精制"单元教学第 2 课时，除杂试剂的选择活动中，学生需要不断地调用第一节课中建立的从微观角度看物质的思路去分析解决问题，同时给予学生较大的开放度去分析试剂的选择，设计并评价除杂方案，让学生经历高阶的思维过程，实现在活动中提升化学学科核心素养的需要。

4. 依据教学实施和学情，不断调整活动，实现核心素养的进阶

活动的设计还要体现出核心素养的进阶，也就是活动要有梯度，每个活动都对学生有一定的挑战性。这种进阶，除了课前的教学设计，还要依据课堂实施情况和学情不断调整。例如，在"粗盐精制"单元教学第 1 课时，从微观角度看物质活动中，学生在经历了从微观角度看氯化钠后，在初始的设计中，我们还设置了从微观角度看粗盐中的杂质氯化镁、氯化钙和硫酸钠这样的活动，但在教学实施后发现，对于学生而言，这样的活动没有体现出明显的能力进阶。对学生没有挑战，活动就失去了本来的作用。课后我们进行了调整，将此活动去掉，在学生经历了从微观角度看氯化钠后，直接进入从微观角度看粗盐溶液，这样的变化对学生的能力和素养的要求都有了明显的进阶，但在教学实施后又发现，对于学生而言，任务的挑战性又太大了。所以最后，我们在教学设计中，在从微观角度看氯化钠活动后，保留了看氯化钙的活动，既可以探查学生是否建立了微粒观，也为从微观角度看多物质的溶液做了铺垫。

第四节 开展持续性学习评价

为了回答"哪些证据能够表明学习达到了目的"这一问题，需要设计贯穿整个单元的持续性学习评价，有意识地收集学生的学习表现，评价学生的核心知识的理解与应用、关键能力等的发展变化，诊断学生学习目标的达成情况。持续性学习评价的设计不是孤立的，学习主题、学习目标、学习活动的设计都与持续性学习评价密切相关。

一、什么是持续性学习评价

1. 持续性学习评价的内涵

持续性学习评价是一种贯穿教与学过程始终的评价，是以促进学习和改进教学为目的的评价。因此，评价者不仅关心学生学习后的成绩，还关注他们在学习进程中的表现或所取得的成就。教师应在学习过程中和学习结束后，通过对话、活动表现观察、提交作业、单元测试等多种方式，对学生学习目标的达成情况进行持续性分析和诊断。持续性学习评价具有两个方面的作用，一是诊断和描绘学生在单元学习中核心素养的持续性进阶过程和深度学习的结果，促进学生的总结反思；二是为教学反思、改进提供证据，教师根据评价结果反思和调整教学。持续性学习评价是单元教学连续性整体实施的关键，为单元教学的学习进阶提供证据，为单元学习目标的落实情况提供证据，保证了单元教学中的目标、学习主题、活动、实施的整体运作。

持续性学习评价与传统学习评价的主要差异是评价目的不同。传统学习评价强调对学习结果的评价，核心目的是诊断和区分学生的水平，需要经由教师课后的分析与反思间接促进下节课或下一轮次教学的改进；持续性学习评价同时关注学习的过程与结果，核心目的是了解学生在具体学习活动中的表现和发展情况，通过持续反馈信息直接服务于本节课教学活动的实施与改进。因此，与传统学习评价相比，持续性学习评价与学习目标、教学活动的关联更紧密，更体现"教、学、评"一体化的理念；评价的内容不仅包括知识的理解和应用水平，还包括学科思想观念、问题解决的思路方法以及必备的科学态度和社会责任等；评价的方式更多样，侧重基于学生课堂活动表现的评价；评价覆盖学习的全过程，追踪学生的变化和素养发展的进阶。

2. 持续性学习评价的设计要素

持续性学习评价的设计要素要体现与素养导向的学习目标和挑战

性学习活动的关联，关键是要实现对学生表现的预设、分析和诊断。持续性学习评价主要包括四个要素：（1）评价内容和评价指标①。明确评价学生哪些方面的表现，包括核心知识、学科思想方法、关键能力、必备品格、价值观念等多个维度。将评价内容具体化，形成描述学生学习表现的评价指标。（2）评价任务。设计开展评价的任务活动，包括核心学习活动、作业、问卷等多种任务类型。（3）评价标准。针对评价内容和具体的评价指标，预设学生表现的不同水平，描绘出具有水平等级的行为表现。（4）评价反馈方式。设计开展评价的方式，包括教师的及时点评反馈、生生互相评议、集中总结指导等多种方式，如图 2-4-1 所示。

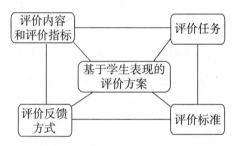

图 2-4-1　持续性学习评价方案的设计要素

设计要素中，评价内容主要对标素养导向的学习目标，其维度应与素养导向的学习目标基本一致，并通过评价指标将其具体化。评价任务主要对标挑战性学习活动，尽可能基于挑战性学习活动设计课堂评价任务；此外还包括课后作业、测验等，与挑战性学习活动共同起到探查和检验的作用。评价标准是对学生表现的预期和诊断，教师需要预设学生在活动中的典型表现，分析典型表现间的差异，并诊断这些表现背后的学生思维。基于对学生表现的预期，设计相应的评价反馈内容和方式。评价反馈的预设是持续性学习评价能够支持教师及时调整教学的关键所在，体现了其服务于教学实施与改进的定位。

----

① 评价指标是用于考核、评估学生学业质量水平的统计指标；评价内容是指用于评价学生学业质量的维度及各维度所包含的内容；评价标准是指在评价活动用于评价学生学业表现的价值尺度和界限，是评价学生学业表现优劣的依据。

3. 持续性学习评价的特征

持续性学习评价在深度学习的单元整体教学设计与实施中具有重要作用。单元教学的连续性和整体性需为持续性学习评价提供保障，单元教学的进阶过程需为持续性学习评价提供学生发展的反馈，单元教学目标的落实需为持续性学习评价提供证据。为了确保这些功能的实现，持续性学习评价需具有一致性、匹配性、过程性、多样性等特征，如图 2-4-2 所示。

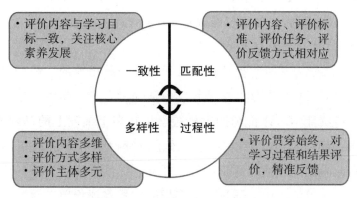

图 2-4-2　持续性学习评价的特征

一致性。评价内容应与学习目标一致，评价学生的核心知识、学科思想方法、关键能力、必备品格等多维度的发展情况，体现学习目标对教学和评价的指导作用。评价内容还应与学习活动紧密关联，精准诊断学生学习活动中的表现，通过评价促进学生学习，即时推进和改进教学，实现"教、学、评"一体化。

匹配性。评价内容、评价指标、评价任务、评价标准、评价反馈方式应具有较高的匹配度。特别是当评价内容为解决问题的关键能力和必备品格时，需要匹配开放性评价任务；需要挖掘活动载体中能体现关键能力和必备品格的活动表现；需要有基于学生不同表现划分水平的评价标准；需要根据学生在解决问题过程中的表现给予评价反馈。

过程性。评价应贯穿单元学习的整个过程，不仅有单元前的学情诊断测试和单元后的学习结果评价，而且要在单元学习的过程中持续追踪学生的核心素养发展情况，特别是关注重点活动中学生的核心素养变化情况。另外，伴随单元学习进程，教师应将评价结果及时反馈给学生，并根据学生的学习效果调整学习活动和学习进程。

多样性。持续性学习评价还应表现出评价内容多维、评价方式多样、评价主体多元等特点。评价内容包含核心知识、学科思想方法、情感态度价值观念、深度学习的策略、元认知等多个方面；评价方式不仅有作业和习题，还应有过程性的活动表现评价，以及问卷、访谈等多种方式；评价主体不仅有教师，还有学生，可通过生生互评、组间互评、学生自评等方式完成评价。

持续性学习评价与挑战性学习活动是一脉相承的，都是对素养导向的学习目标的落实。挑战性学习活动侧重设计学生经历的学习过程，持续性学习评价则侧重检验学生在多个维度上的学习收获，故与学习目标、学习活动保持一致是持续性学习评价最根本的特征。在此基础上，通过评价内容、任务、标准和反馈方式的匹配将评价嵌入学习活动中，通过灵活多样的方式将评价覆盖深度学习的全过程，最终实现持续追踪学生素养进阶过程、反馈教学决策并改进的目的。教师可以结合持续性评价的根本目的来理解、把握上述特征。

4. 持续性学习评价的举例分析

"有机化学反应类型"单元为选择性必修3《有机化学基础》模块的新授课，参考人教版教科书第三章，鲁科版教科书第2章第1节。该单元的持续性学习评价方案见表2-4-1，课堂活动表现评价见表2-4-2，课时作业见表2-4-3。

表 2-4-1 "有机化学反应类型"的持续性学习评价方案（部分）

评价内容	评价指标	评价标准	评价任务	评价反馈
有机化学反应类型；认识有机化学反应的基本角度	①能识别有机反应类型，包括加成反应、取代反应、消去反应、氧化反应和还原反应 ②能基于有机化学反应类型，建构认识有机化学反应的思路和方法	水平1：基于概念记忆识别有机化学反应类型，不能基于有机化学反应类型建构认识有机化学反应的思路和方法 水平2：能从微观角度分析反应物的结构，基于官能团和化学键的饱和性预测反应产物，基于官能团的转化判断反应类型	分析具体有机化学反应中的活动表现；依据有机反应预测产物中的活动表现；课后习题	课堂观察及反馈；课后作业及反馈
基于有机化学反应类型分析有机化合物的结构和预测有机化合物的性质	③能从微观角度分析有机反应中反应物和生成物的结构变化，关注官能团、化学键的饱和性和极性的变化 ④能根据反应模型预测有机化合物的性质，包括反应试剂、条件、产物及现象	水平3：能从微观角度分析反应物和生成物的结构，关注官能团、化学键的饱和性和极性、反应试剂和条件；能基于有机化学反应类型，建构认识有机化学反应的思路和方法；能根据结构预测有机化合物的性质及可能发生的反应类型	预测陌生有机化合物性质中的活动表现；设计制备陌生有机化合物合成路线中的活动表现；课后习题	课堂观察及反馈；课后作业及反馈

表 2-4-2 "有机化学反应类型"的课堂活动表现评价

评价的活动	活动评价的方法
活动1：加成反应的特点分析	通过方程式书写，探查对加成反应概念的理解 通过对加成反应特点的分析，判断能否关注反应物的结构特点、反应条件和生成物的结构特点
活动2：加成反应产物推测	探查学生能否从键的极性角度分析反应物及反应试剂的结构特点，推测可能的主要产物 探查能否结合资料，根据电性规律分析预测可能的主要产物，诊断学生基于证据推理论证的能力

续表

评价的活动	活动评价的方法
活动 3：丙烯和氯气反应产物的预测	探查能否关注到不同的反应活性部位，预测出多种反应产物 探查能否关注到反应试剂和条件对反应活性部位的影响
活动 4：1-溴丙烷的性质预测和实验验证	探查能否主动系统分析 1-溴丙烷的结构特点，预测能发生的反应类型，并形成由结构推断性质的具体思路和方法 在预测取代反应时，探查能否关注到反应试剂和反应条件的选择，能否主动应用取代反应的分析思路预测出产物，正确写出化学方程式 在验证取代反应产物时，探查能否关注到反应条件，如酸、碱性环境对反应的影响 在预测消去反应时，探查能否主动选择反应试剂和反应条件，能否根据信息正确写出反应的化学方程式
活动 5：设计制备 1-溴丙烷的合成路线	探查能否主动应用认识有机化学反应的思路和方法，选择合适的反应类型，能否关注到反应试剂和反应条件的选择 探查能否从成本、环保等角度对合成路线进行选择 探查能否主动运用认识有机化学反应的思路，形成设计有机物合成路线的方法

表 2-4-3　单元内课时作业示例

评价指标	评价任务
应用有机化学反应的分析模型以及加成、取代和消去反应实现物质转化	课时 2 作业：以乙醇为原料合成乙二醇，其他试剂和条件任选，写出相关的化学方程式

　　该单元设计的持续性学习评价方案，包括评价内容、评价指标、评价标准、评价任务、评价反馈方式等多个要素。评价内容和评价指标能够对应学习目标，体现学习目标的多个维度，既包括了有机化学反应类型等核心知识，也包括了核心知识的应用——利用有机化学反应类型分析有机化合物结构和预测有机化合物性质，建构认识有机化学反应类型的基本角度和应用这些角度解决问题的思路方法，体现了

持续性学习评价的一致性。评价任务包括预测反应产物、设计合成路线等开放性活动以及相应习题，与评价内容相匹配。基于学习活动预设贯穿整个单元的五个评价任务，根据活动中的关键点和学生表现，设计方程式书写、产物推测、活性部位判断等多样化的表现性评价方式，以及对应不同水平的学生表现性评价标准。通过评价内容、评价任务、评价标准之间的匹配，将持续性学习评价嵌入学习活动中，帮助教师更好地理解学生的发展情况并做出教学决策。

二、如何设计持续性学习评价

课程标准为设计持续性学习评价提供了重要参考。前文通过分析课程标准中的"内容要求""教学提示""学业要求""学业质量""实施建议"以及教科书、学情等，已经阐述了教师可以如何设计引领性学习主题、素养导向的学习目标、挑战性学习活动。这些都是设计持续性学习评价的依据和重要参考。首先，基于学习目标确定评价内容，细化形成评价指标；其次，预设学生的表现，考虑水平差异，特别是决定能力水平进阶的关键表现，形成评价标准；再次，关联挑战性学习活动，设计多样化的评价任务，包括单元前后测试、活动表现评价、课时作业等；再确定评价反馈方式，包括教师评价、生生互评、学生自评等；最后，综合评价各要素的设计结果，整合形成单元教学的持续性评价方案（见图2-4-3）。

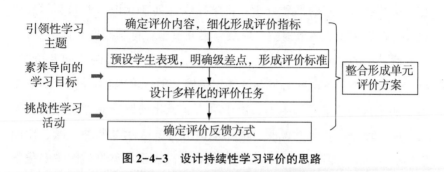

图2-4-3　设计持续性学习评价的思路

1. 基于学习目标，确定评价内容，细化形成评价指标

前期已经分析得到的素养导向的学习目标是设计持续性学习评价的重要依据。依据学习目标确定评价内容，将学习目标中的核心知识、基于核心知识的关键能力表现、态度观念、社会责任和价值追求等确立为评价内容的维度，将评价内容进一步细化为描述学生学习表现的条目，成为评价指标，提高评价的可操作性。评价指标要表述核心素养的具体内涵，有明确的任务和学习表现，如"列举……" "设计……" "评价……"等。

在从评价内容到评价指标的转化过程中，课程标准中的"学业要求"发挥着重要的参考作用。学业要求包括三类水平：学习理解、应用实践、迁移创新。学习理解主要指向学生对知识本体的掌握情况，包括辨识记忆、概括关联、说明论证等学习任务类型；应用实践主要指向学生应用知识解决简单问题，包括分析解释、推论预测、简单设计等学习任务类型；迁移创新主要指向学生应用知识解决复杂问题，包括复杂推理、系统探究、创新思维等学习任务类型。通过用动词（如"分析""描述""辨识""设计"等）和具体任务描述学生的学习表现，将描述学生表现的词语与单元内容结合形成具体的评价指标。

"电离和离子反应"单元，参考学习目标，拆解出评价内容包括：电离、离子反应核心概念及知识结构；微观视角与宏微关联，物质组成、微观粒子、微粒间的相互作用、符号表征、宏观现象之间的关联；实验与证据推理能力，宏观现象与物质组成、微粒间的相互作用、微粒种类和数量之间的推理分析；科学探究与创新意识，根据实际需要设计、评价和改进离子检验、除杂方案并实施；科学态度与社会责任，实验活动中的严谨求实，基于实际问题，对活动意义的认同及赞赏。以"电离、离子反应核心概念及知识结构"的评价内容为例，"学业要求"明确提出"能利用电离、离子反应、氧化还原反应等概念对常见的反应进行分类和分析说明。能用电离方程式表示某些酸、碱、盐的电离。""能用化学方程式、离子方程式正确表示典型物质的主要化学性质。"描述学生表现的"分类和分析说明""表示"等词语体现了学生对电离和离子反应概念的认识程度，属于学习理解水平，结合学习

主题分析时构建的单元知识结构，将评价内容具体化为学生应该具有的学习表现"能描述电离、离子反应的内涵，并用电离方程式、离子方程式表征；能建立电离、离子反应概念之间的关联"，形成评价指标。电离和离子反应单元的评价内容和评价指标，如表2-4-4所示。

表2-4-4　"粗盐精制"单元的评价指标

评价内容	评价指标
电离、离子反应核心概念及知识结构	①能描述电离、离子反应的内涵，并用电离方程式、离子方程式表征 ②能围绕电离、离子反应建立概念之间的关联
微观视角与宏微关联：物质组成、微观粒子、微粒间的相互作用、符号表征、宏观现象之间的关联	③能想象电解质进入溶液后的变化与微观存在 ④能想象溶液中反应的微观过程
实验与证据推理能力：宏观现象与物质组成、微粒间的相互作用、微粒种类和数量之间的推理分析	⑤能结合实验证据论证电离、离子反应等微观变化
科学探究与创新意识：根据实际需要设计、评价和改进离子检验、除杂方案并实施	⑥能合理选择除杂试剂，并设计、优化粗盐精制的实验方案
科学态度与社会责任：实验活动中的严谨求实，基于实际问题，对活动意义的认同及赞赏	⑦能从食品健康、生产效率与成本等多角度评价食盐精制方案 ⑧能体会食盐精制在历史上的重要性，体会化学对社会发展的重要意义

2. 预设学生表现，明确能力水平进阶的关键表现，形成评价标准

学生在评价任务中可能具有哪些表现？不同的学生表现体现了怎样的能力水平？这是评价标准需要回答的问题。教师通过预设学生的不同表现，明确能力水平进阶的关键表现，才能形成评价标准，才能诊断学生所处的水平，以及指导学生如何向更高水平发展。这样的评价标准也便于教师及时且准确评价学生，捕获学生表现的证据，作为反思性教学改进的依据。

　　教师首先应基于评价内容和评价指标，参考课程标准中的"学业要求""学业质量水平""化学学科核心素养水平"，确定学生应该具有的学习表现，作为学生学习表现的最高水平。然后结合学情，分析学生达到最高水平的进阶过程，倒推出学生学习表现的不同水平层级间的级差点。最后将级差点具体化为不同水平的学习表现，从最高水平向最低水平依次推导，描述学生具体的学习表现，形成评价标准。

　　"氮及其化合物"单元，根据课程标准的"主题 2 常见无机物及其应用"主题的"学业要求"，学生在核心知识维度应该达到"全面、准确列出含氮物质的性质及其转化关系"，作为学生学习表现的最高水平。根据学生的已有水平分析，学生列出含氮物质性质和转化的程度是不同水平层级的级差点，"全面、正确""比较全面、大部分正确""零散、基本正确"成为不同水平的差异表现，从高水平到低水平依次推导，描述学生具体的学习表现为："水平 1：零散、基本正确列出含氮物质性质和转化；水平 2：比较全面、大部分正确列出物质性质及转化；水平 3：全面、正确列出物质性质及转化。"

　　"电离和离子反应"单元，针对评价内容"核心概念及知识结构"已经分析出评价指标"能描述电离、离子反应的内涵，并用电离方程式、离子方程式表征；能围绕电离、离子反应建立概念之间的关联。"课程标准的学业要求提出"能利用电离、离子反应、氧化还原反应等概念对常见的反应进行分类和分析说明。能用电离方程式表示某些酸、碱、盐的电离。能用化学方程式、离子方程式正确表示典型物质的主要化学性质。""学业质量水平"中也有相应的描述，学业质量水平 1-1：能认识离子反应的本质，能结合实例书写离子方程式；1-2：能从物质的组成、构成微粒、主要性质等方面解释或说明化学变化的本质特征。"化学学科核心素养水平"中"素养 1 宏观辨识与微观探析"的水平 2 中的对应表述："能根据实验现象归纳物质及其反应的类型，能运用微粒结构图式描述物质及其变化的过程"，说明根据电离和离子反应的概念系统认识物质，从微粒的视角系统描述物质变化，是学生应达到的最高水平。学生具有的微粒视角，对离子反应的认识程度是不同水平的级差点，由高水平到低水平推导学生的具体表现，可以得到"核心概念及知识结构"对应的评价标准为三个水平。本单元设计的评价标准如表2-4-5所示。

表2-4-5　"电离和离子反应"单元的评价标准（部分）

评价内容	评价标准
核心概念及知识结构	水平1：基本没有离子观点，基于笼统的物质微粒观点认识物质溶解和反应，在表征反应过程时，始终使用化学方程式 水平2：具有初步的离子观点，基于电离和离子认识物质的溶解，基于离子反应认识物质间的反应，但限于典型物质和简单体系的定性认识，在表征反应过程时，通常需要依赖化学方程式，再改写成离子方程式
宏观、微观、符号关联	水平3：具有明确的离子观点和系统的微观思维，能基于电离和离子反应观点认识多溶质体系，在表征反应过程时能根据微观实质直接书写离子方程式，关注离子的过量问题和连续加入时溶液微观组成的变化，能定量、系统分析粗盐除杂问题

3. 设计多样化评价任务，确定评价反馈方式

持续性学习评价任务贯穿整个单元，从单元整体来看，持续性学习评价包含单元学习前、单元学习中、单元学习后三个阶段的评价，表现为单元前测、课堂活动表现评价、课时作业、单元后测等多种形式的评价任务。不同阶段的学习评价具有不同的功能定位，评价任务的具体设计和评价结果的利用反馈方式也有所不同。

评价任务需考虑情境变式和任务类型。不同的情境变式可以让学生从不同的路径，不同程度地应用核心知识和思路方法。情境变式有近迁移和远迁移，与学习的原型相比，近迁移变式是本质相同表观相似，学生直接迁移学习过程和结论即可解决问题；远迁移变式是本质相同表观相异，学生难以直接迁移，需要通过分析抓本质。学生经历的任务类型包括辨识记忆、概括关联、说明论证、分析解释、推论预测、简单设计、复杂推理、系统探究、创新思维多种类型的任务[①]。解

① 王磊，等. 基于学生核心素养的化学学科能力研究［M］. 北京：北京师范大学出版社，2017：13-19.

决不同类型的任务，学生经历思维的水平不同，评价任务要尽可能包括多种任务类型。

（1）单元前测

单元前测的定位是了解学生的已有基础、偏差认识和学习兴趣等，不是检验学生是否提前掌握了知识。单元前测可以使用问卷和学生访谈等方式，在题目的设计上尽量保持开放性和探查性，设法获取学生对将要讨论的现象或问题的原始想法。例如，可在题目中鼓励学生根据自己的理解作答，写出自己的真实想法。通过单元前测确定学生的学习起点并与预设的学习进阶过程相比较，可以帮助教师把握学生的基础，理解学生的学习障碍点并为挑战性学习活动的设计提供依据。

"电离和离子反应"单元前测试题"用化学符号表示盐酸中存在的微观粒子"就具有较强的开放性和探查性。学生可以根据自己的理解用化学式或离子表示，反映出学生对常见酸、碱、盐在溶液中的微观存在形式的认识水平，探查学生能否从微观角度分析问题。通过问题"你对食盐精制这个任务感兴趣吗？你对其中的什么问题感兴趣？如果你来解决这个问题，你打算怎么做？"探查学生对学习活动的兴趣和已有的问题解决思路及水平。（该部分的测试题目和结果参见本书 57—59 页）

（2）课堂活动表现评价

单元学习过程中的课堂活动表现评价是持续性学习评价中最重要、最具挑战性的部分，其目的是追踪学生参与学习活动时表现出的核心知识、核心素养等多个维度的持续发展变化。另外，课堂活动表现评价也是课堂教学的一部分，对应活动后的师生对话和点评指导。

已有研究表明，当学生将知识、思路方法、学科观念应用于真实情境中的活动时，才能真实显示学生的核心素养水平[1]。已有理论及实践研究提出，引发学生深度学习的评价任务多是开放性任务，而不是可以直接获得答案的任务，需要学生分析问题、提出方案，要求学生提出观点、将所学概念应用于新情况并论证推理过程，鼓励学生的创造性思维和批判性思维的应用①。评价任务应关注学生构建核心知识结构和解决真实问题的能力而非标准化考试中学生记住多少知识②。因此，课堂活动表现评价应基于挑战性学习活动来设计，应选取其中开放性的、可用于评价的关键点，将此前确定的评价内容和评价指标合理地分配并融入活动中，并对学生表现的水平预设进行细化，将能力水平进阶的关键表现与具体问题的解决结合起来。

教师根据单元学习的评价内容和评价指标，结合挑战性学习活动确定评价任务，根据需要增加必要的评价任务。例如，考查学生核心知识的理解与应用核心知识进行问题解决的评价任务，应加强评价任务的情境化设计，突出真实问题解决。结合评价任务预设学生的活动表现，明确级差点，确定评价标准，据此进行学生活动表现的观察，给予针对性评价反馈。

多个表现性评价任务之间可以体现核心知识理解与运用、关键能力、必备品格等维度评价内容的持续变化。教师根据已经确立的评价内容、评价标准预设学生完成表现性任务的不同表现水平。学习活动的开展过程同时承载表现性评价任务的实施。教师可根据课堂活动的开展过程，设计师生共同参与的评价方式，设计完整的评价与反馈环节，设计教师评价、生生互评、小组点评与反馈的方式。例如，"氮及其化合物"单元所属的课程标准的必修课程的"主题2"的"情境素材建议"和"活动建议"提出"从含硫、氮物质的性质及转化的视角分析酸雨和雾霾的成因、危害与防治；调查水体富营养化的危害与防治；'雷雨发庄稼'；氮的循环与氮的固定；工业合成氨"等。鲁科版教科书中微项目"论证重污染天气'汽车限行'的合理性"，从含氮物质的性质及转化的视角分析雾霾的成因、危害与防治。综合分析发现，教科书设计的微项目具有以下特点：让学生科学论证汽车尾气与重污染天气的关联，包含分析、设计含氮物质间转化关系；具有真实性，贴近学生生活，

① LEE P. Teaching Deep Learning in Asia [J]. International Forum Journal, 2010, 13 (2)：5-20.

② 马志强，虞天意，雷浩. 指向核心素养的课程理论与实践——第十五届上海国际课程论坛综述 [J]. 全球教育展望，2018, 47 (3)：122-128.

促进学生深度参与；能够探查学生面对实际问题解决时的能力素养，是一个很好的贯穿整个教学过程的表现性评价任务。

（3）单元内课时作业

单元内课时作业也是持续性学习评价的重要组成部分。课时作业的功能主要是及时检测、巩固课堂学习效果，了解学生的问题，也为下一课时的学习做准备，为教学调整提供依据。

课时作业的设计要充分考虑：①统筹单元教学的需要。是否需要设计贯穿整个单元的大作业，例如，项目学习的项目作品。还要考虑课上学习活动是否需要延伸到课下，后续课上学习活动是否需要提前准备。例如，前一课时讨论实验方案的设计思路，学生课下设计实验方案，下一课时的课堂学习时完成实验活动。②作业内容的针对性。课时作业应聚焦并覆盖课时评价指标，避免混入大量非本课时的评价指标及习题。③确定作业难度。依据学习目标、评价指标和标准、学生学情，综合确定作业的能力水平和难度。课时作业主要以学习理解水平为主，重点关注核心知识的理解和知识关联的建构，辅以不同类别的应用实践水平的作业，避免堆砌大量的同质化作业。根据学生的基础和水平，及时调整作业难度，根据需要设置分层作业。④作业形式和作业量。设计多种作业形式，包括纸笔、调查实践等作业方式，综合考虑作业量。总之，作业要覆盖核心知识、内部关联有层次、聚焦核心素养提升；基础性作业要少而精，个性化作业要有选择，实践性作业要有创新。

例如，"电离和离子反应"单元的课时作业设计及学生表现示例见表2-4-6。课时1的作业诊断学生对电离概念的认识，了解学生是否建立了看溶液的微观角度。课时2的作业诊断学生能否从微观角度认识常见离子的反应，了解学生设计除杂方案的初始水平和存在的问题，为课时3的学生实验和除杂方案的讨论提供参考。课时3的作业诊断学生基于电离和离子反应的核心知识完整设计除杂方案的能力。每个课时作业体现了本课时的评价指标，学生完成作业时能力素养的表现有多种水平，据此研制每个作业题目对应的评价标准，并为其赋分，以便统计分析。表2-4-6中的学生表现为某普通高中实施该案例的班级的学生表现。

表2-4-6　"电离和离子反应"单元作业设计及学生表现示例（部分）

课时	评价指标	作业示例	评价标准及赋分	学生表现
课时1	①能描述电离和离子反应的内涵，并用电离方程式、离子方程式表示 ②能围绕电离和离子反应之间的关联（建立物质类别与物质是否属于电解质、是否属于电解质之间的关联） ③能想象电解质进入溶液后微观与微观的角度（从电离的角度对一份熟悉溶液的成分进行微观说明）	下列物质中属于电解质的是_____，请写出其在水溶液中的电离方程式 A. Na_2SO_4 B. HNO_3 C. NaOH D. AgCl E. $BaSO_4$ F. 酒精 G. 蔗糖 面对一瓶 Na_2SO_4 溶液，你能想到什么？你能想到这些什么？你能得到这些结论的依据是什么？	知道酸、碱、盐属于电解质，且与物质的溶解性无关（2分）； 知道酸、碱、盐属于电解质，但认为溶物于水难物质由于溶解度小而在水中无法电离（1分） 能从宏观和微观两个角度进行分析，并且知道电荷守恒（3分）； 能从微观角度分析，知道电离，看到钠离子和硫酸根离子的性质（2分）； 仅能从宏观现象分析溶液的宏观性质，如无色透明（1分）	67%的学生知道酸、碱、盐属于电解质，且与物质的溶解性无关；23%的学生生知道酸、碱、盐属于电解质，但认为溶物由于溶解度小而在水中无法电离 83%的学生能准确写出电解质的电离方程式 70%的学生能从微观视角分析，知道电离，看到钠离子和硫酸根离子，知道钠离子或硫酸根离子的性质

续表

课时	评价指标	作业示例	评价标准及赋分	学生表现
	⑤能结合实验证据论证电离、离子反应等微观变化（从电离、离子对电解质溶液的导电性进行说明）	该实验装置中，瓶子中装有 Na_2SO_4 溶液，接通电源，发现小灯泡变亮，请你解释这个现象	将微观解释与宏观现象相关联：硫酸钠在水溶液中电离，产生钠离子和硫酸根离子。带电离子做定向运动形成电流，使灯泡发光。硫酸钠溶液中钠离子和硫酸根离子是带电粒子，可以定向移动，使得硫酸钠溶液具有导电性，所以灯泡发光（2分）； 仅能进行微观解释：因为硫酸钠在水溶液中电离，产生钠离子和硫酸根离子（1分）；	57%的学生能够解释硫酸钠在水溶液中发生电离，将电离与导电性实验现象关联； 37%的学生只能够解释硫酸钠在水溶液中发生电离，缺少电离与导电实验现象间的关联
课时1	⑤能结合实验证据论证电离、离子反应等微观变化（设计导电性实验证明某物质属于电解质）	KOH 为白色粉末，将 1 mol KOH 加入 100 mL 蒸馏水中搅拌。 (1) 请你预测 KOH 在蒸馏水中将发生什么？ (2) 请你设计实验方案验证你的预测	(1) 微观角度描述 KOH 在水溶液中电离，存在 K^+和 OH^-，写出电离方程式（3分）； 微观角度描述 KOH 在水溶液中电离，存在 K^+和 OH^-，但未准确写出电离方程式（2分）； 宏观角度描述 KOH 溶解于水中（1分）； (2) 有完整的实验方案，且设计空白对照实验（3分）； 有完整的实验方案，但未设计空白对照实验（2分）； 仅设计 KOH 溶液导电的实验装置或操作，缺少完整方案及实验现象与结论的论证过程（1分）	53%的学生在设计实验方案时，能够设计空白对照实验，并且实验设计完整； 27%的学生未设计空白对照实验，但实验设计完整； 7%的学生仅给出 KOH 溶液导电实验装置的设计

续表

课时	评价指标	作业示例	评价标准及赋分	学生表现
	④能想象溶液中反应的微观过程（从微观角度认识多溶质体系的溶液中微粒的除杂）	基于对粗盐溶液中去除 Ca^{2+} 的反应的认识，粗盐溶液中的 Mg^{2+}、SO_4^{2-}，你认为应该如何除去？请阐述你的理由，并用离子方程式表示该反应	从离子反应的角度确定除杂试剂为含有 OH^-、Ba^{2+} 的物质，正确写出电离子方程式，关注除杂试剂的用量和顺序，考虑新杂质的去除（3分）； 从离子反应的角度确定除杂试剂为含有 OH^-、Ba^{2+} 的物质，正确写出电离子方程式，除杂试剂选择的用量和顺序（2分）； 仅从化学反应的角度选择除杂试剂（1分）	学生均能准确找到除去杂质离子应该是含有 OH^-、Ba^{2+} 的物质，56%的学生能够考虑到试剂过量，能够考虑到引入了新杂质未除去，但引入了新杂质未除去，4%的学生能够考虑到引入的新杂质需要除去
课时 2	⑥能合理选择除杂试剂，并设计、优化粗盐精制的实验方案（设计完整的溶液中可溶性杂质去除的实验方案）	设计除去粗盐溶液中可溶性杂质获得精盐的完整方案	设计完整的粗盐提纯工艺，考虑实际问题解决中除杂方案的高效、简洁（试剂用量、顺序合理、检验除杂效果）（3分）；试剂选择正确，考虑试剂用量或顺序（2分）；试剂选择正确，但未考虑试剂用量或顺序，只分别写出除杂试剂与杂质离子反应的反应方程式（1分）	所有学生都能根据离子反应的实质找到沉淀这类离子、硫酸根离子、钡离子的试剂，都能写出电离方程式；仅有4%的学生能够设计试剂加入顺序和过量试剂的除杂方案

续表

课时	评价指标	作业示例	评价标准及赋分	学生表现
	⑥能合理选择除杂试剂，并设计、优化粗盐精制的实验完整方案（设计完整的溶液中可溶性杂质去除的实验方案）	设计除去粗盐溶液中可溶性杂质获得精盐的完整方案 要求：除干净、操作简洁、成本低，写出方案流程及必要的实验操作，每步溶液中的离子及生成的沉淀、离子方程式	设计完整的粗盐提纯工艺，考虑实际问题解决中除杂方案的高效、简洁（试剂用量、顺序合理、检验除杂效果）（3分）； 试剂选择正确，考虑试剂用量或顺序（2分）； 试剂选择正确，但未考虑试剂用量或顺序，只分别写出除杂质离子与杂质离子的反应方程式（1分）	所有学生都能根据离子反应设计实验除杂试剂，确保到过量的除杂干净，考虑除杂试剂的加入顺序，不引入新的杂质；89%的学生能够考虑应的实质准确设计除杂试剂
课时3	迁移创新：对无干扰或存在干扰但易于识别干扰的体系，分析物质间性质差异，能够利用过滤的方法进行分离、提纯，进而分析、解释、评价物质分离的方案的合理性与严谨性	现有含少量 NaCl、Na_2SO_4、Na_2CO_3 杂质的 $NaNO_3$ 固体，某同学将其配成溶液后，为了除去杂质，设计了实验流程（见图 2-4-4）。你认为该同学设计的方案合理吗？说明理由	从除杂试剂的用量和顺序角度评价完整的实验方案，解释该方案不合理的原因是引入了新的杂质 CO_3^{2-}，而且修改该方案的建议，加入 HNO_3 除去引入的新杂质（3分）； 从除杂试剂的用量和顺序角度评价完整的实验方案，解释该方案不合理的原因是引入了新的杂质 CO_3^{2-}（2分）； 只评价了方案"不合理"，没有解释原因（1分）	59%的学生能评价该方案不合理；53%的学生能够分析出不合理的原因是引入了新的杂质 CO_3^{2-}；6%的学生能够提出优化这个不合理方案的建议

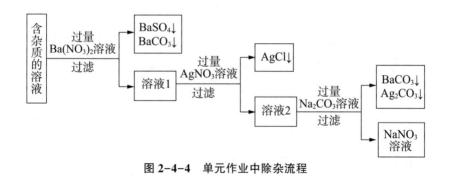

图 2-4-4 单元作业中除杂流程

(4) 单元后测

单元学习后设计单元后测诊断单元学习目标的达成情况，促进学生巩固核心知识、学科思路方法，为教学改进提供证据。单元后测应与单元前测、课堂活动表现评价、课时作业相呼应，持续诊断学生在本单元主要评价指标上的发展变化过程。

首先，设计单元后测应根据评价指标设计题目结构，确保题目覆盖主要评价指标，合理规划题目结构，涵盖核心知识、关键能力和必备品格等目标。参考课时作业的设计过程，基于学习目标，依据评价指标设计题目和评价标准，考虑后测题目的针对性、典型性、难度和数量。需要注意的是，单元后测从定位上看与模块复习或模拟考试有明显区别，其主要目的是诊断整个单元学习后学生综合理解和应用核心知识和思路方法解决问题、做出决策的能力。因此，在单元后测中评价内容应与本单元学习内容紧密关联，适度进行单元内容的综合，严格控制跨单元内容的综合，特别是避免题目的难点出现在跨单元内容上，避免影响单元后测的诊断性和针对性。

其次，题目的呈现方式需考虑情境变式和任务类型，二者共同决定了题目考察的学生素养水平。近迁移、远迁移等不同的情境变式，让学生从不同的路径、不同程度地应用核心知识和思路方法。解决不同类型的任务时，学生经历的思维水平不同，题目要尽可能包括多种任务类型。

最后，基于评价指标回顾单元前测、课堂活动表现评价、课时作业，修改单元后测题目。一是确保对学生能力素养的诊断能够贯穿单元持续性评价过程，设置部分"锚题"，该部分题目与前测题目的情境、表述、设问方式相似，学生的思维水平和考察的评价指标相同，与课堂活动表现评价的评价指标相同。二是根据已经分析得到的单元评价标准，参考布鲁姆教学目标分类、SOLO 评价法等理论确定题目的难度，例如，需要调用某一个角度还是多个角度解决问题，是否应用多角度间的关联解决问题，这些都影响题目的难度。综合考虑，修改题目的信息、设问、呈现方式，考虑题目是否明示或暗示分析角度，或由学生自主调用认识角度解决问题。

采用多种教育统计分析的方法，分析单元后测结果，描述学生的能力素养表现水平，结合单元前测、课堂活动表现、课时作业等，描述学生的核心素养水平的变化，明确学生的发展进阶及存在的不足，形成持续性学习评价的报告，为反思性教学改进提供证据。

"电离和离子反应"单元的后测在设计时与前测及课堂表现、课时作业相关联，持续性诊断学生在某一个评价指标的发展变化过程，如表 2-4-7 所示。

表 2-4-7　"电离和离子反应"单元后测与单元其他评价任务的关联

	单元前测	课堂活动表现评价	课时作业	单元后测
评价指标	③能分析电解质进入溶液后的变化与微观粒子，建立溶液宏观性质与微观粒子的关联			
评价任务	盐酸是 HCl 的水溶液，HCl 属于酸，请你给"酸"下定义	画出氯化钠溶液的微观组成	面对一瓶 Na_2SO_4 溶液，你能想到些什么？你得到这些结论的依据是什么？	请从微观角度举例说明硫酸和 HCl 组成和性质方面的相同点和不同点

续表

	单元前测	课堂活动表现评价	课时作业	单元后测
评价标准	知道电离，能从微观角度进行分析：电离出的阳离子全部为氢离子的化合物或由氢离子与酸根离子构成的化合物（2分）；从宏观角度或从酸的通性定义，能使紫色石蕊试液变红的化合物或含氢元素的化合物（1分）	水平3：钠离子和氯离子均匀分散在水中，自由移动；水平2：钠离子和氯离子分散在水中，整齐排列，不自由移动；水平1：钠离子和氯离子紧密相连，未分散在水中	能从宏观和微观两个角度进行分析，知道电离，关注微粒数量和电荷守恒（3分）；能从微观视角分析，知道电离，看到钠离子和硫酸根离子，不关注微粒数量和电荷守恒（2分）；仅能从宏观现象分析溶液的宏观性质，如无色透明（1分）	能从离子角度解释硫酸和HCl的组成，认识到两种酸的相同点都是由H^+导致的，不同点是由阴离子的不同导致的，能举例说明（2分）；从宏观角度说明硫酸和HCl的相同点和不同点（1分）
评价结果	83%的学生能够回答出"电离出的阳离子全部为氢离子的化合物是酸"	50%的学生能画出钠离子和氯离子分散在水中，自由移动；少部分学生能画出钠离子和氯离子，但没有认识到离子在水溶液中自由移动；较少部分学生画出钠离子和氯离子紧密相连	70%的学生能从微观视角进行分析，知道电离，看到钠离子和硫酸根离子；没有学生关注到溶液中微观离子的数量和电荷守恒	85%的学生能从微观离子种类的角度解释硫酸和HCl的相同点和不同点

续表

	单元前测	课堂活动 表现评价	课时作业	单元后测
结论	通过多个评价任务持续评价学生从微观角度认识物质在溶液中的存在。根据评价结果可知，大部分学生在单元学习前，已经具有微观视角，从概念上知道组成物质的离子种类。通过课堂活动表现评价诊断发现，半数学生对电解质进入溶液后的微观情况缺乏本质上的认识，对电离的概念内涵缺乏理解。课时学习后，超过半数的学生能将微观视角迁移应用到分析其他电解质，从电离角度分析电解质溶液及其性质。单元学习后，学生在此方面的能力较课堂表现、课时作业有较大提高，但单元前后测的差异不显著			

4. 整合形成评价方案

持续性学习评价的多个要素需要关联统整，形成系统的评价方案。部分要素需在现有设计基础上进一步细化，以便于从评价设计转化为评价实施。因此需要再次综合论证，细化形成完整的评价方案。

明确评价反馈方式是评价设计向评价实施转化的重要途径。初步设计时已经考虑了开展评价任务的方式，但具体参与评价的主体是教师还是学生、评价方式是口头还是书面、反馈的方式是什么，这些都需要再次细化。常规教学以教师评价为主，常表现为教师的口头点评，缺少完整的评价环节和对评价结果的反馈。促进学生深度学习的评价有助于学生采取更深入的学习方式和投入更多学习精力，学生参与评价为学生提供反思的机会，学生作为评价者，扮演教师的角色，可以从教学的视角体验学习的反思性过程[①]。因此，要设计多样化的评价方式，既有教师评价，又有学生间相互评价，既有口头点评，又有准确的水平诊断等；还要关注评价结果的多种反馈方式，学生在学习中收到评价反馈，通过反馈感知到评价对他们的激励和促进反思的作用，有助于学生主动选择深入的学习方法。

根据持续性学习评价的一致性、匹配性、过程性、多样性特征，

---

① TORSHIZI M D, BAHRAMAN M. I Explain, therefore I Learn: Improving Students' Asessment Literacy and Deep Learning by Teaching [J]. Studies in Educational Evaluation, 2019, 61: 66-73.

论证评价内容、评价指标、评价标准、评价任务、评价反馈方式是否符合促进学生深度学习的要求。综合这些方面形成系统的评价方案，持续跟踪学生学习全过程的表现，基于学生表现，开展以证据为中心（Evidence-Centered Design，ECD）的持续性学习评价[①]，见表2-4-8。

表2-4-8　单元持续性学习评价方案的框架

评价内容	评价指标	评价标准	评价任务	评价反馈方式
评价内容1	指标① 指标② 指标③ ……	水平1 水平2 水平3 ……	单元前测 课堂活动表现评价 课时作业 单元后测	教师评价 学生自评 学生互评 ……
评价内容2				
……				

三、持续性学习评价的诊断和优化

1. 持续性学习评价的检验

能否贯穿单元教学全过程、能否收集到学生的表现证据、能否有效诊断学生表现、能否兼顾评价与基于评价反思改进教学的功能，是持续性学习评价设计优劣的标准，教师需要据此不断诊断并优化持续性学习评价。具体应考虑以下要素：评价要素是否完整，是否有完整和详细的评价方案；评价是否紧扣学生表现，准确描绘学生表现，关注学习证据的收集；评价设计的内容是否符合持续性学习评价的一致性、匹配性、过程性、多样性特征。持续性学习评价的检验工具如表2-4-9所示。

---

① HARRIS C J, KRAJCIK J S, PELLEGRINO J W, et al., Designing Knowledge-In-Use Assessments to Promote Deeper Learning［J］. Educational Measurement Issues and Practice, 2019, 38（2）：53-67.

表 2-4-9　持续性学习评价的检验工具

要素	内容
评价要素完整	具有完整的评价方案，包括评价内容、评价指标、评价任务、评价标准、评价反馈方式等多个要素
注重学生素养表现证据	注重学生的深度学习表现，收集学生的素养表现证据，基于学生表现设计评价、反馈等内容
一致性	与学习目标一致，评价任务、评价方式与学习活动一致，评价标准与学习活动一致
匹配性	评价内容和评价指标、评价任务、评价标准、评价反馈方式各个要素之间具有较高的匹配性；针对某一评价内容设计对应的评价任务，预设相应的学生水平形成评价标准，设计匹配该评价任务的评价方式
过程性	评价贯穿学习单元全过程，包括单元学习前、单元学习中、单元学习后；评价结果对学生的学习具有反馈调节作用，促进学生的反思和改进
多样性	评价内容多维，包括核心概念、多维素养表现；评价方式多样，包括活动表现、对话、问卷、访谈等；评价主体多元，包括教师、学生个人、学生评价小组
有效性	评价结果能真实、有效反映出学生的学习效果和能力发展水平，从而为教师教学反思提供证据，促进教师教学改进

2. 持续性学习评价的诊断与改进

"反应条件对化学平衡的影响"单元来源于选择性必修模块《化学反应原理》中的化学反应限度，属于新授课。初步设计的"反应条件对化学平衡的影响"课堂活动表现评价方案见表 2-4-10。

表 2-4-10 "反应条件对化学平衡的影响"课堂活动表现评价方案

评价内容	评价标准	评价任务	评价反馈
使用 $K-Q$ 关系分析平衡移动	水平 1：难以调动 $K-Q$ 关系分析化学平衡移动方向的问题 水平 2：可以通过 $K-Q$ 关系解释外界条件对化学平衡移动方向的影响，并能利用其定量地判断化学平衡移动的方向 水平 3：在陌生复杂情境下，能抽提出化学平衡移动的相关问题，并能使用 $K-Q$ 关系进行解释和分析，能解决实际问题	利用 $K-Q$ 关系预测和探究温度、浓度对化学平衡移动的影响，并能利用其解释相关现象 使用 $K-Q$ 关系解释压强（多组分浓度变化）对平衡移动的影响 使用 $K-Q$ 关系分析、解决复杂情境下的化学平衡问题	根据学生的课堂汇报、课下作业
建立 $K-Q$ 关系分析	水平 1：通过 $K-Q$ 关系，能预测温度、浓度对化学平衡移动方向的影响 水平 2：能将实验假设转化为具有可行性的实验方案 水平 3：能根据实验现象（证据）推出温度、浓度对平衡移动方向的影响，并能将其归纳为温度、浓度对平衡移动影响的一般规律 水平 4：能利用 $K-Q$ 关系解释温度、浓度对平衡移动的影响规律	实验探究温度、浓度对平衡移动的影响	课上的活动表现及反馈，生生互评

针对单元的课堂活动表现评价方案，对照持续性学习评价的检验工具，可知评价内容指向具体的知识和能力素养，但没有抽提出贯穿整个单元的能力素养。评价标准预设的学生表现水平不准确，其中水平 3、水平 4 间的级差点不准确，水平内的描述较简单，不符合复杂问题解决的能力素养表现，难以准确获得学生表现的证据并诊断水平。

修改后的课堂活动表现评价方案如表 2-4-11 所示。

表 2-4-11 修改后"反应条件对化学平衡的影响"
课堂活动表现评价方案

评价内容	评价标准	评价任务	评价反馈
建立 $K-Q$ 关系模型	水平 1：无法将 $K-Q$ 关系与平衡移动建立联系 水平 2：知道 $K-Q$ 相对大小会影响平衡的移动，但是不能把外界因素的变化与 K、Q 相对大小联系到一起 水平 3：知道 $K-Q$ 相对大小是影响化学平衡移动的本质原因，理解 $K-Q$ 关系、化学平衡移动规律、外界条件三者之间的联系	利用 $K-Q$ 关系预测和探究温度、浓度、多组分浓度（压强）对化学平衡移动的影响	根据学生的课堂汇报、课下作业
使用 $K-Q$ 关系模型分析平衡移动	水平 1：难以调动 $K-Q$ 关系分析化学平衡移动方向的问题 水平 2：可以通过 $K-Q$ 关系解释外界条件对化学平衡移动方向的影响规律，并能利用其定量地判断化学平衡移动的方向 水平 3：在陌生复杂情境下，能抽提出化学平衡移动的相关问题，并能使用 $K-Q$ 关系进行解释和分析，能解决实际问题	使用 $K-Q$ 关系分析、解决复杂情境下的化学平衡问题	根据学生的课堂汇报、课下作业
实验与证据推理能力	水平 1：没有明确假设，面对提供的实验器具和药品，以及教师提供的信息，无法分析和设计实验，无法得到相关的实验证据 水平 2：有实验假设和证据意识，可以通过实验器具和药品以及教师提供的信息，分析并设计实验，可以得到实验证据 水平 3：面对"意外"的实验现象，能利用已有的知识进行解释，或作出假设继续设计实验探究	实验探究温度、浓度对平衡移动的影响	课上的活动表现及反馈，生生互评

四、问题解析

高中化学深度学习项目组开展教学改进案例研究时，组织指向深度学习的化学教学设计的教师培训活动，通过教师访谈了解到教师在设计持续性学习评价时遇到的常见问题有：对持续性学习评价的内涵及构成要素间的关系理解不足；评价标准缺少学生视角，不能准确描述学生的核心素养表现；缺少系统设计，部分评价要素缺失。

1. 对持续性学习评价的内涵及构成要素间的关系理解不足

主要表现为：（1）不能准确理解评价内容、评价指标、评价任务、评价标准的内涵，不能准确认识评价内容与评价任务的关系、评价指标与评价标准的关系。（2）缺少对某一个化学学科核心素养维度的全过程的持续评价。

解决此问题的关键是充分理解持续性学习评价的"持续性"的内涵与特征。教师应重点关注三个方面：（1）结合多个教学案例中的持续性评价方案，学习和理解持续性学习评价的构成要素，主动理解评价指标、评价标准、评价任务、评价反馈方式的内涵，结合学习评价的已有认识和经验，明确需要设计的内容和要求。（2）横向看，持续性学习评价系统包含多个要素，各个要素间存在紧密关联。教学设计时要考虑各评价要素之间的匹配关系，以评价内容为核心，细化形成评价指标，基于学习活动和评价指标预期学生可能的表现并归因，针对问题归因预设反馈方式和教学对策，充分发挥各个要素对评价系统的功能。（3）纵向看，围绕多维评价内容，采用多种评价方式，在学习全过程中持续收集和分析学生表现的证据，追踪学生素养的动态发展变化。在不同阶段，学习评价的侧重点是不同的，从探查到检测，从单一目标到单元内的综合目标，从知识理解到迁移应用。教师需要把握持续性学习评价中这种横向和纵向的特点，做好持续性学习评价方案的设计。

2. 评价标准缺少学生视角，不能准确描述学生的核心素养表现

主要表现为：（1）评价标准重点关注学生的知识理解，缺少对学

生核心素养表现的描述。（2）评价标准能够关注学生的表现，但是对学生行为的描述用词模糊，缺少程度性描述用词，不同水平间的级差模糊，缺少合理的水平差距。（3）能找到课标中的相应内容，但不能将课标要求结合单元核心知识具体化为学生的核心素养表现，通常表述为更宽泛的素养表现。（4）普遍将单元的能力进阶作为评价标准中的不同水平，缺少针对评价指标预设学生的表现水平。

解决此问题的关键是，教师以学生的视角审视评价标准。从两个方面审视，一是评价标准是否全面，既包括核心知识的学习理解与应用表现，还包括学生解决问题时核心素养的综合表现；二是评价标准是否准确，既描绘学生的学习表现，又准确界定不同水平的学生表现，具有水平级差点。在这两个方面的基础上，论证评价标准能否有效支持教师收集和分析学生的学习表现。

此外，可将学生作为评价实施的主体之一，参与评价标准的制订，并组织学生进行自我评价或生生互评等。

3. 缺少系统设计，部分评价要素缺失

主要表现为：（1）直接设计与学习活动相关的表现性评价，缺少根据学习目标论证评价内容和评价指标的过程。直接根据教师经验设计评价标准，缺少关联学情设计评价标准中的不同学生表现水平。（2）评价方式单一，主要为教师评价。（3）课堂活动表现评价的标准与单元整体的核心素养评价标准的水平不一致。（4）课前测试、课堂活动表现评价、课后测试、课时作业，缺少围绕某一评价内容持续诊断学生的发展过程。

解决此问题的关键是积极补充关于学习评价的知识，同时从实际实施的角度，不断细化和修正评价方案。一是在完成教学设计后对照持续性学习评价的要素和内涵特征，审视评价内容、评价任务、评价标准、评价方式是否完整、是否紧密关联。二是模仿优秀案例、参考教育研究文献资料，审视前述要素下的具体内容是否完全、细化。三是在评价实践过程中进行反思，根据学生的实际表现验证评价标准，根据反馈效果改进反馈内容和策略，以反思和行动研究驱动不断完善学习评价的设计与实施。

㊙ ㊙ ㊙ ㊙

实 践 分 享

设计持续性学习评价的实践经验

北京市中关村中学　富瑶

1. 如何确定评价什么和需要设计哪些评价任务？

提到评价，我们首先想知道要评价什么，为了做到"教、学、评"一体化，需要设计哪些评价内容，再进一步规划持续性学习评价的设计步骤。经过讨论我们一致认为，不是先设计单元学习活动再设计评价，而是两者同时考虑。在此之前，需要先有单元学习目标，再考虑学习活动的类型和评价。

在专家的指导下，我们感受到课程标准对抽提学科观念和大概念的重要作用。例如，在"电离和离子反应"单元，我们分析了课程标准的内容要求、学业要求、学业质量，确定将电离和离子反应作为核心知识，找到课程标准中要求的宏微结合素养水平 2 的描述，结合以往的教学经验列出单元学习目标，单元学习目标可以以核心素养的相关术语为基础，然后不断补充学生的具体表现。在此基础上，明确持续性学习评价，设计单元前测、后测和单元内的学习活动表现评价和课时作业。

2. 如何确定评价指标的具体表述？

我们借鉴了之前参加的基于学生核心素养的化学学科能力研究项目，对照电离和离子反应单元的内容，梳理了这个单元的化学学科能力指标，尽量覆盖学习理解、应用实践、迁移创新的不同水平。写出描述学生能力表现不同水平的指标，对我们一线教师来说比较困难。如我们对离子共存、离子方程式的书写等题型特别熟悉，但是不清楚这类题目对应的评价指标是什么，凭经验认为它们是课时或单元学习后学生应该掌握的，缺少和学习目标的对照论证，而且我们不清楚如何描述。不同的评价指标，描述了不同的任务类型，表达的学科能力水平不同。自己在设计时难以考虑全面，多位教师共同讨论和专家的指导，尤其是参考已有研究提出的学科能力表现指标化解了我们在确定评价指标方面的困难。

3. 如何考虑学生水平设计单元的前测和后测？

我们讨论具体的评价任务时，首先设计前测题目。因为根据前测结果，可以准确了解学生的水平，考虑通过几课时、什么样的活动可以让学生达到学习目标。此时我们需要关注，已经设计的学习目标，学生的素养表现水平的上限是已知的，但是学生在课堂学习中真实的表现水平，我们并不确定。因此，要针对学生水平设计前测题目。

其次是设计单元后测。设计时讨论了后测与前测指标的一致程度，后测考查的指标总体应大于前测，尽可能覆盖前测所有的指标，根据指标初步确定题目的任务类型和内容。但不是所有的指标都可以通过纸笔测验测查出来，如学生完成复杂推理的能力很难匹配合适的测试题目。最后论证后测的题目是不是必需的，题目和课堂教学是不是匹配。

4. 如何设计活动表现评价和课时作业以实现"教、学、评"一体化？

不是所有的学习活动都需要设计相应的评价，过渡性的、辅助性的活动不需要，而对学生的认识发展有至关重要作用的核心学习活动需要评价。设计学习活动的同时就要兼顾评价，如果设计更利于开展评价的活动内容和方式，那么学习活动能够很好地将学生表现的水平差异呈现出来。关注课堂活动表现评价的反馈作用，教师对学生的评价结果和证据要能够保留下来并给学生留出反思的机会。例如，学生用磁扣和白板摆出加入除杂试剂后粗盐溶液中发生的离子反应，并写出离子方程式。学生摆完的作品应该保留，可以让学生直接进行自评和互评，也可以作为课后设计粗盐精制除杂方案的依据，这也实现了课时之间的连续性。对于一线教师来说，设计学习活动是我们擅长的，因此我们可以从学习活动入手来设计评价。先关注更大范围的多个学习活动的共同目标，从较宏观的范围预设学生表现的不同水平，然后再预设更具体的学生表现。经过两次试讲不断修改活动和评价。

课时作业的设计思路和前、后测的设计思路相似，只是课时作业匹配的是单一课时涵盖的指标。我们以往的教学虽然也设计课时作业，但是习题的选择和设计没有理论依据，完全凭个人经验。现在可以参考已经确定的学科能力表现指标，指标中有明确的任务类型作为指引，课时作业的习题结构也更完整。

对我们来说，设计单元前、后测比课堂活动表现评价容易。活动表现评价的困难在于它有很多不确定性，尤其是在多次教学改进过程中，教师不断调整学习活动，也要相应调整学习评价。例如，让学生画氯化钠进入水中的微观示意图，改为使用磁扣和白板来演示和示意，教师从评价学生的画图结果改为评价学生用磁扣演示的过程。评价内容发生变化，相应的评价标准也要修改。前、后测题目在多轮次教学改进中变化不大，将它们与单元学习目标对照，诊断学生是否达到单元学习目标的要求。需要说明的是，评价指标和评价标准经确定后相对固定，一般不随学习活动的改变而改变。

5. 如何预设不同水平的学生表现？

我们从教学设计开始时就讨论学生表现，设计学习活动时根据学生的可能表现来优化学习活动。我们先根据学习目标预设学生完成整个单元后应该具有的表现，此时的学生表现相对笼统，于是又将学习目标拆解，结合核心活动预设学生的具体学习表现。预设学生的表现，并将学生表现划分为不同的水平，对我们来说有很大的挑战。一方面我们仅能根据自己所教学生预测学生表现，很难对学生可能出现的全部表现进行预设，那么设计的学习活动等如果换成其他层次的学生来完成，可能没有挑战性，也可能太难。更重要的是，如果我们不能对学生的表现水平对清晰透彻的掌握，就很难恰当调整学习活动使其符合学生层次。另一方面我们集合了多位老师和专家共同讨论，熟悉了电离、离子反应的内容和学生学习表现，如果换成其他学习主题，还需要很长时间的打磨和讨论。

总之，在这个过程中我们多位老师一起实现了持续性学习评价设计中的三大突破，一是学习活动和评价的同步设计，实现"教、学、评"一体化；二是评价指标的设计和前、后测题目的选择，指标能准确描述学科能力表现，通过改编已有题目使之与指标对应；三是经过多次讨论，修改预设的学生表现。

第五节　创设开放性学习环境

一、什么是开放性学习环境

1. 开放性学习环境的内涵和特征

开放性学习环境是对单元教学中支持学习者持续进行深度学习的各种资源和环境的总括，主要包括物理环境、虚拟环境和人文环境。开放性学习环境是教学的条件和支持，集中体现在其支持引领性学习主题、挑战性学习活动和持续性学习评价的开展，进而支撑素养导向的学习目标的达成。

开放性学习环境，应当明确体现"开放性"作为学习环境的特征。"开放性"主要体现在学习环境的多途径、多角度以及多方位。开放性学习环境，引导教师不局限于固定的实验资源、学习场所等，促进教师从多方面了解学情、设计活动、展开评价，同时引导学生不局限于教师、固定的学习场域以及学习同伴，促进学生了解其他成员、互相学习，完成挑战性学习活动等。

开放性学习环境，还应明确体现"学生为中心"。"学生为中心"主要体现在学生在学习环境中可以进行主动性、个性化的学习，共同组建学习共同体。教师设计学习环境时，需要考虑人文环境的平等性，注重资源、工具、空间等与学生学习的适切性。

从"深度学习"设计的角度来说，开放性学习环境作为"深度学习"的支撑性要素，涉及单元教学的整体设计，关注学生的多样化学习需求，关注学生持续探究、自主实践的需求。

2. 开放性学习环境的构成要素

开放性学习环境，需要体现其在单元教学中的支持性，并基于其呈现出的特征，对学习环境进行合理化的整体创设。通常，创设开放性学习环境时需要明确：有什么、为什么创设以及怎么创设等问题，应贯穿学习主题、活动、评价的全过程，支撑学习目标的实现。

开放性学习环境主要分为物理环境、虚拟环境、人文环境等，见

图 2-5-1。物理环境主要包括学习场所、实验资源、学习工具等。学习场所，不局限于校内教室，还可以是学生课下自主探究的场所，让学生在真实、公开的环境中进行真实体验；实验资源，不仅可以是实验仪器和药品齐全的实验室，还可以是适合小组合作实验的活动室，或配有相关书籍、文献以及计算机等便于学生查找资料、合作探究、交流探讨的场所；教师还可以通过学习工具来优化学习环境，例如，通过调整桌椅摆放以便于学生小组合作交流，通过提供白板、纸张、磁贴、马克笔等营造合作探究、深度思考、充分交流、思维外显的学习氛围。虚拟环境主要包括学习资源，学习平台和工具，以及信息技术支持的可选择、多交互、即时反馈的个性化学习方式。学习资源主要是指各类数字化学习资源，微课（如空中课堂化学教学板块、教育部"天宫课堂"系列、中国教研网中的化学视频课等）、虚拟实验室（如帮助学生随时随地直观认识化学实验的虚拟实验应用程序、为学生提供可触屏的可直接观察和了解化学元素相关数据的应用程序、虚拟现实教学平台）、虚拟导师（如借助人工智能技术让计算机扮演虚拟导师向学习者提供学习指导的适应性学习支持系统——智能导学系统[①]、确保学生既有导师式指导又有潜在自我探索机会的虚拟导师系统[②]）、专家讲座视频（如邀请学科专家进行科普讲座）等；学习平台和工具，选取互联网平台上的各种学习资源（如教学课件、视频资料等）传至平台（多种网络交流工具），便于学生自主选择学习内容；个性化学习方式，基于课堂需求，结合学生特点，结合网络交流工具提供线上、线下多种学习平台。人文环境主要包括师生、生生及其他专家、同伴构成的学习共同体，创设能激发学生兴趣的，学生能自主、平等、安全、愉悦地讨论、分享及解决问题的环境，给予学生与教师、专家平等对话的机会，同时教师需要认真倾听学生的观点，并给予适当反馈；

---

① 朱莎，余丽芹，石映辉．智能导学系统：应用现状与发展趋势——访美国智能导学专家罗纳德·科尔教授、亚瑟·格雷泽教授和胡祥恩教授［J］．开放教育研究，2017，23（5）：4-10．

② LI Y H，CAO M L，XU H Y，et. al.，Virtual Tutor and Exploratory Guidance Environment in Virtual Experiment［C］．2021 IEEE 7th International Conference on Virtual Reality. New York：Institute of Electrical and Electronics Engineers，2021：286-292．

促进学生之间学习共同体的形成，真正进行小组讨论与分享，形成安全、公开且平等的教学气氛（主要指在活动中通过师生、生生之间的相互作用而形成的心理环境，包括师生的态度、心境、情绪和课堂秩序等①）；活动进行的社会历史背景、社会风俗、舆论环境等。

图 2-5-1 开放性学习环境的要素

3. 开放性学习环境的举例分析

（1）对物理环境的分析

"粗盐精制"单元学习中物理环境为：①分组实验：粗盐与 Na_2CO_3 粉末混合、粗盐溶液与 Na_2CO_3 溶液混合，两实验对比；粗盐和 Na_2CO_3 溶解后的导电性实验；粗盐精制方案的实施实验等。②分组提供：磁贴和磁性白板（模拟粗盐中的微粒，模拟除杂过程中溶液中的微粒变化）。③演示实验：Ca^{2+}、Cl^- 传感器。④实物投影。

经过分析可知：物理环境主要保障学生的实验探究和观点交流，并给予学生充分的获取证据、推理分析的机会。以物理环境中的"分组提供：磁贴和磁性白板（模拟粗盐中的微粒）"为例，学生进行小组活动，充分交流对粗盐溶液中微粒的认识，给予学生充分的时间，并通过磁贴和白板进行模拟，以形象直观的方式，促进学生微粒观的发展；通过进一步明确溶液均一稳定的性质，得出溶液中的微粒是均匀分布的，让学生感受在水分子的作用下，粗盐溶液中的氯化钠、氯

---

① 李新，雷青明. 教学心理环境对小学生学习活动的影响及其优化策略［J］. 教学与管理，2016（14）：1.

化钙、硫酸镁等物质是以钠离子、钙离子、镁离子、氯离子及硫酸根形式存在，且均匀分布在溶液中。

"论证重雾霾天气'汽车限行'的合理性"单元学习中物理环境为：①实验仪器：医用注射袋、注射器；②试剂：二氧化氮气体、蒸馏水、石蕊试液、铜片、稀硝酸、浓硝酸；③桌椅摆放：学生桌椅摆放为六人一组；④展示工具：黑板、多媒体设备。

上述物理环境给予学生充分的获取证据、小组合作的机会。物理环境中"桌椅摆放：学生桌椅摆放为六人一组"，为学生提供了进行充分交流和讨论的环境，体现了环境支持教学活动的理念，也有利于学生在讨论中发展其辩证思维、证据推理能力等。

（2）对虚拟环境的分析

"粗盐精制"单元学习中虚拟环境为：食盐的重要性和中国开始食用精盐的历史片段（化工实业家范旭东与久大精盐）；模拟氯化钠溶解过程的视频。

对虚拟环境进行分析可知：其一方面提供形象化表征与解释，另一方面创设活动情境吸引学生投入活动中。以虚拟环境中"氯化钠溶解过程的视频"为例，通过展示氯化钠在水中溶解的微观视频，让学生直观感受氯化钠不断溶解在水中并电离出钠离子和氯离子的过程，进一步让学生体会电离的微观过程，促进学生迷思概念的转变，明确电离概念，基于电离认识电解质。

"论证重雾霾天气'汽车限行'的合理性"单元学习中虚拟环境为：①模拟闪电条件下 N_2 和 O_2 高压反应的视频；②NH_3 催化氧化生成 NO 气体的反应视频。

对虚拟环境进行分析可知：其给予学生充分的获取证据、学生合作的机会。以虚拟环境中"模拟闪电条件下 N_2 和 O_2 高压反应的视频"为例，通过模拟实验，学生直观了解 N_2 和 O_2 反应的实际产物以及后续发生的反应，了解颜色的变化，为学生的分析预测提供证据。此外，通过自主预测、证据支持、证据分析等一系列活动的进行，促进学生进行完整预测、推理能力的发展。

（3）对人文环境的分析

"粗盐精制"单元学习中人文环境为：角色扮演（作为工程师，设计粗盐精制的工业方案并分组交流、点评）。

对人文环境进行分析可知：营造宽松的讨论氛围，设计激励解决问题、鼓励合作的人文环境，为"以学生为中心"完成活动的责任感提供了支持。以人文环境中"角色扮演（作为工程师，设计粗盐精制的工业方案并分组交流、点评）"为例，在课堂伊始，赋予学生盐场工程师的身份，促使学生在进行粗盐精制时怀有责任感。此外，作为工程师，学生在思考相关精制方案时，需要有一定的科学依据，促使学生认真学习了解有关电离和离子反应的内容，并付诸实践。在相关方案讨论时，学生各抒己见、求同存异，促进学生多角度思考粗盐精制的方案，同时在学生的不断讨论中，小组之间相互碰撞观点和思路，进行相互点评，给予学生平等开放的小组合作、组间互相质疑讨论的机会，促进学生辩证思维、系统设计方案能力的发展。

"论证重雾霾天气'汽车限行'的合理性"单元学习中人文环境为：学生充分讨论的良好氛围、"汽车限行"议题充分论证的机会。

对人文环境进行分析可知：氛围和谐的人文环境，为学生充分讨论与论证提供了机会，以人文环境中"'汽车限行'议题充分论证的机会"为例，通过给予学生论证机会，让学生各抒己见，对"汽车限行"这一议题有充分了解和分析的同时，结合核心知识融会贯通，实现有理有据的论证。学生在论证过程中，也促进了小组间的合作学习，形成良好的生生人际关系和生生学习共同体，促使学生在日常生活中结合化学知识形成社会责任感和正确的价值观。

二、如何设计开放性学习环境

设计开放性学习环境是单元教学设计的环节之一，课程标准中的情境素材与教科书的相关活动为开放性学习环境的设计提供了一定的参考，同时在设计开放性学习环境时也需要考虑引领性学习主题、素养导向的学习目标、挑战性学习活动以及持续性学习评价等的设计与要求，并在主题、目标、活动和评价的相互论证中，充分考虑学生学习的需要，不断明确物理、人文和虚拟等环境类型及其具体设计，如图 2-5-2 所示。

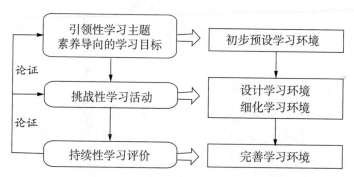

图 2-5-2 设计开放性学习环境的思路

在进行引领性学习主题设计时，可结合主题内容、核心知识的发展路径、核心素养表现、统摄性大任务等预设开放性学习环境。关注统摄性大任务能否激发学生的兴趣和参与热情，能否营造出有助于形成科学态度和社会责任感的人文环境。关注促进学生素养发展的学习条件、场地是否满足，学习资源是否可及。从开放性学习环境角度对引领性学习主题的价值和可行性进行检验。

在进行素养导向的学习目标的设定时，结合核心素养表现性要求、学生学情以及活动载体的分析等，初步规划开放性学习环境，挖掘开放性学习环境的功能价值，与学习目标相匹配。关注研究方法类目标是否有匹配的实验条件、资源或数据资料来支持；关注认识角度和思路类目标是否有开放性的交流平台、工具和开放性的讨论环境来支持；关注体验、态度、价值观类目标是否有必要的实物资料、虚拟资源或开放性的展示平台来支持。

在进行挑战性学习活动设计时，结合活动类型、学习活动的结构、具体活动的开展等，设计具体的开放性学习环境，从保障活动实施的层面对开放性学习环境进行细化，并对学习活动的设计进行反思。关注完整实施学习活动所需的环境布置、资料准备等，特别要关注促进学生参与、交流和展示所需的条件、平台、氛围等是否具备。

在进行持续性学习评价设计时，结合评价内容、评价指标、评价任务及评价反馈方式等，营造平等、宽松、促进反思和发展的评价氛围，根据需要创造性使用相关工具，为评价的实施提供新思路和新技术（如应用平板电脑、智能白板等及时收集证据、呈现评价结果）。最后，进一步思考学生深度学习和持续性学习评价的需要，完善和论证开放性学习环境。

1. 初步预设学习环境

在确定引领性学习主题时，首先需要预设进行该主题教学所采用的物理环境，如是否需要特殊的学习场所（如机房、专业教室、实验室、户外场所等）和学习条件（如特定的实验条件、科学史料等）。如果这些物理环境在主题中不可或缺，但又无法实现且不能用虚拟环境（如虚拟实验室、实验视频、纪录片等）替代，那么该引领性学习主题就难以成立。

在确定核心素养表现时，教师需要进一步预设相应的物理环境（如支持学生探究微观问题的实验条件）和虚拟环境（如促进微观思维可视化的数字化学习资源）。

在设计单元统摄性大任务时，需要考虑与任务呈现密切相关的学习情境、物理环境（如支持性设备、实验用品等）以及符合学生兴趣的人文环境（如赋予学生社会角色等）。

在设计素养导向的学习目标时，需要明确核心素养表现要求及水平等。在确定核心素养表现性要求时，需要明确学生的应然水平，教师需要结合学情完成促进学生实现表现性要求的物理环境（课堂环境、实验用品、学案、学生交流展示的场所与设备等）、人文环境（指向目标达成且与主题密切相关的历史背景、体现核心素养发展与社会发展之间关系的素材、社会角色的赋予或扮演、邀请相关领域专家开展讲座、观摩科技工作者的工作场所等）以及虚拟环境（网络共享学习内容的文本性资料、实验视频、慕课视频、专业资源；学生即时交流工具、教学即时反馈工具或平台、虚拟工具或软件等）的设计，教师需要对各种类型的环境有明确的定位。

在结合学情确定核心素养表现时，需要考虑环境设置与学情间的关系，明确学生的已有经验和可能障碍点、对学习内容的兴趣和困惑，预设符合学生认知发展需求的支持型开放性学习环境。

2. 结合活动类型，设计学习环境

开放性学习环境的设计应紧扣单元的挑战性学习活动，首先应思考物理环境是否支持相关学习活动的进行，如学校设施、实验设施等与学习活动之间的关系；进而结合学习活动的具体内容，思考相关人文环境的创设，如平等的师生关系、互助的生生关系以及和谐的课堂氛围等；在此基础上，以虚拟环境辅助活动的进行，为学生提供证据支持，促进学生进行深入、系统思考。

在活动类型确定后，再考虑是否需要支持性学习环境，如教室内相关设施的摆放位置（投影仪、黑板、学生桌椅摆放等）、教学资源的呈现（纸质版教学资源、教学中使用的图片或视频、该类型活动开展过程中相关的社会生活信息等）、实验场所的设置、实验用品的准备与摆放等，以满足活动开展的需要。

　　粗盐精制为统摄单元的大任务。在具体设计开放性学习环境时，展示有关食盐的重要性和中国开始食用精盐的历史片段（化工实业家范旭东与久大精盐），创设具有责任感和积极性的人文环境，提供学生进行实验的场所、用品、相关粗盐精制的支持性资料等物理环境。

"保护珊瑚礁"课例中，其活动类型为"保护珊瑚礁"的大任务统领。在开放性学习环境的设计中展示珊瑚礁形成、被破坏以及呼吁保护的图片和视频等，形成极具社会责任感的氛围，为学生提供探究珊瑚礁形成的讨论机会、实验验证活动及模拟海水等实验用品。

3. 依据活动进程，细化学习环境

随着学习活动设计的推进，教师需要进一步细化学习环境，将单元教学的总驱动问题逐步拆解为每课时的具体问题，进而具体化设计开放性学习环境，统筹建构每个学习活动的物理环境、虚拟环境以及人文环境。

细化物理环境，如桌椅摆放、实验用品、教具、课件、文本资料、学生交流展示的场所等。对于学生小组活动，如果是讨论活动，则需要调整教室环境，根据需求采取多人小组围坐的形式，便于合作讨论；如果是实验活动，则需要明确是学生实验还是教师演示、是学生个人独立完成还是小组合作完成，以及实验用品的准备、位置摆放与使用方式。教师还应思考引导学生自主思考、帮助小组讨论的支持性材料的内容和支持形式，是作为"锦囊"待学生有思维障碍时提醒还是直接提供给学生。对于展示活动，还应设计学生分享展示的场所和形式，如小组课上依次向全体同学展示制作的成果或组间自由分享等。

细化人文环境，如学生小组参与活动、平等讨论的机会，师生交流的及时性，赋予学生相关社会角色，课堂的宽松氛围等，从而为学生营造良好的人文环境。考虑学生小组分配，平衡小组内学生的不同水平，尽可能让学生有平等交流的机会，包括组内和组间讨论的机会。预设教师与学生交流的时机和内容，给予学生充分表达的时间和针对性指导。

细化虚拟环境，如实验视频、虚拟仿真实验室，其他视频资源以及虚拟导师等。通过虚拟环境的使用，进一步优化开放性学习环境，如通过实验视频播放代替不能现场演示的实验，让学生观察反应现象，思考反应实质；在保证学生安全的情况下，结合信息技术手段，进行

虚拟仿真实验让学生充分探索化学反应的精彩与多变之处等。

结合问题线索进一步细化开放性学习环境的设计，以便营造与问题线索相符的学习环境，体现环境承载问题，促进问题的解决，并结合目标进行支持性资料的呈现、学案的设计与发布、学习资源的寻找与分析等，与核心活动细化过程相辅相成。

在挑战性学习活动的修改完善的过程中，开放性学习环境也在不断调整和具体化，如表2-5-1。

如"粗盐精制"单元学习中，第1课时"从微观角度看粗盐中的杂质，认识物质在水溶液中的存在形态"，探讨的真实问题为"粗盐中的杂质是什么"。教师需要思考呈现粗盐中杂质的开放性学习环境，即思考是否展示粗盐中含有杂质的化学方程式、提供粗盐固体及相关实验试剂等，是否由学生手绘粗盐溶液中的杂质或提供白板、磁贴让学生自主摆放粗盐溶液中的杂质，是否展示粗盐溶液中的微观图片及相关溶液的导电性实验明确物质在溶液中的存在形式，以及是否为学生提供充分讨论的机会、创设平等交流的氛围等。

该课时的问题线索为：（1）初识粗盐中的杂质及除杂，物质（以粗盐中的NaCl为例）进入溶液前后有什么不同？（2）如何证明物质在水中的微观存在形态？（3）粗盐中的真正杂质是什么？针对以上问题，具体设计学习环境。针对问题（1）选择并呈现粗盐溶液和碳酸钠溶液混合的实验资源，设计引导学生绘制氯化钠进入水中的微观示意图的学案，画出氯化钠进入水中后的微观组成示意图并进行阐述，以探查学生微观视角认识溶液的水平；针对问题（2）选择氯化钠固体、水、氯化钠溶液的导电性实验，展示电流形成原因的资料，课件演示氯化钠固体进入水中发生变化的动画，帮助学生建立电离的概念；针对问题（3）选择白板和磁贴作为模拟工具，提供学生小组合作的机会、充分交流的时间、展示交流的场所、师生平等提问交流的机会等，促进学生认识复杂溶液中的离子种类和数量关系，分析粗盐中的真正杂质。

表 2-5-1　开放性学习环境的分类、示例及设计意义

环境分类	活动中的开放性学习环境	设计意义
物理环境	对于讨论活动，需要将桌椅摆放进行相应调整（如六张或四张桌子摆在一起）	促进小组交流，合作完成活动
	对于需要小组协作完成的任务，需要提前给予学生记录其讨论结果的工具（如马克笔、白纸或白板）	促使学生讨论的结果及思维过程外显
	对于实验活动，需要提供学生相关实验仪器	通过实际操作，促进学生对相关实验的认识，深刻认识实验操作步骤、注意事项以及反应现象
	对于学生展示活动，需要提供学生进行展示交流的场所	让学生充分展示自己的意见，促进学生之间不断发生思维碰撞，发展学生的批判性思维
	对于学生展示活动，需要提供学生进行展示的辅助设备（如投影仪、磁性黑板和磁贴等）	便于学生的生动分享展示，帮助学生相互学习
虚拟环境	对于不便于由学生实际操作的实验，需要给予学生相关实验视频或展示相关虚拟实验	帮助学生直观了解相关实验现象及结果
	对于学生作品的展示，可以采用相关快速传递图片的应用程序，将学生的讨论结果拍照后进行展示	快速展示学生讨论结果，便于其他学生及时思考是否存在异同
人文环境	对于讨论活动，需要给予学生充分讨论的机会，营造平等和谐的氛围	让学生能够充分交流，发表自己的观点和看法，促使学生进行头脑风暴
	对于实验活动，需要给予学生合作完成实验的充足时间，以及交流实验操作、现象等的机会	促进学生小组合作完成任务，同时在实验中结合现象进行充分交流与思考

4. 完善学习环境

在设计持续性学习评价时，需要将评价与挑战性学习活动相互融合，因此要在学习评价过程中完善学习环境，发挥评价反馈对学习活动的促进作用。具体体现在为学生设置充分体现评价开展过程的物理环境，如学生成果展示场所、具有支持性的资料、学生实验场所与设备、教室桌椅摆放、即时投递和展示学生作品的设备等；提供具有创新性、拓展性、证据性的虚拟环境，如视频证据、即时传输图片的设备、在线测评工具、眼动技术工具、虚拟现实工具等；创设平等、尊重和开放的人文环境，如学生扮演相关社会角色的情境、学生之间合作交流解决问题的机会、学生充分表达交流想法的机会、学生间相互评价的机会、师生间互相尊重的氛围等。

此外，教师可以创造性地使用技术来搭建学习环境和优化评价方式，激发学生的创新意识，进行创新实践。例如，教师采用相关平台发布评价任务，学生线上完成后获得即时性反馈；使用虚拟现实工具，让学生直观认识相关物质的微观结构、化学反应过程；打造学生沉浸式辩论的环境，让学生在小组辩论过程中相互评价。再如，使用虚拟体验工具支持学生在虚拟环境中进行学习，采用虚拟导师程序，为学生提供评价与指导；提供师生协作讨论的线上交流工具，即时反馈的同时记录、保存交流的内容；提供学生进行思维导图绘制的学生端软件，即时反馈至教师端等。

"粗盐精制"单元，以"实验与证据推理能力"的评价内容为例，其评价指标为"能结合实验证据论证电离、离子反应等微观变化；能合理选择除杂试剂，并设计、优化粗盐精制的实验方案"。所需要创设的开放性学习环境主要有"粗盐和 Na_2CO_3 溶解后的导电性实验""演示实验：需 Ca^{2+}、Cl^- 传感器""粗盐精制方案的实施实验"等物理环境，"角色扮演（作为工程师，设计粗盐精制的工业方案并分组交流、点评）"等人文环境以及"模拟氯化钠溶解过程的视频"的虚拟环境。

"保护珊瑚礁"单元以"实验与证据推理能力"的评价内容为例，其评价指标为"能进行实验验证微粒间相互作用的推论；能基于传感器图像预测和证据推理，解决复杂真实问题"，由此分析可知，其所需要创设的开放性学习环境主要有"传感器（pH计、二氧化碳传感器、钙离子传感器）"等物理环境，学生绘制传感器实验结果的机会、创设学生积极并充分讨论的人文环境。

在进一步预设学生表现时，则需要教师在创设开放性学习环境时更具针对性和指向性，设计学生拥有互评、自评机会的人文环境。在学生进行互评或自我评价过程中，教师可以进行该阶段课堂教学的反思与观察，并结合学生的评价结果，及时调整教学。

"粗盐精制"单元，以"实验与证据推理能力"的评价内容为例，其划分的评价标准主要有以下3个水平，依次为：水平1：没有明确的微观假设，仅能回忆实验现象，但不能与微观假设关联起来，经常混淆电离、电解等概念，不清楚电离、导电、电解质等之间的关系；水平2：有微观假设和证据意识，能结合熟悉的实验证据说明物质的存在形态和反应中的变化情况，能明确电离、导电、电解质等概念的关系；水平3：面对陌生物质能主动设想和寻找证据，能结合多种证据从变与不变等角度进行对比分析论证，能将电离、电解质与物质类别、离子反应及其规律等概念关联，形成完整的推理路径。为了促进学生能力的发展，教师设置了学案中学生绘制氯化钠进入水中前后的微观示意图、提供电流形成原因的支持性资料、导电性实验演示等开放性学习环境。具体教学过程①如下：

师：画出氯化钠进入水中前后的微观图示，阐述氯化钠固体与氯化钠溶液的不同。

生：在氯化钠固体中，钠离子和氯离子距离很近；进入溶液后，钠离子和氯离子距离变大。

---

① 胡久华，董娜，陈颖，等. "电离与离子反应"的单元教学设计与实施——食盐精制：从微观角度看粗盐中可溶性杂质的去除 [J]. 化学教育（中英文），2021，42（19）：23-29.

师：如何证明两种离子的自由移动？

生：初中物理提到自由移动的微粒可以导电。检验溶液是否导电，可以证明溶液中的微粒是否自由移动。

师：（赞许学生的想法）证明微观过程或者微观行为，需要寻找相应的宏观性质作为证据，通过分析推理来论证微观行为。

[导电性实验演示] 进行三组平行实验。在装置中加入蒸馏水，连通电源后，灯泡不亮。加入氯化钠固体，连通电源后，灯泡不亮。加入氯化钠溶液，连通电源后，灯泡变亮。

[资料支持] 电流是指带电粒子（自由电子或离子）的定向移动。

师：请结合资料说明，氯化钠溶液导电的现象如何证明溶液中钠离子和氯离子是自由移动的，从宏观现象到微观行为是如何建立起关联的。

生：通过资料可知，带电粒子做定向运动形成电流，使灯泡发光。氯化钠溶液中钠离子和氯离子都是带电粒子，带电粒子做定向移动，使得氯化钠溶液具有导电性，所以灯泡发光。

师：说明氯化钠固体中钠离子和氯离子按照一定规则紧密排列，钠离子和氯离子之间有相互作用，所以不能自由移动；进入溶液，水破坏钠离子和氯离子之间的作用，使得钠离子和氯离子自由移动。阐明像氯化钠一样在一定条件下解离成自由移动离子的过程称为电离，表征电离过程的方程式称为电离方程式。

又如，"保护珊瑚礁"课例以"实验与证据推理能力"的评价内容为例，其划分的评价标准主要有以下3个水平，依次为：水平1：能描述出 pH 和钙离子浓度的基本变化趋势，但不能准确地给出坐标；水平2：能描述出 pH 和钙离子浓度的基本变化趋势，并给出较为准确的横坐标，但不能解释图像异常的地方；水平3：能描述出 pH 和钙离子浓度的基本变化趋势，并给出较为准确的横坐标，并能解释图像异常的地方。为促进学生实验与证据推理能力的发展，教师引导学生结合水溶液体系认识模型，分析温室效应加剧导致海水酸化，从而破坏珊瑚礁的原因的讨论，展示 pH 计、二氧化碳传感器和钙离子传感器（见图 2-5-3），给予学生思考与分享的时间，在坐标纸中绘制二氧化碳对海水 pH 和钙离子浓度影响的图像等开放性学习环境。此外，教师课前预设了学生的回答并划分了水平，在学生分享后展示评价的标准，并由学生自己进行评价，不断反思自己的思考模式。具体教学过程如下：

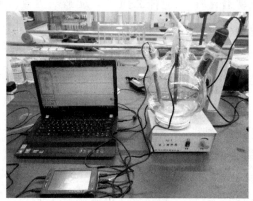

图 2-5-3　传感器实验

师：请根据分析水溶液中离子平衡的认识模型来解释海水酸化对珊瑚礁的影响。

（学生利用环节 2 形成的水溶液体系认识模型，分析温室效应加剧导致海水酸化从而破坏珊瑚礁的原因，具体如下：学生要找到导致海水酸化的物质是二氧化碳，找到二氧化碳在水溶液中的平衡关系，水中氢离子浓度增加导致珊瑚礁溶解。学生讨论，最后认为在这个过程中应该抓住几个核心因素：二氧化碳、钙离子浓度及 pH 的变化。）

师：请观察传感器实验结果（见图 2-5-4），并根据数据定量分析、解释。

生：（体会利用传感器设计实验的基本思想）经过观察发现刚开始通入二氧化碳会引起钙离子浓度下降，而随着 pH 的下降钙离子浓度增大，直到 pH 趋于稳定，钙离子浓度保持不变，说明相关的离子平衡达到平衡状态。解释其原因，主导沉淀溶解平衡的是碳酸氢根的电离平衡，而电离平衡会产生两种结果，提供碳酸根和氢离子，这两个因素对于钙化作用是相互制约的。因此，适量地增加二氧化碳是有利于钙化的，但氢离子增加得过多，会打破平衡，使沉淀溶解。而减小二氧化碳浓度，则会使海水变碱，这样有利于钙化。

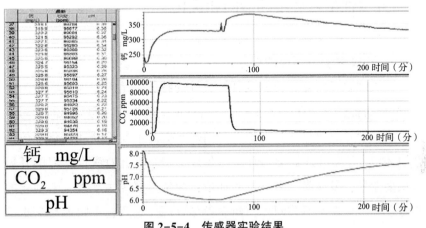

图 2-5-4 传感器实验结果

师：请同学们自己评价一下自己的回答所在的水平等级（参见表 2-5-2）。

表 2-5-2 对珊瑚礁形成的复杂水溶液体系的分析测评

A	B	C	D
脑子里一团乱麻，知道有哪些微粒，不知道存在哪些平衡	能找到微粒，能写出微粒可能存在的平衡；但是不会判断移动的方向	能找到微粒，能写出微粒可能存在的平衡；会判断移动的方向，但是不能综合考虑	能找到微粒，能写出微粒可能存在的平衡；会判断移动的方向，能综合系统考虑

在设计评价任务和评价方式中，由于评价贯穿整个单元始终，需要教师合理预设学习时间。在单元学习开始前，设置合理的评价工具以探查学生的已有知识以及对该单元学习的兴趣和需求等，并选取合适的时间让学生完成。核心活动表现的评价是整个单元学习中的重点，结合已经确立的评价内容及标准，需要设计合适的环境以促进学生能力的发展与评价的开展，包括：学案的及时呈递与展现、师生共同参

与评价、完整的即时反馈机会，教师公平评价、生生互评及学生自评的良好评价氛围。课时作业也是不可或缺的评价部分，教师需要针对性布置学生作业，并给予及时的评价反馈。

三、开放性学习环境的诊断和优化

1. 开放性学习环境的检验

开放性学习环境是否体现其开放性的特征？是否体现"学生为中心"？能否促进学生深度学习？能否合理地呈现学习主题、指向学习目标、承载学习活动与学习评价？我们需要据此不断诊断和优化开放性学习环境，使得开放性学习环境具备以下特点：针对深度学习的开展提供多途径、多角度、多方位的环境；为学生提供主动性、个性化的学习空间，形成学习共同体，建立教学资源、工具、空间等与学生的关联性；为学生积极参与创设氛围；提供必需的物理环境，便于开展挑战性活动、持续性评价等；结合促进学生理解的虚拟环境，便于活动开展以及评价的即时反馈。开放性学习环境的检验工具如表 2-5-3 所示。

表 2-5-3　开放性学习环境的检验工具

要素	内容
开放性	针对深度学习的开展，提供相应的物理、虚拟和人文环境，从不同途径和不同角度呈现学习环境的开放性
学生为中心	学习环境的创设与学生活动及其表现密切相关，为学生提供与实际相关联的情境素材，让学生在平等开放的环境中进行自主学习与讨论分享
物理环境	提供指向主题完成的相关学习场所、实验资源以及相关活动设施等；为活动的开展呈现必要的材料等；给予学生分享和外显思维的工具
虚拟环境	提供与主题、活动等密切相关的学习资源；拓展学生交流研讨方式，可采用线上师生或生生研讨的工具；提供相关线上学习平台促进学生的个性化学习；结合具有证据性或拓展性的视频资源或互联网工具

续表

要素	内容
人文环境	创设合理的，促使学生具有参与感、责任感的人文环境；营造学生便于讨论分享、积极参与的氛围，形成师生和生生学习共同体；为学生提供完整论述观点、与教师平等对话的机会等

2. 开放性学习环境的诊断与改进

"粗盐精制"单元在第一次教学设计时，开放性学习环境如下所示：

物理环境：

（1）分组实验：①粗盐固体、碳酸钠固体、蒸馏水；②氯化钠固体和氯化钠溶液的导电性实验；③粗盐精制方案的实施实验等

（2）分组提供：学案（其中绘制模拟粗盐中的微粒，模拟除杂过程中溶液中微粒变化的烧杯模型）

（3）演示实验：Ca^{2+}、Cl^-传感器

人文环境：

角色扮演（作为工程师，设计粗盐精制的方案）

在开放性学习环境的初步设计中，对于物理环境、人文环境均有涉及：首先赋予学生化工工程师的社会角色，进行粗盐精制这一学习主题的分析与讨论；在该单元进行中，为学生提供相关的实验器材和试剂，给予学生分组实验的机会；教师展示用钙离子传感器、钠离子传感器的同时，显示向粗盐溶液中加入碳酸钠溶液时不同的实验结果，在教学过程中预设学生交流讨论的时间。由此可见，初步的开放性学习环境能够在一定程度上体现学生的自主性，但整体来看，学习环境的开放性有待加强。关于促进学生理解概念等的虚拟环境未进行设计，同时物理环境中学生通过学案绘制模拟粗盐中的微粒、模拟除杂过程中溶液中微粒变化的过程，虽然能够在一定程度上外显学生的原有认

识，但在学生绘制之后难以进行调整与修改。基于此对以上的学习环境进行优化改进，采用磁贴和磁性白板来模拟粗盐中的微粒，模拟除杂过程中溶液中微粒变化的过程，该过程具有连贯性，同时便于小组之间交流讨论磁贴的摆放、展示与分享摆放结果；展示"食盐的重要性和中国开始食用精盐的历史片段（化工实业家范旭东与久大精盐）"的历史背景资料，激发学生对该单元学习主题的社会责任感与认同感；展示虚拟环境"氯化钠溶解过程的视频"，促进学生理解电离概念。

"粗盐精制"单元的开放性学习环境改进后如下：

物理环境：

（1）分组实验：①粗盐与 Na_2CO_3 粉末混合、粗盐溶液与 Na_2CO_3 溶液混合，对比；②粗盐和 Na_2CO_3 溶解后的导电性实验；③粗盐精制方案的实施实验等

（2）分组提供：磁贴和磁性白板（模拟粗盐中的微粒，模拟除杂过程中溶液中的微粒变化)

（3）演示实验：Ca^{2+}、Cl^- 传感器

（4）实物投影

虚拟与人文环境：

（1）食盐的重要性和中国开始食用精盐的历史片段（化工实业家范旭东与久大精盐)

（2）氯化钠溶解过程的视频

（3）角色扮演（作为工程师，设计粗盐精制的工业方案并分组交流、点评)

四、问题解析

开放性学习环境，是单元主题、目标、活动以及评价的共同纽带。开放性学习环境的设计相当于将单元主题、目标、活动以及评价等进行综合考虑以及将其不断迭代发展的过程。教师对此可能会面临一些问题和挑战，高中化学深度学习项目组开展教学改进案例研究时，组

织指向深度学习的化学教学设计的教师培训活动，通过教师访谈抽提概括出教师在设计开放性学习环境时常见的问题：对开放性学习环境的理解不足；忽视学生的主动性和充分体验；难以有效整合多样化学习资源。

1. 对开放性学习环境的理解不足

主要表现为：（1）不理解内涵，不知道开放性学习环境包含物理环境、虚拟环境和人文环境，不能从这几种环境的角度审视日常教学，未考虑过它们对教学的作用；（2）对物理环境的理解比较局限，仅停留在教室、仪器和实验层面；（3）对虚拟环境的功能理解不清，对虚拟实验、演示视频和实际实验的功能和效果缺乏关注和比较，对其他虚拟环境相关的技术缺乏了解；（4）忽视人文环境的功能和意义，对人文环境缺乏认识。

解决问题的关键是明确开放性学习环境在单元学习中的支持性，教师需要学习相关知识，明确其内涵与要素，主动查阅资料或学习教学案例，观摩优秀的开放性学习环境设计实例，积极与同伴进行交流沟通，了解并学习相关理论，检索相关研究了解学习环境的创设策略等。此外，教师需要明确环境的开放度，不能将学习环境完全开放，脱离教师的调控。教师也需要拓展自身对物理环境的认识，明确物理环境不仅指向教室内的物理资源，还包括自然物理环境、建筑及相关场所；建议教师加大使用智能认知工具、信息技术手段的广度和力度，如教师可以在虚拟环境中借助有效的虚拟导师设备，提高学生学习虚拟实验的效率[①]；建议教师了解有关人文环境的相关功能与意义，明确其对学生在深度学习中发展社会责任意识、科学论证能力等的价值。

2. 忽视学生的主动性和充分体验

开放性学习环境不仅要体现开放性，更要以"学生为中心"，但有些学习环境的设计忽视学生的主动性和充分体验，具体表现为：

---

① LI Y H, CAO M L, XU H Y, et al., Virtual Tutor and Exploratory Guidance Environment in Virtual Experiment [C]. 2021 IEEE 7th International Conference on Virtual Reality. New York: Institute of Electrical and Electronics Engineers, 2021: 286-292.

（1）站在教学视角设计学习环境，忽视学生学习的视角；（2）强调教师自身的作用，忽视师生交流氛围、生生互动机会的重要性；（3）注重教师完成演示实验的便捷性，忽视学生自主探究完成实验的开放度。

解决问题的关键是在进行单元学习前，通过问卷探查学生对学习主题的兴趣及观点，也可以辅助以学生访谈，了解学生学情，在环境创设过程中设计针对性脚手架。在学习环境设计时，预设学生展示交流的场所与机会，为学生小组合作活动提供空间，体现环境服务于学生学习与发展的观念，充分调动学生参与课堂的活力与主动性。此外，教师可以结合学习活动，充分利用互联网工具和平台减少师生间交流的障碍，根据学生实际情况与兴趣设计学习活动，提供相对宽松的时间规划，让学生拥有自主安排学习节奏的机会。

3. 难以有效整合多样化学习资源

学习资源是学习活动和学习环境的共同纽带。随着信息技术的快速发展，学习资源不再局限于教科书、教辅书等书面资料，开放的互联网让教师有机会为学生提供更加丰富的学习资源。面对丰富的学习资源，教师的思维可能有所局限，难以有效整合利用这些资源，主要表现为：（1）对于学校现有的资源缺乏了解或未意识到可以使用，如物理、生物实验室的设备和条件以及某些专业教室，再如对本校及周边独特资源缺乏利用意识；（2）对于开放性学习资源开发的主动性有待加强，如未能有意识地收集、整理与化学学习相关的重大社会事件和科技进展，或未能将简单家庭实验融入教学等；（3）指导学生使用多样化学习资源的能力有待加强，如不会用其他材料替代标准球棍模型。

解决问题的关键是教师对化学科学的关注和对学习资源的开发持有的端正态度，了解先进的科学技术进展，以及教育技术和互联网平台为学习资源整合提供的便利，主动进行资源的开发与整理，积极了解即时反馈的虚拟设备，促进学生形成合理使用开放性学习资源的意识。此外，学校需要为教师提供空间和更加充分的支持，通过开设技术培训课程、邀请专家讲座等方式提升教师开发、使用、整合多样化学习资源的能力。

实　践　分　享

设计和利用开放性学习环境的实践经验

北京一零一中学　陈争

1. 如何理解开放性学习环境？

开放性学习环境包括物理环境、虚拟环境和人文环境。有的人认为这三个要素是并列关系，也有的人认为它们是递进关系，我在实践中不断体会各要素之间的关系（见图2-5-5）。我认为人文环境是深度学习的根本，因为学生正处在形成人生观和价值观的关键阶段，通过学科学习可以实现与世界的对话。在这个过程中，他们能加深对教师、同伴、社会人群之间关系的认识。他们需要从学科的角度看人和人的关系、人和自然的关系。在引导学生沉浸式进入学习的过程中，教师的作用是决定性的，而在学习过程中教师和学生的这一对关系的发展在人文环境中是起到决定性作用的。

在深度学习的过程中，教师对建立开放性学习环境的认识程度决定了虚拟环境和物理环境的设计和使用效果。首先教师要打开自己的想象空间和思维上限，也就是说，开放性学习环境的设计，首先需要教师完成对人文环境的意义和价值的认知，对自己的不断学习和思考，并且主动对接社会和生产实际问题的过程，以及在这个过程中能够体验到学习成长的快乐。基于以上阐述，深度学习的开放性学习环境的设计和实施，首先取决于教师的认知和教师的学习过程，以及教师是否在这个过程中获得快乐和成功的体验。

图2-5-5　教师对开放性学习环境的认识及设计思路

在"保护珊瑚礁"这个深度学习案例的研发过程中，我的学习过程是艰难而快乐的。在开始阶段，我利用关键词从各种角度查询珊瑚礁的新闻，发现新闻的种类非常多。首先，我把资料进行分类，不是急于挑出对自己有用的东西，而是去审视珊瑚礁对整个自然生态环境的影响，以及哪些新闻含有化学学科要素。然后，对获取的资料进行构架，做思维导图，从而使自己对整个地球系统的碳循环有了深刻的认识。比如，珊瑚礁的减少可以调节大气中二氧化碳的含量，我们需要通过水溶液中的离子平衡移动原理来解释和架构这两者之间的关系；还有海洋是如何自救的，海洋系统是如何影响大气圈层的，整个生态系统是如何保持动态平衡的，这一切都和几个看上去很简单的含碳微粒之间的平衡密切相关。保护珊瑚礁就是从调控平衡的角度开始思考的。

在深度学习的教学设计初期，教师完成了自我学习过程中的开放性学习环境中的人文环境的建构，就意味着给学生搭建的人文学习环境有足够的高度和广度，在思想上、思考上满足了开放一词的含义。

开放性学习环境如何明确体现以"学生为中心"，关键是学生在学习环境中是否可以进行主动性、个性化学习，这取决于教师的学习程度和开放程度，特别是教师在深度学习教学设计中对学生的学习行为的期待，应该是过程性目标，而不是结果性目标，所以开放性学习环境也是评价设计的一部分。比如在设计复杂问题"珊瑚礁是如何形成的，破坏的因素是什么？"时，教师预设学生首先会提出非常多的角度，然后慢慢聚焦。课堂上观察学生回答问题的变化，明显看到学生的认识从孤立的、定性的，不断向联系的、定量的方向转化。我们的评价并不是做题，而是在完成任务的过程中，对思维进阶的程度进行评价。

2. 如何根据需要设计开放性学习环境？

关注开放性学习环境需要贯穿学习主题、活动、评价的全过程，支撑学习目标的实现。

根据大量的资料，我们首先假定珊瑚礁和海水都离生活比较远，那么，我们想让学生沉浸在学习活动中时感受、思考什么呢？文本和视频相比，肯定是经过精心编辑的视频更容易创造环境使人产生代入感。我用了六段新闻和纪录片片段剪辑出一段两分钟的短视频，将有效信息和能产生问题和思考的内容都放进去。视频就是一个让学生进入实际问题的入口。假如条件允许，这里可以做成全息视频或者数字孪生。学生可以置身于海洋中感受外界条件变化，珊瑚一点点死去，珊瑚礁一点点消失，进而像人类学家和生态学家一样质疑：抽掉生态系统中的珊瑚礁，真的不会使地球生态倒塌吗？

什么是虚拟环境？科学学习中的虚拟环境主要有两种。第一种是情境化、故事化的场景创设。比如，现代话剧艺术可以在一座酒店里演出一场真实的事件，演员一直在不同的房间里持续做自己的事，观众可以随意走到每间房看发生了什么。每个人看到的细节都不一样，但都是整个故事中的一部分——这就像开放性学习环境的第二个特点，那就是过程性目标。我们只能预设一个研究方向，整个研究过程中的所有体验和思考都是我们的目标。第二种是借助技术实现可操作的虚拟实验环境。这样的场景设计未来有可能成为物理、化学、生物实验室的一种形式。就是当学生产生想法的时候，可以借助计算机模拟得到一条趋势线或者一种实验结果。在珊瑚礁案例中，我们想到让学生自主选择、构建模拟海洋的环境，给学生提供多种传感器，让他们设计一个珊瑚礁生长和珊瑚礁被破坏的实验方案，可以收集到珊瑚礁被破坏的定量的系统数据，然后依据这些数据反推，看看能否用水溶液中的平衡原理解释这些数据。虚拟环境的重要性就在于打开学生的想象空间，打开学生的思维上限。

3. 如何充分发掘和利用现有资源设计开放性学习环境

在开发现有资源方面，我们学校建立了 PAD（平板电脑）教室，它具有两种功能。一是实现实时互动、即时反馈、投票或者选举功能；二是记录学生的书写和画图过程，教师可以在大屏幕上实时播放每位同学的画图情况。我们就利用这两方面的功能，设计了实时评价和反馈环节，让学生预测随着大气中二氧化碳含量、海水的变化，珊瑚礁的消失过程，并且找出数据之间的关联。学生在构思、画图的过程中，教师可以及时关注每位同学的进展及困惑。课后这些活动过程都会被存成录像，教师可以进行课后反思。

总之，开放性学习环境，是教师和学生作为学习共同体，共同努力才可以成功建立的一个学习环境，具有多维开放性，有助于实现对过程进行评价的功能。

第六节　进行反思性教学改进

一、什么是反思性教学改进

1. 反思性教学改进的内涵

反思性教学改进，指教师和教研团队在设计和实施促进学生深度学习的教学前、过程中和之后，结合持续性学习评价的结果，结合学生表现的多方面证据，进行教学反思，并根据反思结果修改教学设计和调整教学实施过程，完成教学改进的过程。

反思性教学改进，强调反思的目的是促进教学改进。教学的目的是促进学生经历深度学习过程和获得核心素养发展。教师在此之前应不断反思：教学的哪些方面实现了学生的深度学习，分析学生在实现深度学习的特征和达成素养导向的学习目标方面的程度，从而对教学设计和实施进行全面、系统的反思，提出精准的教学改进方案。

反思性教学改进，强调教师基于证据（Evidence-Based）开展反思，不是仅凭教师个人经验和感受进行的零散反思，而是向循证教学发展，根据学生表现的证据反思教学。已有研究将教育证据的水平按照可推广性由高到低分为随机试验（真实验）、对照试验（准实验）、前后对比研究、相关研究、案例研究、轶事等[1]。这些证据是已有的教学研究，仅能作为教师反思的部分依据。教师反思的主要依据是教师个人作为证据收集的主体，与持续性学习评价结合，伴随教学设计和实施，收集教师教学表现、学生学习表现等方面的证据。

---

[1] 许爱红. 基于证据的教育及其对我国教育发展的启示［J］. 教育理论与实践，2011，31（25）：17.

2. 反思性教学改进的特征

反思性教学改进强调根据证据进行精准改进，反思与改进将持续整个教学设计和实施过程并体现在后续的教学中。反思性教学改进具有指向深度学习的教学系统、基于证据、全程性、动态化四个方面的特征。

指向深度学习的教学系统。传统教学实践中，教师的反思往往凭借直觉，反思的要点往往是零散的，甚至没有抓住突出问题。如何避免零散的教学反思？教师需要从深度学习的教学系统进行整体反思，围绕引领性学习主题、素养导向的学习目标、挑战性学习活动、持续性学习评价四个核心要素及开放性学习环境这一支持性要素进行全面反思。首先从整体考虑这些要素是否出现了明显问题，例如，单元主题、目标、活动、评价是否体现了该教学要素的内涵和特征，是否体现了"教、学、评"一体化？确定的核心知识的素养发展价值是否合适？学习目标描述的学生素养表现是否精准？内容的选择和组织是否促进了学生的素养进阶？预设的学生素养进阶是否与学生的认知相匹配？挑战性学习活动是否承载了素养发展功能？开放性学习环境是否能较好支持活动、评价的开展？在此基础上再进行这些要素的局部、细节的反思，如实验问题、素材问题、活动组织、对话与追问等具体问题。

基于证据。证据是教师进行反思和改进的依据，反思和改进的成效在很大程度上取决于证据的真实性、可靠性和全面性。能够用于教师反思和改进教学的证据来源多样，既包括学生的课堂学习行为表现、内隐的心理状态、情感态度，也包括课下作业、学生访谈、单元练习等；既包括学生群体的表现，也包括典型学生个体的表现。这些学生表现证据展现了学生进行高中化学深度学习的程度。根据循证教学观点，用于教学决策的证据具有复杂性、动态性和流动性等特点，需要教师在收集证据时设计科学的收集方法并评估证据的可靠性[1]。

全程性。教师的反思和改进贯穿教学全过程，覆盖教学设计前、教学设计时、教学设计后、课堂教学时、课堂教学后。可以说，教师

---

[1] 许爱红. 基于证据的教育及其对我国教育发展的启示 [J]. 教育理论与实践，2011，31（25）：17.

在促进学生深度学习的教学全过程都在持续开展反思和改进。

动态化。教师依据证据持续反思和改进教学的过程不是一蹴而就的，引领学生进行深度学习是长期的过程，持续的反思和改进是螺旋发展的动态过程，促进学生深度学习的教学也正是在这样的过程中动态提升。此外，反思改进过程时时进行着，在教学设计和实施过程中，引领性学习主题、素养导向的学习目标、挑战性学习活动、持续性学习评价、开放性学习环境之间互相影响，无论其中哪个要素发生变化，都会引起对其他要素的调整和优化。

3. 反思性教学改进的举例分析

"电离和离子反应"单元教学，教师进行了全程的反思性教学改进。

【对以往教学的反思】

以往的离子反应教学，对电离概念的处理过于简略且仅强调结果（产生离子）；教师通常自己讲解导电性实验，而不是让学生理解并以此为证据论证电离过程；不注重离子反应概念的形成，不提供证据或提供的证据（反应现象）不能论证反应的本质是离子反应；离子方程式的书写占用较多时间，但以程序化的技能训练为主；食盐精制实验往往在后面另用课时处理。

本案例力图在以下方面进行改进：

（1）持续关注和探查学生的微观想象和思维过程，使用微观示意图、磁贴等多种方法外显和诊断学生的思维。

（2）加强学生的推理论证过程，通过导电性实验、传感器实验等提供丰富的实验证据，帮助学生在证据推理中建构电离、离子反应等核心概念。

（3）将核心概念的概括、理解与表征关联起来，引导学生用磁贴和化学语言演示和表征电离、离子反应过程，理解电离方程式、离子方程式的内涵与书写要求。

（4）以"食盐精制"为情境将必做实验整合进来，提高学习活动的挑战性，丰富电离、离子反应单元教学的认识价值和育人功能。

　　该教学设计前的反思，重点抓住了以往电离、离子反应核心概念的教学在发挥核心概念的认识发展功能方面的不足，深入核心概念教学处理中存在的问题，结论是核心概念的教学要给学生充足的机会进行概念建构，特别是需要使用促进宏微结合思维方式发展的教学策略，如通过微观示意图、磁贴外显思维过程。此外，为了加强任务驱动，避免概念教学的抽象化，通过有意义的真实问题解决，促进学生在分析解决问题的过程中建立核心概念。这样的反思，聚焦了单元的核心素养表现目标，细化了核心知识的教学处理，通过改进学习活动促进学生从学习核心知识到关注能力素养发展，抓住了关键问题进行反思，而且系统反思了目标、核心知识、学习活动、教学处理，形成的改进点具体、可落实。

　　【实施过程中的反思与改进】

　　（1）通过画微观示意图、磁贴模拟等活动，发现不同班级学生对电离、离子反应的原始认识水平存在较大差异。学生普遍能画出离子，但部分学生认为形成溶液后离子只是分散了，但仍存在较强的相互作用，并不"自由"。部分学生忽视了电离后离子间的数量关系。这也说明画微观示意图和磁贴模拟等活动能够有效探查、外显学生的思维，为教学调整提供证据。

　　（2）在书写电离方程式、离子方程式时，借助磁贴，学生能更自主地关注到离子间的数量关系。学生书写简单的离子方程式时，不再需要先写化学方程式。

　　（3）在通过导电性实验论证电离过程时，学生的推理过程"跳跃"且"模糊"，直接从"导电"到"存在离子"。教师在初次试讲时，引导不到位，没有通过比较强调溶液中离子的"自由"，并且缺少对"离子为何能变得自由"的追问。

　　该实施过程中的反思，突出特点是基于证据。结合学生表现和评价结果的证据，一方面关注教学改进是否有效，预设采取的微观示意图和磁贴模拟等学习活动的效果如何；另一方面针对教学改进落实不理想的情况，深入分析原因，进一步提出教学改进，如导电性实验中的证据推理活动、师生的对话与追问。此外，该反思重点关注了单元的化学学科核心素养表现在课时内的达成水平，在书写电离方程式、离子方程式时，不仅关注书写技能和正确率，更关注书写过程外显的学生的思维过程，关注在书写过程中体现的宏、微、符三重表征能力，特别是针对学生的障碍点，关注教学是否解决了它，学生是否达到了高中必修阶段电离、离子反应新授课应有的微观认识水平。在此基础上，进一步论证学习活动、教学策略的有效性。

【实施后的反思与改进】

（1）针对学生在建构电离概念时推理过程"跳跃"的问题，在前面体验活动中补充了碳酸钠与氯化钙固体直接混合的实验作为铺垫，此处引导学生比较固体和溶液中离子的差异，促使学生关注溶剂（水）在电离过程中的作用。该对比实验的补充还能促使学生提出"物质进入水中会发生变化"这一观点，有利于微粒观和电离概念的形成。

（2）学生书写相对陌生反应的离子方程式时，仍会先回到化学方程式，借由复分解反应交互成分后再改写成离子方程式。这可能是由于学生对"哪些离子能发生反应"缺乏认识。在离子方程式书写示例后，应提供离子反应规律的知识支持，并可以与除杂试剂选择任务相整合。

（3）整体实施后，本案例在育人价值的彰显方面仍有提升空间。可以将对粗盐中杂质的再认识与除杂方案的优化与成本、工艺联系起来，让学生意识到自己的设计会真实影响产品的成本与竞争力，更切身地体会粗盐精制的现实意义。

该实施后的反思，继续关注实施过程中调整和改进的教学处理的有效性，并通过课堂教学中学生的表现，深入分析"Na_2CO_3 与 $CaCl_2$ 固体直接混合实验"的作用；通过分析整个单元教学后学生在书写离子反应方程式时暴露的问题，反思教学中存在的不足，提出今后教学需要给学生提供的知识支持，体现了持续的反思改进。此外，整体考虑育人价值的落实情况，反思实验室中的活动与生产生活中真实问题的联系，实现活动的全面育人价值。

二、如何开展反思性教学改进

反思性教学改进贯穿教学设计和实施的全过程。教学设计前，结合教师的教学经验和学情，依据核心素养导向的教学要求，明确教学改进方向和具体措施；教学设计阶段，依据深度学习教学设计要素的检验工具，反思每个教学设计要素是否满足要求，多个要素之间是否紧密关联，不断调整优化教学设计；教学实施阶段，根据教学预设与生成，观察学生的表现，基于持续性学习评价结果，及时反思调整教学；教学实施后，综合深度学习的过程和结果证据，系统反思总结。

1. 教学设计前，明确教学改进方向和具体措施

已有研究表明，学生的学习方法、年龄、性格、偏好、情感都影响学生的深度学习状态，年龄较大、性格特征偏外向、情绪稳定的学生更容易进行深度学习[①]。因此学生的个体特征和成长背景为教学提供了重要的参考。教师不仅需要充分分析即将进行学习学生的学情，还需要参考以往学生学习中暴露的问题、学习困难和障碍。除此之外，教师还要对以往教学进行反思，例如，以往相同内容的教学，在促进学生核心素养发展方面存在哪些问题、哪些方面需要改进，在这些反思的基础上明确教学改进的方向和具体措施。

开展"促进学生深度学习的教学设计工作坊"活动时，要求参与培训的教师在工作坊开始前进行小组反思研讨，明确教学改进的内容。

---

① BAETEN M, KYNDT E, STRUYVEN K, et al., Using Student-Centred Learning Environments to Stimulate Deep Approaches to Learning: Factors Encouraging or Discouraging Their Effectiveness [J]. Educational Research Review, 2010, 5 (3): 243-260.

不同小组在原有教学设计的基础上，总结的反思改进的方向和措施如下：

> "电离和离子反应"教师研讨小组：①强化核心概念，学生对电离的理解比较表浅，不清楚核心概念是电离还是电解质；②离子方程式的书写，要让学生体悟离子反应的本质；③活动设计，计划使用传感器实验；④学生的基础薄弱，学习活动设计要为学生搭好台阶。
>
> "从铁泥制备补铁剂"教师研讨小组：①将真实问题解决线和知识线整合；②重新设计挑战性学习活动；③进一步体现持续性学习评价。
>
> "氧化还原反应"教师研讨小组：①活动设计：目前已有初步方向，缺少将学生素养水平层级作为线索的活动设计；②持续性学习评价：目前初步划分学生的进阶过程，缺少具体活动的学生表现水平的划分。

教师同伴一起反思、剖析已有的教学经验和学情，可以促进教师深刻认识自己的教学和面对的学生。一位教师在教师培训结束后的访谈中提道：在这样的讨论过程中重新认识学生和自己，我们不断讨论应该给学生提供怎样的活动空间，哪些活动需要我们老师指导，哪些课上做，哪些课下做，哪些活动与目标不匹配应该舍弃等，这不断促使我反思和再认识教材中的活动设计和以前教学中的活动设计。

2. 教学设计阶段，结合检验工具不断调整优化

促进学生深度学习的教学设计包括学习主题、学习目标、学习活动、学习评价、学习环境等多个要素。在教学设计阶段，教师根据"证据"开展反思。课程标准、教科书、教师用书、学情等多方面的"证据"为教师的教学设计提供了依据，而且课程标准和教科书中明确提出了深度学习的目标、学习活动和学生深度学习的表现，这些有助于教师更新已有认识和价值观念，甚至可能颠覆教师的教学经验。因此，教师在设计时应常常反思"这样的设计能否实现课标或教科书中对学生的要求？学生将有怎样的学习表现？这样的学习表现达到深度

学习状态了吗?",同时反思这样的教学设计转化为课堂教学活动时是否存在实施条件的限制,从而不断优化,提高从教学设计到教学实施的转化效率。

教学设计时既要根据各个要素的检验工具,反思各要素是否符合促进学生深度学习的教学的要求,又要反思要素之间是否紧密关联、是否具有一致性。在设计和应用深度学习教学设计检验工具论证某个教学设计要素时,可能会引起对其他要素的调整优化。例如,在设计挑战性学习活动时,会引起对素养导向的学习目标的改进;在设计持续性学习评价时,可能对挑战性学习活动的设计进行改进。在各个要素都设计完后,还需要对教学方案进行整体思考和系统调整。

"电离和离子反应"单元在备课研讨时,教师们不断自我反思和相互质疑,部分教师的部分讨论如下:

教师A:你说的混合物分离,其实就是物质分离、提纯任务。这是要落实的目标吗?我想增加一个评价任务,还没有想到合适难度的情境。

教师B:应该让学生进行实验操作,最好是学生的分组实验。先设计方案,然后让学生真实地进行实验操作,最好有实验不断完善的过程。

教师C:只有一次实验操作还是有多次实验操作?是否可以有多次操作,每一次操作后让学生讨论、修改完善,再实验操作?让学生设计和实施粗盐精制实验的能力得到螺旋式发展。

教师D:这个是新授课,在活动的基础上,还要书写离子反应方程式,进行符号表征。

此外,在教学设计阶段,教师可以统筹规划教学反思与改进的整体安排,设计教学行动研究,明确持续的反思与改进方案。还可以考虑开展行动研究,一方面解决促进学生深度学习的教学问题,另一方面提高教师的教学能力和教学研究能力,以基于证据的反思与改进促进教师专业发展。教师设计行动研究的方案,结合单元教学设计方案,明确持续改进的内容和要点，并据此考虑证据类型和收集方法，制订撰写教学反思日志的计划。

3. 实施阶段，结合学生的学习表现及时反思调整教学

教学实施不是依据教学设计按部就班地完成即可，而是需要结合教学的预设与生成，特别是教师需要不断观察学生的学习表现，及时评价诊断，据此调整改进教学。

教学实施时，教师重点观察什么？以往教师经常关注活动是否顺利，学生是否能够给出正确答案，实验操作是否规范等，这些是基础的观察。教师更需要结合核心素养表现目标观察学生的学习表现，结合提升学生关键能力的核心学习活动，依据评价指标和评价标准，进行活动表现评价，诊断学生的深度学习过程和阶段性学习结果，依据评价结果进行教学反思，反思预设的教学策略、活动设计、支持资料等是否发挥了应有的作用，学生是否达到了预期的发展，学生遇到的障碍和问题是什么，之后的教学需要进行怎样的调整，以适应学生的现状和满足学习需求。

"电离和离子反应"单元设计的评价活动 1 "从微观角度看粗盐中的杂质"，学生用磁扣在白板上呈现粗盐溶液的组成。此活动重点培养学生建立认识溶液的微观视角，促进学生认识到宏观物质在溶液中存在的离子种类和数量，属于促进学生的核心素养进阶的核心学习活动，也是重要的评价任务。该活动的教学实施情况如下：

> 教师：今天我们有两个挑战性活动，第一个是从微观角度认识粗盐溶液的组成，一个磁扣代表一个离子，在白板上模拟粗盐溶液，小组合作完成，讨论粗盐中的真正杂质是什么。
>
> （学生小组合作，各小组汇报。）
>
> 学生甲：粗盐溶液中有钠离子、氯离子、钙离子、镁离子和硫酸根离子。我们要的是食盐，只需要钠离子和氯离子，所以杂质是钙离子、镁离子和硫酸根离子。
>
> 教师：为什么摆 4 个"钠离子"、4 个"氯离子"、3 个"镁离子"、3 个"钙离子"、3 个"硫酸根离子"？

学生甲：我们想表达溶液中钠离子和氯离子的数量比杂质要多一些。

教师：其他同学有补充吗？能用物质的量表达这些离子的数量关系吗？

学生乙：1 摩尔氯化钙会电离成 1 摩尔钙离子和 2 摩尔氯离子，我按比例摆的，我想体现氯化钠是主要的。

教师：你跟上一个同学的想法不一样，哪里不一样？

学生乙：我是按离子数量的比例关系摆的。

通过学生的汇报，教师诊断学生能够从微观角度认识粗盐溶液，但是学生对微粒间数量关系的认识存在不足，参考评价标准可知学生的素养表现处于水平 2。因此教师可根据学生的学习表现及时调整教学，增加必要的追问和提示，促进学生定量认识溶液中的微粒。

授课教师在教学反思日志中谈道：

我觉得学生由于没有掌握好物质的量概念，导致定量认识存在困难。物质的量并不是一个单纯的概念，它是促使学生建立微观、定量角度认识物质的重要概念。这个班级的学生对宏观与微观的辨识能力较弱，很多学生在平时表述时都使用"一个、两个"，甚至还说"一个氯化钙、一个氯化钠"。学生的表现，与我深入追问不到位有较大关系，我发现后，提示学生关注物质的量，但仍然只有少数学生能从定量的角度进行分析。这个时候我特别着急，担心设计的课讲不完，只好我自己进行简单的强调并总结，没有给学生更多的机会进行深度交流研讨。

发挥"互联网+"和大数据的功能，及时捕捉学生的学习表现，也可以为教学反思提供更加可靠的证据。教师可以借助信息技术，记录课堂中的师生互动过程，快速捕捉学生的学习表现，如使用平板拍照、投影展示学生作品。大数据支持下的学习分析技术是教育技术研究的一个重要范畴，伴随着"互联网+"和大数据的发展，教育技术通过海量的数据收集、测量、分析、报告等方式，动态追踪学生的变化过程，将学生的思维过程和问题解决过程外显，生成可观测的证据，准确展现学生学习规律①。这些证据更客观地记录学生的学习过程，多维度、全方位地表征学生的表现，师生不需要凭借主观感受评估，增强证据的可信度和反思改进的精准度。

教师及时填写课堂观察记录表和反思日志。教师根据行动研究的方案，设计并填写观察记录表，作为撰写反思日志的证据。反思日志需要描述观察到的学生学习表现、教师对学生表现的评价、教师教学行为自评。课堂观察、反思日志以及持续性学习评价结果可共同作为教师进一步教学改进的证据。

某教师在实施"电离和离子反应"第 1 课时后，根据课堂观察撰写反思日志，根据学生访谈的证据反思课堂教学：

> 通过今天的实践，我发现电离概念建构充分后再学习离子反应，学生能够非常正确地认识单溶质、多溶质溶液，学生能够自主地书写简单的离子方程式。通过访谈我发现，虽然我还没有讲离子方程式的书写方法，但是我告诉学生硫酸钠和氯化钡，氢氧化钠和氯化氢都是电解质，在水溶液中可以发生电离之后，学生就能直接写出离子方程式。访谈的 4 个学生都书写正确。但是氢氧化钡和硫酸反应，碳酸钠和盐酸反应的离子方程式，4 个学生中有 1 个没有写正确。虽然用一节课建立电离概念，花费的时间超出了我的计划，导致第 1 课时的最后一个活动没有时间开展，但是学生对电离概念的理解很透彻，为后面的教学打下了牢固的基础，还是非常值得的。

4. 综合深度学习的过程和结果证据，系统反思并改进教学

整个单元教学结束后，教师在促进学生深度学习的教学设计、教学实施、教学策略、教学信念等方面，都会发生不同程度的变化。教师梳理教学设计和教学实施全过程的证据，参考持续性学习评价，（如

---

① 余胜泉，吴斓．证据导向的 STEM 教学模式研究［J］．现代远程教育研究，2019，31（5）：22.

教学前后测试、活动表现、课时作业等）的结果，综合学生深度学习过程和结果的多方面证据，反思"是否实现了促进学生深度学习的目标？学生的哪些表现表明学生经历了深度学习？哪些表现表明学生没有经历深度学习？学生没有经历深度学习的原因是什么？"等问题，结合单元主题、目标、活动、评价和环境，进行系统反思总结，提出教学改进方案。值得注意的是，教学结果和教学过程的许多因素是相互关联的，不是简单的一对一因果关系。教师进行反思改进时，不能遵循简单的因果推理过程，而要从整体上探讨学习结果和教学各要素的关系，系统改进目标、活动、评价和环境等要素。

例如，某教师结合持续性学习评价的结果，根据评价时收集到的学生深度学习的证据，系统改进教学要素，参考表2-4-7"'电离和离子反应'单元后测与单元其他评价任务的关联"的评价结果，针对评价指标"能分析电解质进入溶液后的变化与微观粒子，建立溶液宏观性质与微观粒子的关联"评价学生在单元前测、课堂学习表现、课时作业、单元后测多个阶段的变化。通过持续性学习评价发现大部分学生在单元学习前，已经具有微观视角，从概念上知道组成物质的离子种类。课堂活动中半数学生对电解质进入溶液后的电离过程缺乏本质层面的认识，对电离的概念内涵缺乏理解。这在"电离和离子反应"单元教学的多次试讲中均有所表现。

除了通过持续性学习评价获得证据，还可以收集学生视角的教学改进证据，并且促进学生的反思总结。通过教学后的学生访谈，不仅可以了解学生在核心知识、关键能力和必备品格方面的发展，而且可以了解学生的学习感受，让学生对学习活动、学习环境给出反馈意见，为教学改进提供更加直接的证据。

表2-6-1中的学生访谈摘录展现了学生完成单元学习后从微观角度认识粗盐中的杂质和除杂的具体表现和学生对学习活动的评价。通过学生访谈发现，大部分学生能够从离子角度认识粗盐中的杂质；可能有少部分学生从分子角度认识粗盐中的杂质，但追问后该部分学生也能够从离子角度认识杂质。而且学生认为摆放磁扣的活动帮助他们理解固体氯化钠溶于水的过程，将微观过程形象化了。

表 2-6-1　"电离和离子反应"单元教学后学生访谈摘录

学生访谈记录 （学生深度学习结果）	学生访谈记录 （学生评价教学）
问题：现在你认为粗盐中的杂质是什么？你认为除去粗盐中杂质的思路是什么？ 学生 1：杂质是硫酸根离子、钙离子、镁离子，除杂是把不需要的东西从有用的东西中提取出来，而且不损害有用的物质。比如说氯化钠，我们可以增加它，但是不能通过反应使它减少。 学生 2：粗盐的主要成分是氯化钠，杂质包含氯化钙，氯化镁，硫酸钠，还有一些难溶性杂质，难溶性杂质过滤后就除掉了。剩下的这些物质，比如说氯化钙，可以用含碳酸根离子的溶液除去，生成难溶性物质碳酸钙。 追问 1：你怎么看氯化钙中的氯？ 学生 2：氯化钠本身就包括钠离子和氯离子，氯化钙中的氯离子并不影响食盐的物质组成，所以我们只考虑钙离子就可以了。	问题：你们印象比较深刻的活动是哪些？你们最有收获的活动是什么？ 学生 3：就是让我们用磁扣摆氯化钠溶于水的过程，把固体氯化钠到溶液中的溶解过程形象化了。 学生 4：我比较喜欢的是一步一步的分析过程。在初中的时候，把难溶性杂质过滤，当时我想（不出）可溶性杂质怎么除去。现在我们通过更深入、更生动的过程探究了粗盐中杂质的本质，以及如何才能把这些可溶的离子从粗盐中除去。

　　改进前课时 1 的学习目标是"能从微观角度想象并外显物质在溶液中的存在形态；能通过'导电→电荷的定向移动→存在自由移动的离子→电离'的推理路径论证自由移动离子的存在，建立电离概念并理解电离的过程，能用电离方程式正确表征电离的过程"。教师根据这些学生表现的证据反思教学，综合分析发现确立的学习目标已经明确定位学生要建立从微观角度认识物质在溶液中的电离，但是使用"想象并外显"这类词语，无法明确描述学生认识电离概念时表现出的化学学科核心素养的具体表现及进阶过程。据此，将课时 1 的学习目标修改为："能从微观角度认识单一物质（如 NaCl）和混合物（如粗盐）在溶解过程中发生的变化，认识到 NaCl 等物质溶于水后会形成自由移动的离子；能概括形成电离的概念，并用电离方程式表征电离的微观过程；能想象粗盐中 NaCl 溶解的微观过程，并寻找证据证明自由移动离子的存在。"

　　该单元的学习活动中，基于氯化钠溶液导电性实验的推理活动对学生认识杂质和除杂过程、理解电离概念非常重要。第一次教学实施时，根据学生表现发现学生在氯化钠溶液导电性实验和电离概念间缺少推理分析过程。第二次教学实施时提供知识支持，增加追问引导学生完成全面的推理过程，促进学生建构电离概念。详见表 2-6-2。

表 2-6-2 "电离和离子反应"单元中某个学习活动的改进

学习活动片段（第一次教学）	学习活动片段（第二次教学）
任务 2：为什么只有配成溶液才能发生反应，物质进入溶剂前后有什么不同？以氯化钠为例，从微观角度看，氯化钠进入溶剂前后有什么不同？ 预测：氯化钠固体中钠离子、氯离子不能自由移动；氯化钠溶液中的钠离子、氯离子能自由移动。 追问 1：如何证明溶液中的微粒能够自由移动？ 实验验证：氯化钠固体和氯化钠溶液的导电性。	任务 2：为什么只有配成溶液才能发生反应，物质进入溶剂前后有什么不同？以氯化钠为例，从微观角度看，氯化钠进入溶剂前后有什么不同？ 预测：氯化钠固体中钠离子、氯离子不能自由移动；氯化钠溶液中的钠离子、氯离子能自由移动。 追问 1：如何证明溶液中微粒能够自由移动？ 实验验证：蒸馏水、氯化钠固体和氯化钠溶液的导电性。
追问 2：为什么氯化钠固体不导电，氯化钠溶液能导电？ 追问 3：固体氯化钠进入溶剂后发生了什么变化？ 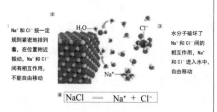 迁移应用：从微观角度看，氯化钙固体进入溶剂前后有什么不同？如何证明？ 氯化钙固体进入溶剂后发生了什么变化？如何表示这个过程？ 小结：电解质在一定条件下解离成能自由移动的离子的过程称为电离。表征电离过程的方程式叫电离方程式。	追问 2：为什么氯化钠溶液导电的现象能够证明溶液中钠离子和氯离子是自由移动的？你的推理过程是怎样的？ 知识支持：电流是带电粒子（自由电子或离子）的定向移动。 追问 3：固体氯化钠进入溶剂后发生了什么变化？ 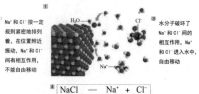 追问 4：经过分析和推理论证，再看氯化钠溶液，你看到了什么？ 总结性提问：哪些物质进入水中会发生电离，以自由移动的离子形式存在？ 小结：酸、碱、盐在一定条件下能电离形成能够自由移动的离子。

在教学反思和改进的过程中，要充分发挥学校教研组和教研团队的力量。学校教研组建立教师同伴共同备课、听课、研讨的机制，多名教师参与教学设计和教学实施过程。课堂教学实施后组织讨论，由教师同伴共同研讨教学设计和教学实施，提出改进意见。鼓励多轮次教学实施和多学校的教学实践，从纵向和横向多层次研讨改进教学。教师根据教学设计和教学实施的多方面证据和反思结果，对学习主题、学习目标、学习活动、评价、学习环境等多个要素，对教学设计和教学实施两个层面进行改进，并应用到不同班级的教学中。随着不同班级的多轮次教学实施，完成教学改进，并再次基于实践检验改进效果，以此实现持续改进。此外，借助区域教研的力量，在不同层次的学校，实施类似的教学设计，根据不同学校的学生实际情况适当调整，进一步探讨该学习主题的教学关键问题和教学策略。

三、反思性教学改进的诊断和优化

1. 反思性教学改进的检验

反思性教学改进是否基于学生学习的证据进行？反思的结果能否推动教学向促进学生深度学习的方向逐渐完善？要检验反思性教学改进是否科学有效，应从以下方面入手：反思应基于证据，根据学生的学习表现，评价学生深度学习的效果，持续性学习评价是反思的开端；反思应指向教学系统全过程，反思内容包括教学的多个要素和教学设计、实施的全过程；应根据反思结果即时开展教学改进工作，既包含教学设计和实施全过程的改进，又包含教学各要素的改进。反思性教学改进的检验如表 2-6-3 所示。

表 2-6-3　反思性教学改进的检验

要素	内容
基于证据反思	综合持续性学习评价的结果，根据收集到的真实、科学、有效的学生学习表现，分析学生表现是否体现了深度学习的特征，反思学生是否经历了深度学习，反思教学是否促进了学生核心素养的发展
反思指向教学系统全要素、全过程	围绕教学系统进行反思，横向反思引领性学习主题、素养导向的学习目标、挑战性学习活动、持续性学习评价、开放性学习环境等要素是否符合深度学习的要求，以及各要素间的一致性；纵向反思教学设计、课堂实施、教学完成后各个阶段的反思教学是否促进了学生的深度学习
动态改进教学	对教学设计和课堂实施全过程进行反思，根据反思结果即时提出改进意见，在教学设计和实施时即时改进教学；改进教学系统中某一要素的同时优化其他相关要素

2. 反思性教学改进的诊断与改进

以"电离和离子反应"单元为例，某教师完成了如下教学反思。

（1）教学前对以往教学的反思

以往教学分别以电解质、电离两个核心概念为核心开展离子反应的教学。以电解质为核心的教学，忽视了电离的功能价值，仅让学生简单记忆电离的概念和机械训练离子方程式的书写；不提供证据论证电离过程，忽视了对电离过程、电离本质的探究；不提供证据论证离子反应发生的本质，忽视了离子反应概念的形成过程。这种教学仅限于在学科本体上功能价值的开发与利用，忽视了电离在真实问题解决上的功能价值，且学生对电离的认识还是非主动的。以往的教学中均采用单课时设计，没有采用单元整体设计；只是在学科本体层面展开探究，忽视真实情境对学生认识发展的积极作用；均将课程标准要求的必做实验"用化学沉淀法去除粗盐中的杂质离子"单独以实验课的形式开展，忽视了对必做实验功能价值的开发。

（2）实施中基于学生表现对教学设计的改进与反思

为了更好地实现电离、离子反应概念和必做实验的功能价值，我们将核心概念电离、电解质、离子反应和课程标准要求的必做实验"用化学沉淀法去除粗盐中的杂质离子"进行整合，基于对真实问题"食盐精制"的解决，确立了单元学习主题；基于前测发现学生能认识到电解质溶液中存在离子，将第 1 课时的教学目标定为解决真实问题"除去粗盐中的杂质氯化钙"，促进学生深入、自发认识物质进入溶剂前后的不同，从而实现电离在真实问题解决上的功能价值。

教学实施前，我们设计了本单元的持续性学习评价，评价方式之一是课时作业。在第 1 课时的作业中有这样一道题："面对一瓶 Na_2SO_4 溶液，你能想到什么？你得到这些结论的依据是什么？请尽可能多地写出来。"我们期望学生能够从微观角度、电离的角度思考、回答该问题，并据此制订评标。通过对该作业完成的情况进行分析发现，仅有 1 名同学自发从微观角度认识物质。反思课堂教学，我们设计了让学生再看氯化钠溶液的活动，学生也能够从微观角度认识氯化钠溶液，但却是在教师提示认识角度的前提下；而该作业没有给学生提示认识角度，这种设计对于学生难度较大。可以有两种改进方案：一是改进教学设计中的挑战性学习活动，更换不同的电解质溶液，给学生搭建认识台阶，要求学生说明判断依据；二是改进作业的呈现方式，提供提示角度和不提示角度两种情形的作业，综合评价学生的学习情况。

该教师在教学设计前反思了以往教学设计的优缺点，包括反思以往教学中核心知识的处理方式对学生核心素养的发展功能，以往教学中采取的教学方式和教学策略是否有助于学生进行深度学习，并根据对以往教学的反思，提出了本次教学的改进方面。

通过分析发现，该教学反思主要改进本次教学的学习主题、目标、活动要素的内容，但缺少对学习环境要素的改进以及多个要素关联一致的教学系统的改进。该教师能够在教学设计前、课堂教学实施后反思并提出改进建议，但缺少对教学设计后、课堂实施过程的反思与即时调整。该教师能够根据学生完成课时作业的表现性评价结果，结合课时作业和课堂教学实施过程，反思学生出现这样的学习表现的原因并提出进一步改进的建议。该教学反思能够体现"基于证据的反思"，但是学生表现证据不足，缺少学生课堂表现、学生访谈等多种证据源，有待进一步完善。该教学反思停留在对已经开展的教学设计和实施的反思，缺少对实施过程的即时反思和对动态调整教学的反思。

根据前文对反思性教学改进的要求，我们对教学反思的方式和内容做了进一步完善，形成贯穿教学前、教学设计、教学实施、教学实施后，覆盖教学各要素的反思与改进。完善后的反思性教学改进内容参见本节内容"反思性教学改进的举例分析"（见第 156 页）。

四、问题解析

高中化学深度学习项目组在开展教学改进案例研究中组织指向深度学习的化学教学设计的教师培训活动，通过教师访谈抽提概括出教师在进行反思性教学改进时常遇到的问题：缺少充足的学生学习表现证据、教师群体的循证素养不足、缺少基于证据进行反思的支持系统。

1. 缺少充足的学生表现证据

证据为教师开展教学反思和改进奠定了坚实基础。基于证据的反思能否有效指导教学改革，取决于证据的相关性、充分性和真实性[1]。课堂教学具有的即时生成的特点，对教育工作者收集学生证据的方法和技术提出了较高的要求，教师需要不断地学习和应用专业的数据收集技术才能及时捕捉和准确分类整理学生的学习表现证据。此外，尽管已有的教育教学问题的研究结果和学生测评数据为教学提供了科学且有效的证据，但是很多学校和教师对收集、整理和不断更新这些证

---

① 许爱红. 基于证据的教育及其对我国教育发展的启示 [J]. 教育理论与实践，2011，31（25）：16-19.

据往往不够重视，特别是基于核心素养的表现证据。

首先，教师需要持之以恒地收集学生的核心素养表现证据。反思的价值仅靠一时一地难以实现，需要坚持不懈，不断积累不同层次、不同阶段学生的学习障碍、思维方式等学习表现。大多教师不能长久坚持，主要原因是缺乏对证据重要性的认识，部分教师认为收集证据比较麻烦，需要耗费较多时间和精力。其次，教师需要学习和应用专业的设备和工具，如借助现代信息技术及时获取学生证据。建立学生学习表现的数据库是推进基于证据的教学反思的重要支撑，而新兴教学设备的蓬勃发展为证据库的构建带来了先进方式，教师需要及时学习相关技术并更新获得证据的手段，如虚拟现实技术可以捕捉学生的面部表情和肢体语言等数据来判断学生的学习投入程度[①]；眼动追踪技术能够可视化追踪学生的学习过程，是探索学生认知活动的有效方法[②]。最后，教师需要定时整理相关证据，提升自我反思的品质。教师需要对反思证据进行定期整理，起到"温故而知新"的效果，进而做出更客观的评价与反思。

2. 教师群体的循证素养不足

循证教学，即基于证据的教学，是教师个体经验、教学智慧与教学证据有机融合的教学形态，亦是教师主体基于证据开展教学活动的过程，旨在促进教学的科学化与艺术化、科学性与人文性、预设性与生成性的有机统一[③]。基于证据反思和改进教学是循证教学的重要体现，教师的证据获取和运用的能力、教学研究能力、信息素养等直接决定了反思性教学改进的成效，因此，提高教师的循证素养是反思与改进教学的根本保障。然而在实际教学中很多一线教师尚未理解循证素养对教师专业发展的促进作用，同时缺少教师基于证据的反思和改进的实践案例以供教师群体进行参考学习。

---

① 屠明将，刘义兵，吴南中．基于 VR 的分布式教学：理论模型与实现策略［J］．电化教育研究，2021，42（1）：97.

② 吴娅妮，李远蓉，王强．九年级学生三重表征转换能力的发展过程：基于眼动的证据［J］．化学教育（中英文），2021，42（1）：42.

③ 郑红苹，崔友兴．"互联网+教育"下循证教学的理念与路径［J］．教育研究，2018，39（8）：102.

为了提升教师群体的循证素养，首先，教师应秉持开放的教育观念。在互联网普及的当下，教师可以借助现代信息技术丰富教育证据，并基于证据改进教学。因此只有秉持开放的教育观念，教师才能更好地"跳出教学看教学"，从多个视角反思和改进教学。其次，教师应对证据给予重视。学习者特征、教学活动以及学生的学习结果等都能够转化为教学证据，从而帮助教师进行反思和决策。因此教师应对证据保持敏感和重视，善于从师生交流、教学内容、教学情境等方面提取所需的证据。最后，教师应形成系统化、整体化的教学思维。只有形成系统的教学思维，教师才能有效地整合学生的发展情况、教学的时空、获得的证据等多种要素，进行反思和改进；从整体考量教学设计和实施，有助于教师寻找和揭示多方面教学证据的内在联系，从而有效地推进基于证据的教学反思。

3. 缺少基于证据进行反思的支持系统

学校和相关部门的支持是教师和教师共同体开展反思性教学改进的保障。在开展实际工作时，很多教师背负着行政限制和工作负荷两座"大山"。行政限制主要指部分学校或管理者可能没有充分意识到反思对教学改进的作用或者对反思性教学改进的理解不到位，导致他们认为反思必须产出可量化的结果而没有将反思作为教师专业技能的一部分；工作负荷主要指教师经常受到职业生活中较大工作量的限制，受制于授课、书写计划以及班级管理等任务要求，因而很难分配给反思足够的时间和精力。

学校应当为教师的反思性教学改进建立完善的支持系统。首先应善于为教师"松绑"，给予教师充足的时间和空间进行反思。其次，学校可以通过定期召开教研沙龙、在网络平台开辟教师反思专区、组织研讨会议或专题讲座等方式，让教师熟悉反思性教学改进的理论和实践策略，并向教师提供反馈，提高教师的积极性，让反思焕发活力。最后，应在全校内营造教学反思的氛围，将反思性教学改进作为教师教学研究的制度之一，建立教师反思和改进的专业能力培养机制，充分发挥教研团队中善于反思的教师的引领作用。

进行教学反思的实践经验

北京市海淀区教师进修学校　尹博远

1. 教学反思的层次与要点

教学反思是深度学习的重要组成部分，是教学改进的起点和内生动力，是教师专业成长与发展的阶梯。教学反思不是随意的，而是一项系统的专业行为，具有一定的层次和结构。基于教学反思的核心关注点，由具体到抽象可以将教学反思划分为四个层次，分别是教学效果、教学行为、教学理解和教育信念，如图 2-6-1 所示。

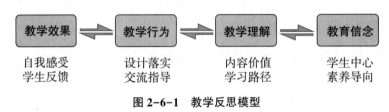

图 2-6-1　教学反思模型

第一层次的教学反思是以教学效果为核心关注点的，也是最具体、直接的。教师上完课后会自发地形成关于教学效果的自我感受，之后通过答疑、作业等途径，教师也会获得学生对教学效果的反馈。这个层次的教学反思生动、具体、时效性强。有经验的教师往往可以通过学生在课上的眼神、回答和活动表现做出判断，但这种反思结果比较零散，需要及时回顾和记录，否则容易遗忘，难以真正指导教学改进。

第二层次的教学反思是以教学行为为关注点的。教师一方面要反思教学设计的落实情况，回顾和分析超出预期的行为及其原因（超出预期是正常的，回顾的目的不是消除意外，而是增强教师的预见力、洞察力和教学灵活性）；另一方面要关注课堂上生成性的师生交流、点评、指导和小结。这个层次的教学反思既具体又系统，主要聚焦"挑战性学习活动"和"持续性学习评价"，是对深度学习教与学过程的全面审视。

第三层次的教学反思需要教师跳出具体的教学行为，要回溯"为何要如此设计和实施教与学的活动"。教师一方面要反思学科内容的功能价值是否得以体现，对功能价值的理解是否合理、到位；另一方面要反思学习路径是否顺畅、有层次，问题解决思路和学习进阶的预设是否合理等。在这个层次上，教学反思重点聚焦"引领性学习主题"和"挑战性学习活动"及其关联和一致性。第三层次教学反思的核心是通过教学行为及其效果来明晰、验证自己对学科和学科教学的理解。

第四层次的教学反思更加上位，教师需要追问自己的教育信念，并审视教育信念在具体教学理解、行为中的真实体现。这个层次的教学反思会反复交织于四个深度学习核心要素间，首先通常会审视自身对"引领性学习主题"和"素养导向的学习目标"的理解与认同，接着关注在"挑战性学习活动"和"持续性学习评价"中实际体现出来的教育信念，之后再反思它们之间的一致性并追问原因。通过这种反思，教师才能真正将深度学习的理念内化，并形成个性化的教学阐释。

2. 通过系统反思促进教学改进和教师发展

"反思性教学改进"是深度学习的两个支持性要素之一，是深度学习能够持续迭代和改进的重要保障。多层次的教学反思可以促使教师从最直观的教学效果关联教与学行为，并逐渐透视自己的教学理解和教育信念，一方面促进教师的专业成长与发展，另一方面促使教师有效开展促进深度学习的教学改进。

图 2-6-1 所示的教学反思模型可以为教师提供归因和教学改进的框架。在第一层次教学效果的反思中，教师应从知识、能力表现、学习状态等多角度综合审视教学效果，避免单纯考虑知识的习得。特别要留意和反思在何种情况下，学生的知识学习和能力、积极性提升可以兼得；在何种情况下学生只是暂时掌握了知识，但学习状态糟糕；在何种情况下，学生看起来状态不错，但知识掌握和能力表现却不如人意。之后教师应关注教学行为与教学效果之间的关联，主要从自身教学行为上进行内向归因。在第二层次教学行为的反思中，通常应围绕挑战性学习活动，系统反思以下问题，详见表 2-6-4。

表2-6-4　系统反思问题

问题类别	具体问题
教学设计 （预设的）	提问能否吸引学生兴趣并驱动学生思考？ 问题和活动的要求是否明确，学生是否有偏差理解？ 活动所需的资料准备是否充分，活动中是否需要提示？ 是否为师生交流提供了时间等软硬件保障？
教学实施 （现场生成的）	学生活动过程中，教师是否了解了学生的观点、逻辑和困惑？ 教师是否通过学生活动获取了评价所需的信息？ 学生遇到问题时，是否提供了有效帮助？ 交流对话过程中，是否听懂了学生观点和逻辑，是否给出了恰当的点评和点拨？ 小结是否在整合了知识与思路方法的同时，回应了学生的观点和困惑？

在反思上述问题时，应定位是教学设计还是教学实施产生的效果或问题，定位后再关联教学设计、教学实施的相应细节，增强教学改进的针对性。接下来，教师进入第三层次的反思，思考自己对学科内容功能价值的理解是否合理，是否通过合理的学习路径规划让学生能够收获对学科内容功能价值的理解。特别是当学生没有表现出学科思维、学科方法和态度价值观时，教师需要反思自己是否缺乏对这些方面的关注，还是虽然关注了但学习路径设计不当。第三层次的反思帮助教师跳出具体的教学行为，从一节课到一系列课，是教师从教学直觉走向教学理性的关键一步。最终，一部分教师可以通过第四层次的反思，明晰自己实践中的教学取向、判断、选择和坚持，并且在持续的实践中与深度学习的理念互动，逐渐用自己的方式真正地、个性化地阐释"学生为中心"和"素养导向"的教育意涵，并真正指导自身的教学理解与教学行为。

第三章

高中化学深度学习的
关键问题与教学策略

高中化学学科的不同内容主题都具有独特的教学内容和化学学科核心素养的培育价值。每个内容主题的教学都有独特的教学关键问题和教学策略。此处的"关键问题"是指对培养学生核心素养有着重要影响的教学问题，它与一般意义上关于具体知识点的、琐碎的、零散的教学问题有着本质区别，它指向选取对学生发展有价值的核心学习内容、引导学生形成学科思想方法、支持学习目标的教与学活动、全过程持续性的评价①。为了解决关键问题，教师需制订针对性教学策略。"教学策略"是指建立在一定理论基础之上，为实现某种教学目标而制订的教学实施总体方案②。本章的教学策略建立在深度学习理论基础上，指向高中化学内容主题教学中的关键问题。

本章按照高中化学的内容主题，分别从"无机物""化学反应原理""物质结构与性质""有机化学基础"四部分展开教学关键问题与教学策略的论述。

第一节　无机物主题的关键问题与教学策略

学生对于无机物的学习是一个连贯的过程。在义务教育阶段，经过对氧气、二氧化碳等典型物质性质的学习，学生获得了研究单一物质性质的思路方法；通过学习金属、酸、碱、盐等各类物质的性质，知道同类物质在性质上具有一定的相似性，获得了从物质的共性和差异性认识一类物质性质的方法，逐步掌握了通过观察、实验及对事实进行归纳概括、分析解释等认识物质性质的基本方法；知道物质具有广泛的应用，建立物质性质决定用途的观念。

在高中化学课程中，关于无机物主题的学习，主要集中在必修阶段，位于高中化学课程标准必修课程"主题2：常见的无机物及其应用"。课程标准通过"内容要求"提出了无机物内容主要包括钠、铁、氯、氮、硫及其重要化合物的主要性质。"学业要求"中重复出现的"物质类别""元素价态"表明了无机物主题中研究物质性质和物质间

---

① 罗滨. 初中化学教学关键问题指导［M］. 北京：高等教育出版社，2015.
② 顾明远. 教育大辞典［M］. 上海：上海教育出版社，1990.

转化的认识角度和思路;"预测物质的化学性质和变化,设计实验进行初步验证""能分析、解释有关实验现象""分析实验室、生产、生活及环境中的某些常见问题"提出了物质性质及其转化的核心任务;"对生态环境的影响""绿色化学""保护环境"等关键词表明了要求学生合理应用物质及其变化解决问题,树立可持续发展的观念。无机物主题承载元素观、转化观和可持续发展观念,指向核心素养的表现性要求为:建立依据物质类别、元素价态研究物质性质、设计物质间转化的思路和方法;依据物质类别、元素价态解决物质的制备、分离、检验等问题;具有可持续发展观念,科学合理应用物质,考虑其对生态环境的影响,体会化学学科在促进人类发展和解决环境问题中的重要价值。

为了落实课程标准的要求,在无机物模块的教学中,需要解决的关键问题是:(1)无机物主题中,学生的能力素养进阶是怎样的?如何基于能力素养进阶开展无机物大单元的教学?(2)如何充分发挥实验的功能价值,促进学生学习无机物主题所需能力素养的持续发展?(3)如何提升学生应用物质性质及转化关系解决真实问题的能力?

一、促进学生无机物认识方式的持续进阶

1. 高中必修阶段无机物认识方式的水平进阶

课程标准明确规定了学生应形成的无机物认识角度和思路,以及无机物专题的能力素养表现,已有理论和实践研究对学生无机物能力素养的进阶达成共识。为了促进学生在无机物主题的深度学习,首先要明确学生在该主题内的能力素养进阶过程,才能根据课程标准和教科书系统设计符合学生能力进阶路径的深度学习过程。

课程标准提出了学生解决无机物问题所需能力素养的最终表现和学生能力发展进阶的关键点。课程标准必修课程的"主题1:化学科学与实验探究"部分,明确要求学生"了解实验、假说、模型、比较、分类等方法在化学科学研究中的运用",这就意味着在义务教育的基础上,学生继续发展应用实验、比较、分类等方法研究物质性质,对这

些基本方法进行整合，更科学、合理地研究物质，巩固和发展具体物质类比的认识方式。课程标准必修课程的"主题2：常见的无机物及其应用"中提出的"元素与物质""氧化还原反应"等内容要求，提出了学生应建立认识无机物的角度和思路，建立从物质类别和元素化合价的角度认识无机物性质及转化的思路方法的要求；"金属及其化合物""非金属及其化合物"围绕具体的核心元素，让学生自主建立、应用物质类别和化合价角度研究物质性质和转化问题的思路，解决真实问题。课程标准必修课程的"主题3：物质结构基础与化学反应规律"部分的"原子结构与元素周期律"内容拓展学生基于物质类别和化合价角度研究物质性质和转化的思路，增加了周期律的视角。学生在无机物主题中所应发展的能力素养进阶过程如图3-1-1所示。

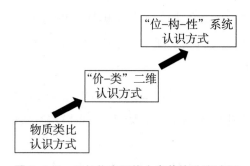

图 3-1-1　无机物主题能力素养的进阶过程

　　教科书作为课程标准向教学转化的重要载体，根据学生的无机物主题能力素养进阶过程组织编排知识内容和重要的学习活动。核心素养导向的课程和教学，重视发挥核心知识的教学价值，实现核心知识对学生认识方式发展的积极作用。概念原理内容通常属于核心知识，具有促进学生对物质及其变化的认识方式发展的教学价值。鲁科版高中必修教科书对无机物内容与概念原理内容进行了合理的组织编排，使二者相辅相成，共同促进学生无机物认识方式的持续进阶（见图3-1-2）。

　　鲁科版教科书必修第一册围绕无机物主题分为3章，包括研究物质性质的方法和程序，物质分类和氧化还原反应的概念原理，含铁、硫、氮物质的性质和转化；必修第二册包括原子结构，元素周期律、表，分别对应学生无机物能力素养发展进阶的关键点。具体的组织编

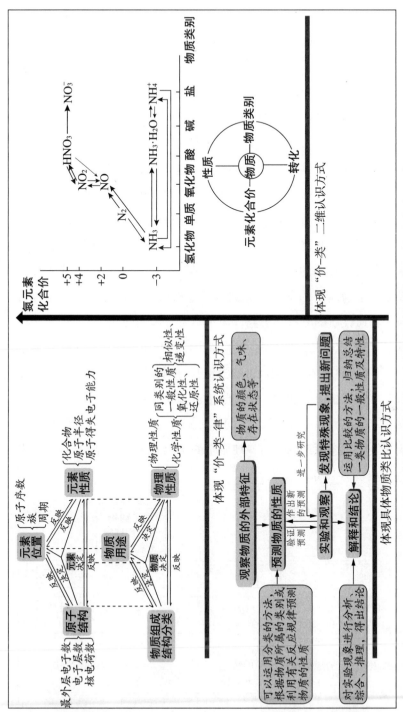

图3-1-2　鲁科版高中化学必修教科书呈现的学生无机物认识方式的进阶

排图详见图 3-1-3。鲁科版必修教科书将钠、氯元素及其化合物放在第
1 章第 2 节 "研究物质性质的方法和程序"，通过研究金属钠的性质引
导学生体验研究物质性质的科学方法，通过对氯气性质的探究，引导
学生体验如何运用研究物质性质的程序、怎样处理程序中每个环节中
的具体问题。通过微项目 "探秘膨松剂"，引导学生在真实情境下识别
核心物质碳酸氢钠，依据研究物质性质的方法和程序，结合真实问题
与现象，研究碳酸氢钠和碳酸钠的性质，进而实现科学合理使用膨松
剂。通过物质分类、氧化还原反应的学习，引导学生从物质类别、元
素化合价角度认识物质。通过微项目 "科学使用含氯消毒剂"，给学生
提供机会应用认识角度，从物质类别、元素化合价角度预测含氯消毒
剂有效成分次氯酸钠的性质，提升学生探究陌生物质性质的能力。借
助铁及其化合物性质的学习，促进学生建构从物质类别和元素化合价
角度研究物质性质的方法和思路。通过学习 "硫的转化"，促进学生进
阶到基于 "价-类" 认识方式在实验室中设计和实现物质的转化。通过
学习 "氮的循环"，在解决真实问题的过程中构建含氮物质之间的转化
关系，学习含氮物质的性质，促进学生进阶到自主运用 "价-类" 认识
方式解决真实情境中的物质转化问题。通过原子结构、元素周期律、
元素周期表等概念原理的学习，使学生的认识方式从 "价-类" 二维发
展到 "位-构-性" 系统认识。

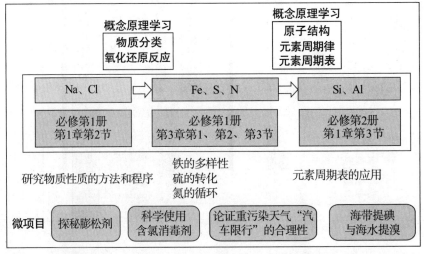

图 3-1-3　鲁科版高中化学必修教科书无机物的组织编排

2. 让学生充分使用无机物认识方式分析解决问题

促进学生深度学习的无机物教学，应充分外显学生对无机物的认识方式，顺应学生学习无机物主题的能力进阶过程，促进从知识到素养的转化。认识方式具有一定的稳定性和较强的功能性。无机物认识方式的发展和应用，应该贯穿在整个学习过程中，充分用于解决问题，进而形成更加稳定、自主化的思维方式。研究物质性质的两个基本角度——物质类别和化合价，是教师需引导学生形成的解决无机物问题的角度。教师在设计和实施教学时，要以促进学生建立物质类别和化合价的角度和思路为核心教学目标，为学生提供建立和应用思路方法的任务和开放空间，为学生提供自主构建铁、硫、氮等核心元素"价-类"二维关系图的机会，学生应用二维图设计方案、开展实验、分析真实问题，通过多种方式外显思维过程。二维图的建立过程不是一蹴而就的，可以从不同的路径入手。不同单元对学生建立和应用二维图的要求也不同，例如，铁及其化合物的教学，注重以单一物质研究性质的学习路径，在充分研究各个含铁物质性质的基础上，建立铁元素的二维图；硫及其化合物的教学，注重研究含硫物质转化的学习，从物质类别和元素化合价角度，在实验室设计和实现含硫物质转化，进而构建硫元素的二维图；氮及其化合物的教学，基于实际问题解决的需要，设计并实现含氮物质的转化，进而构建氮元素的二维图。

"价-类"二维知识结构框架，不仅在总结和复习阶段需要绘制，在新授课阶段同样需要构建；"价-类"二维知识结构，不是静止的知识结论，而是动态的解决问题的方向和路径，更应该用于分析解决物质的保存和制备、酸雨的防治、氮氧化物的消除等实际问题。例如，不是在学习了氮及其化合物的性质之后，学生才能设计含氮物质的转化。相反，教师可以引导学生应用价、类角度自主预测并设计含氮物质的转化。遇到"异常"实验现象，也可以引导学生从价、类视角进行分析。例如，若学生预测亚硫酸钠应该跟二氧化硫一样，能够与硫化钠溶液反应生成硫单质，但实验结果表明没有出现淡黄色沉淀。此时应如何分析？从价、类角度分析，亚硫酸钠和二氧化硫同样含有+4价硫元素，但物质类别不同，二氧化硫是酸性氧化物，在水溶液中呈酸性，亚硫酸钠属于盐，在水溶液中不显酸性。这样就发现了二者的区别，进而预测可能是酸性环境导致了差异，设计实验进行验证。这就是充分应用认识方式来分析解决问题。

此外，在不同阶段尽可能应用匹配的认识方式解决问题。例如，在铁、硫、氮及其化合物的学习中，学生应该建立"价-类"二维认识方式，不能仍用具体物质类比的方式去认识物质性质。例如，分析二氧化硫性质的时候，不能只引导学生与二氧化碳进行类比推测出二氧化硫与水、氢氧化钠溶液的反应，更应该从酸性氧化物物质类别的角度预测二氧化硫的性质；梳理氮气、一氧化氮性质的时候，不能只强调能够与氧气发生反应，更应该从化合价角度分析氮气、一氧化氮的还原性。

3. 促进学生无机物认识方式的发展

学生对无机物认识方式的发展进阶需要教师持续的引导和反馈。教师要在整个无机物大单元的教学中，通过物质性质预测、物质转化的分析与设计等路径，借由自主活动、师生对话交流、习题反馈等多种方式和途径，探查学生无机物认识方式的水平，诊断是否能够自主调用认识角度，是否能够完成预测、选取试剂、基于实验现象推理分析得出结论的完整过程，是否能够用于陌生物质的性质研究或者转化设计，是否能够在真实复杂问题情境中进行系统推理分析；根据诊断结果，进行针对性反馈和指导，借助学生的分析过程、板书的演示、教师的示范，使学生感知到自身的发展和存在的不足。认识方式的发展，需要不断地实践、反思、再实践，才能够在综合复杂陌生环境中，自主调用认识方式解决问题。

为了更好地探查学生的无机物认识方式，教师需要设计具有诊断性的学习活动。例如，在没有提示的情况下，学生自主预测 H_2O_2 的性质，通过学生汇报预测的结果和依据，诊断学生是否具备了从化合价、物质类别的视角预测物质性质的能力。当有了诊断性学习活动后，在实施的过程中，还需要充分外显学生的思维过程。当学生汇报时，教师不能满足于得到正确答案，更重要的是追问学生的分析、推理过程。例如，当学生自主预测到 H_2O_2 可能具有氧化性、还原性时，通过追问会发现学生的自主预测水平分为三种：（1）基于已知的具体化学反应，初中学习过的双氧水分解生成氧气的化学反应进行预测；（2）逐一分析 H_2O_2 中两种元素，认为氢元素、氧元素的化合物都有升高或者降低的变化趋势；（3）抓住 H_2O_2 的核心元素——氧，分析化合价升高或者降低趋势。当学生汇报预测的结果时，如果教师不进行追问，就很难发现较多学生没有抓住核心元素分析化合价升降趋势，进而预测物质的氧化性或还原性这一学习表现。

二、促进学生充分体验的实验活动设计与实施

"活动与体验"是深度学习五个特征中一个重要的特征，强调了学生主动参与、全身心投入的深度学习状态，是学生进行深度学习的必经过程。化学实验是解决化学学科问题的重要途径，学生在高中化学深度学习的过程中必然要经历以化学实验为主的探究和实践活动。无机物主题因其关于物质性质与转化研究的特殊性，需要依据化学实验现象推理论证促进学生的认识发展，同时该部分内容也承载着学生实验探究素养发展的功能。因此，无机物主题的教学，要充分开展学生的实验活动，实现学生的充分体验，促进深度学习。

1. 明确实验活动的功能价值

课程标准"主题2：常见的无机物及其应用"的"教学策略"中提出"重视开展高水平的实验探究活动"，提示无机物教学不仅关注实验探究，更强调开展高水平的实验探究。要衡量实验活动的设计与实施对学生的深度学习是否有效，首先要明确实验活动的功能价值（见图3-1-4）。

实验活动的功能价值与核心知识相关联。基于核心知识开展的实验活动，其功能价值表现为学生的核心素养的发展。因此在确立引领性学习主题阶段，建构知识结构时应分析具有统摄功能的核心知识的价值，关注实验活动对发挥核心知识的价值的作用；确定引领性学习主题的核心素养表现时，应分析实验活动对核心素养发展的贡献和学生完成实验活动时的核心素养的具体表现。设计素养导向的学习目标

阶段，应将实验活动作为载体，结合学情，分析实验活动承载的核心素养的具体表现水平，表达呈现并论证成为学习目标的内容。实验活动的功能价值可通过分析课程标准"内容要求"中的"学生必做实验"的功能，或分析教科书中相关实验的章节内容组织逻辑来获得。

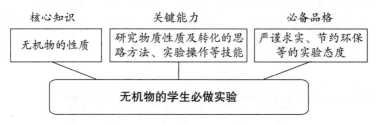

图 3-1-4　无机物主题实验活动的教学功能

学生必做实验"亚铁盐和铁盐的性质"（见图 3-1-5），不但承载铁盐、亚铁盐的物理性质、化学性质等核心知识，还帮助学生建立基于物质类别和元素化合价视角研究物质性质的思路方法。学生不但能够运用"价-类"二维视角自主预测物质的性质，还能够选取合适的试剂并预测产物及实验现象，能够实施实验并结合实验现象的证据得出结论。此外，这个实验活动还培养学生仔细、如实观察记录实验现象的习惯，以及自主分析实验现象并进行证据推理的能力。

2. 设计实验活动的展开方式，促进学生主动、全身心参与

高水平的实验活动，不是单纯的教师演示或在教师指挥下的学生操作，而是要根据实验目的和学生的能力水平，确定实验活动方式和开放度，尽可能给学生提供充足的实验活动机会和完整表达观点的机会，让学生充分、自主参与实验活动，这也正是深度学习的"活动与体验"特征的要求。设计挑战性学习活动时，应将实验活动纳入单元学习活动整体规划中进行论证。设计持续性学习评价时，应关注实验活动的评价内容和评价指标、评价标准、评价反馈方式。设计开放性学习环境时，应创新实验活动的内容和形式，将实验活动和物理环境、虚拟环境融合，通过多样化的交互方式发挥实验活动的功能价值。例如，将传统实验与数字化实验相结合，数字化实验中的曲线变化更直观反映了化学变化的过程；有危险性的实验可以采用虚拟现实设备或

◢▓ 活动·探究

亚铁盐和铁盐的性质

实验目的

以硫酸亚铁、氯化铁为例，通过实验探究亚铁盐和铁盐的性质。

实验用品

FeSO₄溶液，FeCl₃溶液，NaOH溶液，酸性KMnO₄溶液，氯水，KSCN（硫氰酸钾）溶液，KI溶液，淀粉溶液，铁粉，锌片，铜片；

试管，胶头滴管，镊子，药匙。

性质预测

预测硫酸亚铁、氯化铁分别具有怎样的性质，并说明预测的依据。

> ⚠ **安全提示**
>
> 氯水、稀硫酸、酸性KMnO₄溶液等具有腐蚀性，取用时应避免沾到皮肤或衣服上；若沾到，请立即用大量清水冲洗。

实验方案设计及实施

物质	预测性质	选取试剂	实验现象	结论及离子方程式
硫酸亚铁				
氯化铁				

·方法导引·

研究物质性质的两个基本角度

在研究物质的性质时，可以从物质类别、物质所含核心元素的化合价这两个基本角度预测物质可能具有的性质，并通过实验进行验证。

Fe³⁺的检验

依据Fe³⁺与SCN⁻反应使溶液显红色的性质，可以用KSCN溶液检验Fe³⁺的存在。

FeCl₃溶液　　滴加KSCN溶液　　反应后溶液显红色

图 3-1-5　鲁科版教材中"亚铁盐和铁盐的性质"学生必做实验

在虚拟实验室完成。

　　教师承担引导者和反馈者的角色，示范实验操作，引导学生小组合作，解决小组合作中的关键问题，推动学生实验活动顺利进行。教师给学生独立完成实验和主动解决问题的机会，对学生进行针对性反馈和指导；学生汇报小组的实验结果时，应让学生能够说出完整的思路，引导学生进行总结反思，明确落实实验问题解决的角度和思路。

例如，学生必做实验"亚铁盐和铁盐的性质"中，学生研究硫酸亚铁的性质时，自主预测并选取试剂设计实验；在学生给出思考结果时，教师进一步追问以帮助学生建立基于物质类别和元素化合价研究物质的角度和完整思路。当学生预测出硫酸亚铁具有还原性时，教师追问"为什么具有还原性"，并且让不同水平的学生做完整的、充分的说明论证，随后教师进行总结、反馈和板书记录；选择试剂环节，教师追问"为什么选择这个试剂""该试剂为什么具有氧化性"等，这样不仅能探查不同水平学生的障碍点，而且能外显学生的具体思路，有助于教师给予针对性的反馈、示范和指导；在实施实验环节，学生根据自主设计的实验方案进行实验操作，教师为学生准备多种试剂，学生以小组为单位进行真正的动手实验操作、实验现象记录、实验结论汇报等。学生汇报小组的讨论结果或者实验结果时，应让学生有机会说出完整思路，引导学生进行总结反思，明确落实分析解决问题的角度和思路。

三、实际问题解决能力与无机物认识方式的融合发展

无机物主题的内容，涉及社会生产、生活的多个方面，与实际问题解决联系紧密。实际问题解决是促进学生核心素养发展的重要途径。课程标准"基本理念"部分提出：重视开展"素养为本"的教学，"倡导真实问题情境的创设"。课程标准的"内容要求"多次强调"结合真实情境中的应用实例""在生产中的应用和对生态环境的影响""认识物质及其转化在促进社会文明进步、自然资源综合利用和环境保护中的重要价值"，"学业要求"中提出"能根据物质的性质分析实验室、生产、生活及环境中的某些常见问题""能说明常见元素及其化合物的应用（如金属冶炼、合成氨等）对社会发展的价值、对环境的影响。能有意识运用所学的知识或寻求相关证据参与社会性议题的讨论（如酸雨和雾霾防治、水体保护、食品安全等）"，"教学策略"中特

别强调"紧密联系生产和生活实际，创设丰富多样的真实问题情境"。"学习活动建议""情境素材建议"更是提供了丰富的实际问题解决的素材。鲁科版教科书不仅通过三级标题和正文阐述真实问题，如"酸雨及其防治""人类活动对氮循环和环境的影响"，还有实际复杂问题的实验探究和交流活动性栏目，如"补铁剂中铁元素价态的检验""模拟闪电固氮""谈谈氮循环对人类社会和自然环境有怎样的影响"等。教科书中的习题既注重基础知识的落实，又加大了综合复杂实际问题解决类任务的比重，有助于进一步提升学生的核心素养。例如，印刷电路板制作及其废液处理，二氧化硫"功与过"的探讨、氨氮废水的处理、科技阅读——雾霾等。教科书中的微项目"论证重污染天气'汽车限行'的可行性"、课题研究"菠菜补铁"等，更是凸显了通过真实复杂问题的分析解决综合提升学生的核心素养的理念。

高中化学深度学习强调学生经历深度学习后要达到的学习结果包括"形成解决问题的思路方法""内化科学态度与社会责任"，体现高中化学深度学习特征中的"指向化学问题解决的迁移与创新""体现社会责任的价值与评判"。实际问题的解决过程要求学生将实际问题转化为化学问题（如，将"硫酸型酸雨是如何形成的？"转化为"二氧化硫在大气中如何转化为硫酸？"），调用无机物的认识方式解决化学问题（如，学生从物质类别和元素化合价视角设计和分析二氧化硫转化为硫酸的多种路径），创新性地迁移应用深入理解的知识。在此过程中，学生经历迁移创新，体会化学对解决社会问题的重要作用，真实体验化学在解决实际问题中的价值，从而形成社会责任的价值与评判。教学中常将实际问题作为简单的引入情境，并未发挥实际问题的统摄作用，或仅满足实际问题解决的需要，忽略学生的无机物能力素养的发展，导致实际问题解决与无机物认识方式发展相对孤立。此外，教师往往选用较多的实际问题情境来引出物质及其性质，这些问题情境发挥的作用较弱，与学生核心知识的学习、解决问题的思路方法、必备品格的培养关联较弱。因此，无机物的教学，既要遵循真实问题解决的一般过程，又要兼顾学生在问题解决的过程中深入理解核心知识、发展核心素养的目标。

1. 精心选取实际问题，论证实际问题的针对性和适宜性

根据课标、教科书、教学经验等来确定实际问题素材时可以遵循以下三个标准：首先，需要分析实际问题解决过程涉及的必修课程中元素化合物的核心知识。例如，如果确定的实际问题是"港珠澳大桥合金材料的选择"，该实际问题探讨的合金，学生主要在初中化学中学习，与高中必修课程中铁盐、铁的氢氧化物等重要内容的关联较少。其次，实际问题的解决过程与研究无机物性质及转化的角度和思路匹配，也就是学生能够将实际问题转化为研究物质性质及转化的化学问题，需要调用研究无机物的角度和思路解决问题，选取的实际问题能够承载研究无机物的关键能力发展。例如，实际问题"工业制硫酸""汽车尾气的处理"承载着研究无机物性质及转化的角度和思路，需要学生将实际问题转化为硫酸的生成问题和氮氧化物的消除过程，从化合价和物质类别的角度分析、设计含硫物质和含氮物质的转化，此过程调用研究无机物的角度和思路。再次，选取的实际问题具有一定的社会生产生活价值，有助于培养学生的价值观念和必备品格，能够促进学生体会化学的使用价值和创新性，促使学生科学合理地使用物质。最后，选取的实际问题还应激发学生的兴趣，具有可操作性，具备充分的素材资料，能够在课堂教学中开展实际问题解决活动。

依据上述要点，教师可以对课标和教科书中的实际问题，或者自主查找的实际问题，进行论证，确定其是否适用于课堂教学，避免选择的实际问题缺少针对性和适宜性。

2. 分析认识方式的发展过程，与真实问题解决过程相融合

学生形成认识无机物性质及转化的角度和思路，需要经历初步建立、深入理解、简单应用、迁移创新应用的活动路径。教学需要给学生提供这样一系列的学习活动历程，才能促进学生真正建立相应的角度和思路；学生在其他的情境中，才能自主调用角度和思路分析解决问题。

真实问题解决过程，必然具有问题解决逻辑，即面对实际问题，需要依次解决哪些子任务，才能最终实现解决问题的目的。在开展实

际问题解决教学时，希望学生经历的是高水平的问题解决过程，据此提炼概括形成一类问题解决的思路框架，进而迁移到其他实际问题情境中。因此，无机物认识方式的发展过程与实际问题解决过程，两者需要匹配、融合，才能通过实际问题解决教学，实现学生研究无机物的关键能力的发展。这就需要在设计教学过程的时候，将实际问题解决线索与学生能力素养发展线索进行融合。

例如，铁盐和亚铁盐的教学单元，将线路板腐蚀液的选取和回收的真实问题作为驱动任务，让学生经历真实的问题解决过程。学生首先以 $FeSO_4$ 的性质探究为载体，经历预测性质、设计实验、实施实验、得出结论，并且每个环节均指向学生基于"价-类"角度研究物质性质能力的发展。线路板腐蚀液的选取和回收问题探查学生能否自主地从化合价和物质类别角度选择腐蚀液，通过设计含铁物质之间的转化实现腐蚀液的回收，培养学生解决实际问题的能力。"选择铜制线路板的腐蚀剂；检验试剂的腐蚀效果；回收 $FeCl_3$ 溶液和 Cu 单质"既符合真实问题解决过程，又顺应学生认识方式的建立和能力素养进阶过程。单元教学的问题线和学生能力素养发展线如表 3-1-1 所示。

表 3-1-1 "铁盐和亚铁盐"单元教学流程

驱动问题	活动线	知识线	能力素养发展线
对含铁物质进行分类	回顾含铁物质并分类	含铁物质及其分类	从物质类别和元素化合价视角认识含铁物质
预测 $FeSO_4$ 的化学性质	预测 $FeSO_4$ 的化学性质，说明预测思路	$FeSO_4$ 可能具有的性质	初步建立从物质类别和元素化合价预测物质性质的角度和思路
设计实验方案验证预测	选择试剂，预测产物和实验现象	$FeSO_4$ 可能发生的化学反应	建立运用复分解反应规律和氧化还原反应规律，选取试剂、预测产物和实验现象的思路
实施实验得出结论	实施实验验证 $FeSO_4$ 的性质	$FeSO_4$ 作为盐的性质 $FeSO_4$ 的氧化性和还原性	初步建立从物质类别和元素化合价角度研究物质性质的完整思路

续表

驱动问题	活动线	知识线	能力素养发展线
初选试剂	选择铜制线路板的腐蚀剂	从物质类别、元素化合价视角认识 $FeCl_3$ 的性质	应用物质类别、元素化合价视角认识陌生物质性质的能力
模拟制作	检验试剂的腐蚀效果，制作作品	认识 $FeCl_3$ 的氧化性	
资源回收	设计方案，回收 $FeCl_3$ 和 Cu 单质	Fe^{3+}、Fe^{2+} 间的转化	从物质类别和元素化合价视角设计物质转化的思路方法

第二节　化学反应原理模块的
关键问题与教学策略

　　学生对于化学反应规律和原理的学习是一个连贯的过程，对于化学反应的认识发展也是贯穿中学化学学习始终的连续进阶过程。在义务教育阶段，学生学习了物质的化学变化主题，认识了化学变化的基本特征，初步了解了化学反应的本质，知道了物质发生化学变化时伴随着能量变化，初步认识了常见的化合反应、分解反应、置换反应和复分解反应，了解了金属与酸、盐溶液发生置换反应的规律，认识了质量守恒定律，能正确书写化学方程式，能说明化学反应中的质量关系并利用质量关系进行简单计算。通过上述内容的学习，学生初步建立了从物质变化和能量变化认识化学反应的两个基本角度，能从定性到定量、宏观到微观认识化学反应中的物质变化。

　　在高中化学课程中，关于化学反应原理主题的学习，分布在必修和选择性必修两个阶段。

　　化学反应原理相关内容在高中化学课程标准必修课程中位于"主题3：物质结构基础与化学反应规律"。课程标准在"内容要求"中提出了化学反应规律主要包括"化学反应的限度和快慢""化学反应与能量转化"。关于化学反应的限度和快慢，"内容要求"中明确提出"体会从限度和快慢两个方面认识和调控化学反应的重要性""认识化学变化是有条件的""了解控制反应条件在生产和科学研究中的作用","学业要求"中明确提出"能从化学反应限度和快慢的角度解释生产、生活中简单的化学现象""能初步解释化学实验和化工生产中反应条件的选择问题"。由此可见,课标要求学生建立从限度和快慢角度对化学反应的认识,深化对化学反应条件的认识,初步形成调控化学反应条件的意识和能力。关于化学反应与能量转化,"内容要求"中明确提出"认识物质具有能量""知道化学反应可以实现化学能与其他能量形式的转化""体会提高燃料的燃烧效率、开发高能清洁燃料和研制新型电池的重要性","学业要求"中明确提出"能从物质及能量变化的角度评价燃料的使用价值"。由此可见,课标要求学生建立物质变化视角与能量变化视角的关联,并从"认识到化学反应伴随着能量变化"逐步向"实现能量转化"发展。

化学反应原理相关内容在高中化学课程标准选择性必修课程中位于"模块1化学反应原理"。在本课程模块中,学生"将从化学反应与能量,化学反应的方向、限度和速率,以及水溶液中的离子反应与平衡等方面,探索化学反应的规律及其应用",将"进一步认识化学变化所遵循的基本原理,初步形成关于物质变化的科学观念",将"了解化学反应中能量转化所遵循的规律,赏赞运用化学反应原理对科学技术和人类社会文明所起的重要作用"。由此可见,经过化学反应原理模块的学习,学生将进一步发展对化学反应的认识,进一步深化对化学反应的社会价值的理解,提升应用化学反应的能力。

化学反应原理主题指向核心素养的表现性要求为:能从宏观与微观、定性与定量等角度对物质变化中的能量转化进行分析与表征;能从调控反应速率、提高反应转化率等方面综合分析反应的条件,提出有效控制反应条件的措施;能选择简明、合理的表征方式描述和说明化学变化的本质和规律,能根据化学反应原理预测物质转化的产物,确定检验所做预测的证据;能依据化学变化中能量转化的原理,提出利用化学变化实现能量储存和释放的有实用价值的建议；能分析评估物质转化过程对环境和资源利用的影响；能运用化学原理和方法对解决生产和生活中的热点问题提出创造性的建议。

学科核心素养的发展与学科知识紧密相关，但学科核心素养不是学科知识，学科知识的积累不必然带来素养的发展。要将学科知识转化为学科核心素养，需要分析学科知识的学科核心素养发展价值，并通过构建认识模型实现学科核心素养内涵的具体化和外显化；还需要设计指向素养发展的学习活动，促使学生通过经历学习活动积累活动经验，并将活动经验提炼、升华为学科观念，进而形成学科核心素养。因此，认识模型的建构与发展是化学反应原理主题学科核心素养发展的关键。学生在必修和选择性必修阶段都将经历化学反应主题的学习，为了落实课标的要求，需要以核心的概念主题和化学观念为对象，研究不同年级学生对这些概念主题或化学观念的认识发展层级，确保学生的学科观念和学科核心素养发展实现螺旋上升式进阶发展。

综上所述，在化学反应原理主题的教学中，需要解决的关键问题是：（1）化学反应原理主题中，学生的能力素养进阶是怎样的？学生的能力素养进阶的模型化表征（即认识模型）是什么？如何基于能力素养进阶和认识模型，开展化学反应原理大单元的教学？（2）如何充分发挥原型案例的功能价值，促进学生化学反应原理能力素养的持续发展？（3）如何基于化学反应原理能力素养发展目标设计持续性评价？

一、促进学生化学反应认识方式的持续进阶

1. 高中阶段化学反应认识方式的水平进阶

2020年修订的课程标准的学业质量水平明确了化学学科核心素养的水平从必修到选择性必修的进阶，其中水平1、水平2为完成必修模块课程学习后应达成的学业成就表现，水平3、水平4为完成选择性必修模块课程学习后应达成的学业成就表现。依据知识、认识方式与核心素养的关系，即知识是核心素养的类化经验基础、认识方式是核心

素养的内涵实质①，可以基于从必修模块到化学反应原理模块的核心知识进阶，通过对核心知识的认识发展功能分析，确定认识方式发展进阶，进而阐释核心素养进阶的内涵实质。表 3-2-1 呈现了化学反应原理模块从必修到选择性必修的核心知识、认识方式和学业质量水平的进阶。

表 3-2-1　化学反应原理模块核心知识、认识方式、
学业质量水平进阶分析

模块	核心知识	认识方式	学业质量水平
必修	化学反应与能量变化：吸热反应与放热反应，化学反应能量改变与化学键的断裂和形成有关；以原电池为例，认识化学能转化为电能的简单原理和构成要素	认识对象：化学反应 认识角度：新增"能量转化"一级角度和"能量转化的形式、途径、实质"三个二级认识角度 认识深度：从微观（化学键）水平认识化学反应中物质变化和能量转化的实质	水平 1：能认识离子反应的本质，能结合实例书写离子方程式；认识化学变化是有条件的；能说明化学变化中的能量转化；能从物质的组成、构成微粒等方面解释或说明化学变化的本质特征 水平 2：能分析化学变化中能量吸收或释放的原因；认识化学变化的多样性和复杂性，能分析化学反应速率的主要影响因素；能说明化学变化的本质特征和变化规律
	化学反应的限度和快慢：可逆反应和化学平衡状态含义，化学反应速率表示方法及其影响因素	认识对象：化学反应 认识角度：新增"快慢、限度"两个二级角度 认识思路：形成了表征和调控化学反应快慢的思路	
	电离与离子反应：电离，离子反应发生条件，常见离子的检验	认识对象：化学反应 认识深度：从微观（离子）水平认识溶液中的化学反应	

① 王磊，于少华. 对高中化学课程标准若干问题的理论阐释及实践解读 [J]. 中学化学教学参考，2018（7）：4-5.

续表

模块	核心知识	认识方式	学业质量水平
化学反应原理	化学反应与能量：内能及其影响因素，用焓变表示等温等压条件的反应热、盖斯定律；原电池及化学电池的工作原理，电解的工作原理，金属腐蚀与防护	认识对象：化学反应 认识深度：从微观、定量、系统水平认识能量转化的实质和途径 认识思路：建立能量转化（特别是化学能与电能）实质与途径的关联，形成系统认识模型	水平3：能根据反应速率理论和化学平衡原理，说明影响化学反应速率和化学平衡的因素；能定量分析化学变化的热效应；分析化学能与电能相互转化的原理及其在生产和生活中的应用；能设计实验方案探究物质和能量的转化、影响反应速率和化学平衡的因素；能结合生产和生活实际问题情境说明化学变化中能量转化、调控反应条件等的重要应用；能运用化学原理和方法解释或解决生产、生活中与化学相关的一些实际问题 水平4：能从宏观与微观、定性与定量等角度对物质变化中的能量转化进行分析和表征；能从调控反应速率、提高反应转化率等方面综合分析反应的条件，提出有效控制反应条件的措施；能选择简明、合理的表征方式描述和说明化学变化的本质和规律；能依据化学变化中能量转化的原理，提出利用化学变化实现能量储存和释放的有实用价值的建议
	化学反应的方向、限度和速率：化学反应方向与反应焓变和熵变的关系；化学平衡常数与浓度商，影响化学平衡的因素；化学反应速率的表示方法及测定，反应历程、基元反应活化能对反应速率的影响	认识对象：化学反应 认识角度：新增"化学反应的方向"二级认识角度 认识深度：从定量、系统水平认识化学反应的方向、限度和快慢，从动态水平认识化学反应的限度，从微观水平认识化学反应的快慢 认识思路：形成表征和调控化学反应限度的思路，及多角度认识、调控化学反应的系统分析思路	
	水溶液中的离子反应与平衡：电解质在水溶液中的行为，弱电解质、水的电离平衡，水解平衡，沉淀溶解平衡，离子反应与平衡的应用	认识对象：物质、化学反应 认识深度：从微观、定量、动态、系统水平认识物质在水溶液中的变化 认识思路：建立对物质在水溶液中行为的认识模型，形成对水溶液中化学反应的系统分析思路	

由表 3-2-1 可见，从化学学科核心素养维度看，必修模块、化学反应原理模块均主要发展了"变化观念与平衡思想""宏观辨识与微观探析"化学学科核心素养，协同促进了"科学探究与创新意识"（化学学科核心素养的实践基础）、"证据推理与模型认知"（化学学科核心素养的思维核心）和"科学态度与社会责任"（化学学科核心素养的价值立场）的发展。从化学学科核心素养的内涵看，化学反应原理模块主要发展了对化学反应的认识，建构了系统的化学反应认识模型。具体表现为丰富、发展了对化学反应的认识角度，在原有"限度、快慢"和"能量转化的形式、实质、途径"等多个二级认识角度的基础上，新增了"化学反应的方向"二级认识角度；对化学反应的认识深度从宏观水平发展到微观水平、从定性水平发展到定量水平、从静态水平发展到动态水平、从孤立水平发展到系统水平；形成了从物质变化、能量转化角度认识、调控化学反应的认识思路，建构了对化学能与电能和水溶液中离子反应与平衡的认识模型。综上所述，可以构建出如图 3-2-1 所示的中学阶段化学反应认识发展层级模型。

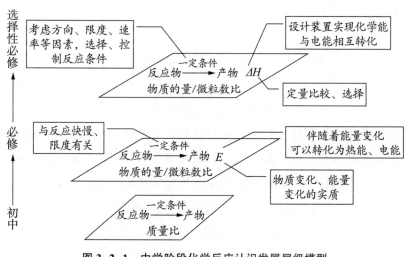

图 3-2-1　中学阶段化学反应认识发展层级模型

高中化学教科书基于课程标准，以核心主题为显性线索和组织框架，以发展学生化学学科核心素养为核心，通过内容结构组织，体现对化学反应的认识发展进阶；通过内容呈现方式，体现核心知识的认识发展功能；通过多样化的栏目设计，实现认识建构的情境化和活动化，为实施以促进学生化学学科核心素养发展为核心的化学反应原理模块教学提供值得借鉴的思路和范式。

鲁科版《化学反应原理》模块教材依据各章核心知识所对应的认识模型，按照"丰富认识角度—建立认识角度间的逻辑推理关系，形成认识思路—构建认识模型—将认识模型转化为问题解决模型"的认识发展进阶路径，设计章内内容结构。每一章内，第1—3节选取本主题核心知识为教材内容，设计学习理解能力活动，促使学生体验、反思、概括、外显认识角度和认识思路。例如，第2章的章内5节（含微项目）内容对应3个认识发展层级（见图3-2-2）。第1—3节分别从方向、限度和快慢三个认识角度建立该角度下认识、调控化学反应的思路，属于在同一认识水平层级的横向发展；学习活动任务基本属于学习理解水平。第4节选取体现主题应用性的课程内容为教材内容，设计近迁移水平的应用实践能力活动，关联认识角度、整合认识思路，建构认识模型。第4节以合成氨工业生产条件的选择优化为任务载体，实现了方向、限度和快慢三个认识角度的综合，对化学反应的认识、调控从"单一-孤立角度"水平到"多角度-关联"水平，形成关于化学反应调控的认识模型，认识水平从层级1进阶到层级2；学习活动任务属于应用实践水平。微项目选取生产、科研领域的真实任务为教材内容，通过设计远迁移水平的迁移创新能力活动，系统完善、自主应用认识模型，并将认识模型转化为问题解决模型。例如，第2章微项目以工业废气中二氧化碳合成甲醇的反应和条件的选择优化为项目任务，认识对象从单一反应到主副反应共存的复杂反应体系，对化学反应的认识、调控思路从"多角度-关联"水平到"多角度-系统"水平，在综合复杂问题解决过程中系统完善认识模型，认识水平从层级2进阶到层级3；学习活动任务属于迁移创新水平（见图3-2-3）。

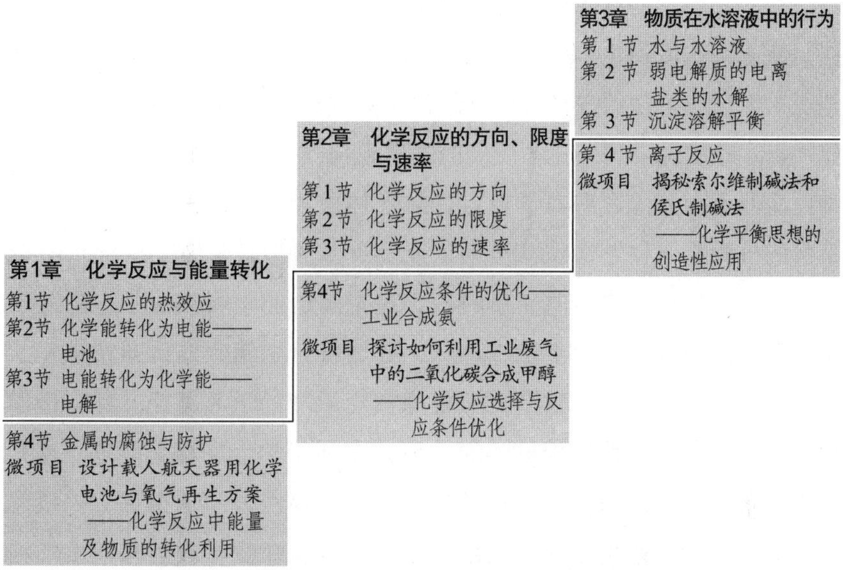

第3章　物质在水溶液中的行为
第1节　水与水溶液
第2节　弱电解质的电离
　　　　盐类的水解
第3节　沉淀溶解平衡
第4节　离子反应
微项目　揭秘·索尔维制碱法和
　　　　侯氏制碱法
　　　　——化学平衡思想的
　　　　创造性应用

第2章　化学反应的方向、限度
　　　　与速率
第1节　化学反应的方向
第2节　化学反应的限度
第3节　化学反应的速率
第4节　化学反应条件的优化——
　　　　工业合成氨
微项目　探讨如何利用工业废气
　　　　中的二氧化碳合成甲醇
　　　　——化学反应选择与反
　　　　应条件优化

第1章　化学反应与能量转化
第1节　化学反应的热效应
第2节　化学能转化为电能——
　　　　电池
第3节　电能转化为化学能——
　　　　电解
第4节　金属的腐蚀与防护
微项目　设计载人航天器用化学
　　　　电池与氧气再生方案
　　　　——化学反应中能量
　　　　及物质的转化利用

图 3-2-2　基于认识发展层级的鲁科版教材章节结构

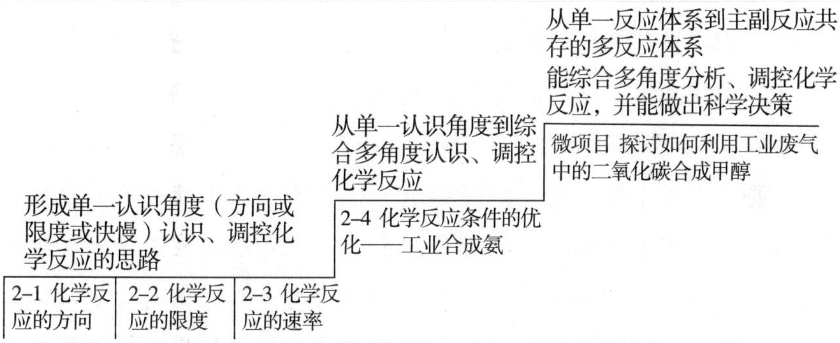

从单一反应体系到主副反应共
存的多反应体系
能综合多角度分析、调控化学
反应，并能做出科学决策
微项目　探讨如何利用工业废气
　　　　中的二氧化碳合成甲醇

从单一认识角度到综
合多角度认识、调控
化学反应
2-4 化学反应条件的优
化——工业合成氨

形成单一认识角度（方向或
限度或快慢）认识、调控化
学反应的思路
2-1 化学反　2-2 化学反　2-3 化学反
应的方向　　应的限度　　应的速率

图 3-2-3　基于认识发展进阶的反应原理教材章内内容结构

2. 构建认识模型，促进学生对化学反应的认识发展

课程标准中，化学反应原理相关内容的教学提示建议"教学中应注重运用实验事实、数据等证据素材，帮助学生转变偏差认识"；"结合具体实例激发学生认知冲突，发展学生基于内能及内能的变化认识物质所具有的能量和化学反应中能量变化的本质"；"充分利用铜-锌双液原电池、铅蓄电池、氢氧燃料电池、电解熔融氯化钠和电解饱和食盐水等案例素材，组织学生开展分析解释、推论预测、设计评价等学

习活动，发展学生对原电池和电解池工作原理的认识"；"结合具体实例，使学生认识到化学反应是有历程的"；"结合生产实例，组织学生开展关于反应条件的选择与优化的讨论，促使学生形成从限度、速率、能耗等多角度综合调控化学反应的基本思路"。通过上述要求可见，化学反应原理相关内容的教学特点是从具体原型案例出发，通过对具体案例的分析学习核心知识，实现认识发展。这种教学方式的优点有两个方面，一是与直接指向抽象的概念理论解析的学习相比，它降低了学生学习的难度，有助于学生理解，更加符合中学生的认知特点；二是在分析典型原型的基础上概括提炼概念原理的学习路径，有利于学生建立具体原型与抽象理论间的关系，有利于学生迁移。但是，这种教学方式在实现认识发展目标的过程中，需要经过"原型探究—概念原理概括—认识方式提炼"三个层次的进阶，在教师教学和学生学习过程中，经常容易出现"陷入具体原型之中""原型与理论脱节"或"忽略认识方式提炼"等问题，从而影响认识发展目标的达成。

为了解决这些问题，在教学中需要结合认识发展目标构建包括认识对象、认识角度、认识思路等的认识模型，并将对具体原型的分析与认识模型的建构和应用相结合，促进学生对化学反应的认识发展。例如，原电池和电解池是化学能与电能相互转化认识域的两类重要认识对象，基于原电池原型（如铜锌原电池、氢氧燃料电池等）和电解池原型（如电解氯化铜溶液、电解饱和食盐水）可建构电化学认识模型，如图 3-2-4 所示。电化学认识模型中，认识对象包括原电池和电解池，二者的共性在于电势差和闭合回路两大核心要素，二者的差异在于能量的转化方向不同。电化学认识模型包括两大认识维度——原理维度和装置维度，原理揭示了电能与化学能相互转化得以实现的基础，自发的氧化还原反应为化学能向电能的转化提供了电势差，外加电场则为电能向化学能的转化提供电势差；原电池或电解池装置是能量转化的充分条件，其核心是由电子导体和离子导体共同构成的闭合回路。电化学认识模型中，原理维度以氧化还原反应为基础，包括电极反应物、电极产物、反应过程，同时包含可观测量，即反应现象；装置维度包括原电池或电解池里面的所有装置要素，即失电子场所

（负极材料或阳极材料）、电子导体（导线）、离子导体（电解质溶液或盐桥、膜）、得电子场所（正极材料或阴极材料）。

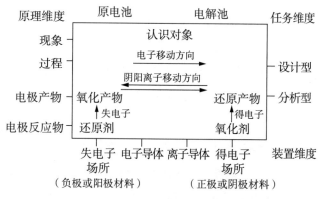

图 3-2-4 电化学认识模型

在必修模块教学中，基于铜-锌单液原电池、氢氧燃料电池原型建构电化学认识模型装置维度的认识角度和推理依据，然后引导学生基于装置维度的认识模型分析铅蓄电池的构成元素，体会认识模型在问题解决中的作用。在选修模块教学中，基于铜-锌双液原电池、氢氧燃料电池原型建构原理维度的认识角度和推理依据，然后引导学生基于原理维度的认识模型分析其他化学电源，体会认识模型在问题解决中的作用。

3. 基于学生认识发展进阶整体规划设计单元教学

基于学生认识发展进阶的单元整体规划，以学生的认识能力发展为整体目标及外显明线，不同课时、阶段教学间的关系体现了认识能力的不断进阶和发展。例如，盐类水解这一内容的单元主题确定为"盐类物质在水溶液中的行为"，此主题明示了本单元的核心目标是通过探索盐类物质在水溶液中的行为，进一步发展电解质溶液认识模型；该单元的 3 个课时也是围绕"认识溶剂水""认识盐在水中的行为""认识外界条件对盐类水解平衡的影响"和"盐类水解的应用" 4 个核心认识任务展开的，对应的认识问题如下：

【单元主题】盐类物质在水溶液中的行为

【情境】醋酸钠溶液呈碱性

课时1：认识溶剂水

【核心问题】水能电离吗？如何证明水存在电离平衡？

课时2：认识盐在水中的行为

【核心问题】醋酸钠溶于水会发生什么？如何证明？$NaCl$、NH_4Cl 等其他盐溶于水也会使溶液显碱性吗？如何证明？论证盐类水解的规律。

课时3：外界条件对盐类水解平衡的影响及盐类水解的应用

【核心问题】哪些条件影响盐类水解平衡？如何影响？如何设计实验证明？如何应用盐类水解的原理解决实际问题？

　　基于学生认识发展进阶进行单元整体规划时，首先，要依据教学内容确定核心知识，分析核心知识的知识结构和素养发展功能价值，基于核心知识的功能价值确定单元学习主题和目标；其次，基于学生的已有基础、学生的障碍点和发展点，分析知识的发展脉络和学生的认识发展脉络，确定认识发展进阶；再次，综合考虑内容容量和认识发展进阶确定课时安排和课时目标；最后，基于学生认识发展障碍点和发展点设计核心活动。

　　例如，在进行化学反应速率相关内容的单元整体规划时，首先要分析本单元涉及的反应历程、基元反应、化学反应速率的表示及测定、外界条件对化学反应速率影响的本质分析等内容之间的关系，如图3-2-5所示。基于知识结构分析核心知识的素养发展功能价值可知，"化学反应是有历程的"是从反应发生本质这一角度深入认识"化学反应是如何发生的"，而基元反应是认识"化学反应是如何发生的"这一问题的知识基础，也是化学反应发生历程的最基本单元；在建立了"基元反应"这一认识对象后，可基于基元反应速率、基元反应活化能等，认识浓度、温度、催化剂对化学反应速率影响的本质。

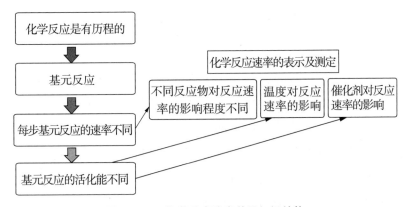

图 3-2-5 化学反应速率单元知识结构

在此基础上，进一步分析学生的认识发展脉络和认识发展进阶，并基于认识发展进阶综合考虑内容容量，规划课时。其中，课时 1 为"追踪反应物的'足迹'"，课时 2 为"探究反应中各物质浓度对反应速率的影响"，课时 3 为"探秘温度、催化剂对反应速率的影响"，课时 4 为"为反应选择最佳条件"，每课时的认识发展点及核心内容如图 3-2-6 所示。

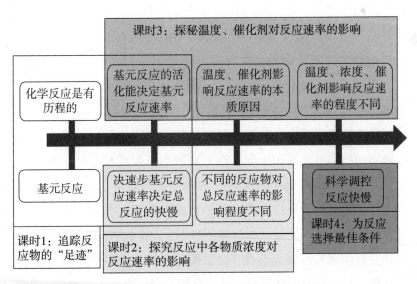

图 3-2-6 化学反应速率单元认识发展脉络及课时规划

二、促进学生认识发展的活动设计与实施

在教学活动设计时，首先，要对教学内容进行知识本体分析，明确学生需要建立的核心概念，弄清概念间的逻辑关系，确定教学内容的深广度，确定教学内容的知识发展脉络；同时，分析核心知识在促进学生化学认识方式发展方面的功能与价值；其次，基于对知识的结构、知识的功能与价值和学生的已有认识与科学概念间差异、思维的障碍点、空白点的分析，确定教学过程中学生的认识发展脉络，为教学目标的设计、挑战性学习任务的设计奠定基础；再次，依据知识发展脉络、学生的认识发展脉络，设定教学目标、设计挑战性学习任务的问题线索；最后，根据问题线索，确定与之相匹配的学生活动和情境素材，要增加概括关联、说明论证类活动的比重，并将问题线索、活动线索和情境素材线索相融合，形成完整的挑战性学习任务设计。

在教学活动实施时，要加强与学生的对话，在挑战性学习任务中增加开放性问题、论证性问题的设计，诊断学生的原有认识；要通过对学生的追问，促进学生深入思考，为学生示范分析解决问题的逻辑；要通过提出认识反思性问题，促使学生对所经历的活动进行反思，概括经验，建构认识模型，从而实现学科观念和学科核心素养的发展。

化学反应原理主题的教学内容属于概念原理知识，通过具体概念原理知识的学习发展学生学科核心素养的重要途径是认识模型的建构与完善，包括认识角度的建立、认识方式的转变、认识思路的形成。为此，在设计化学反应原理主题的挑战性学习任务时，要针对概念原理教学的特点，解决好"如何促使学生主动建构概念和认识模型""如何建立具体事实与概念形成、认识模型建构的关联，体现高质量概念原理教学挑战性学习任务对概括、分析、论证等高阶思维活动的要求""如何从认识模型建构走向认识模型应用，发挥学科核心素养在真实问题解决中的作用"等关键问题，满足深度学习对高质量挑战性学习任

务提出的针对性、真实性、驱动性、进阶性和建构性等要求。具体策略建议如下。

1. 结合实例激发认知冲突，为实现认识发展进阶奠定基础

化学反应原理模块涉及对化学反应中能量变化本质、化学能与电能相互转化的本质的认识，相关内容学生在必修模块初步学习过，但仍存在着一些迷思概念。例如，关于化学反应中能量变化的本质，部分学生会认为"键能的变化即为能量变化的本质""在电池中，发生直接接触的氧化还原反应后才能产生电流"等。

在化学反应原理模块相关内容的教学中，要首先结合具体实例，设计探查性问题，激发学生的认知冲突，为实现认识发展进阶奠定基础。例如，以"氢气与氧气反应生成气态水和液态水释放的能量为什么会不同"这一问题，探查学生能否自主发现键能的变化不是化学反应中能量变化的全部；以"铜-锌双液原电池能否产生电流，为什么？"这一问题，探查学生对化学能直接转化为电能的本质的认识。

2. 充分利用原型建立概念、发展认识，实现核心素养发展进阶

在概念建立过程中，要充分发挥具体反应、实验证据等原型素材的作用。例如，化学能与热能部分涉及内能、焓和焓变等多个抽象的核心概念。在焓和焓变的教学中，可以利用图3-2-7所示实验帮助学生认识到等温等压条件下，化学反应释放的总能量除了可通过温度变化直接测定的热量外，还有部分用于对外做功（即体积功）。

2分钟后

图 3-2-7　氧化钙与水反应实验

化学能与电能部分的素养发展进阶主要是通过电化学认识模型的进阶实现的。在教学中，要首先利用铜-锌双液原电池、铅蓄电池、氢氧燃料电池建构对电池的认识模型；再利用电解熔融氯化钠建立关于电池和电解池的统一认识模型，促使学生认识到电极反应、电极材料、离子导体、电子导体是电化学体系的基本要素；利用电解饱和食盐水进一步深入发展对电极反应的认识，建立对电化学过程的系统分析思路。

3. 注重对核心概念原理的概括关联、说明论证活动设计

概括关联、说明论证是高水平的学习理解活动，属于高阶思维活动，对于促进理解、形成学科认识、发展核心素养具有不可替代的作用。可为学生提供数据、实验事实等素材，促使学生完成对核心概念原理的概括关联、说明论证，发展学生高阶学习理解能力。例如，鲁科版《化学反应原理》模块教材中，"活动·探究"栏目"反应条件对化学平衡的影响"就在通过外界条件对具体可逆反应的平衡状态影响因素探究的基础上，设计了思考问题"请描述你发现的外界条件（温度、浓度）对化学平衡的影响规律"，要求学生对平衡移动规律进行概括；设计了思考问题"结合实验现象对你的观点进行论证"，要求学生对概括出的平衡移动规律进行说明论证。

4. 应用模型解决真实问题，进一步发展核心素养

课程标准强调核心素养为本的教学，要创设真实的问题情境；深化教学改革，强化学科实践，注重做中学，引导学生参与学科探究活动，经历建构知识、运用知识、解决问题、创造价值的过程，体会学科思想方法；加强知识学习与学生经验、现实生活、社会实践之间的联系，注重真实情境的创设，提升学生认识真实世界、解决真实问题能力。深度学习的特征之一为"迁移与应用"[①]，注重学生内化学习内容之后的外化表现及创造性表达。因此，学生经过探究活动建构认识模型后，要给学生提供应用模型解决真实问题的机会。例如，教学中

---

① 刘月霞，郭华. 深度学习：走向核心素养（理论普及读本）[M]. 北京：教育科学出版社，2018：60.

应创设真实情境，组织学生开展基于能量利用需求选择反应、设计能量转化路径和装置等活动，或组织学生完成设计供火箭发射使用的高能燃料、改进载人航天器中的氢氧燃料电池等现实任务，让学生利用化学反应与能量主题的基本原理，设计问题解决方案，形成合理利用化学反应中能量变化的意识和思路，帮助学生从"建构"到"应用"，进一步发展化学学科核心素养。

三、加强"教、学、评"一体化，促进学生对化学反应的认识发展

课程标准教学与评价建议中指出，要实施"教、学、评"一体化。化学日常学习评价是化学教学中不可或缺的一部分，是化学学习评价的一种重要表现形式，是实施"教、学、评"一体化教学的重要一环。结合教师访谈可知，开展化学日常学习评价的难点主要在三个方面：一是将学习目标转化为评价指标；二是设计、实施多样化的活动表现性评价；三是有效地设计作业并做好作业反馈。

化学反应原理模块的学习内容为概念、原理内容，学生在概念形成、发展过程中，非常容易形成迷思概念，因此，教师需要对学生的概念原理理解情况进行跟踪评价，基于评价诊断结果调整优化教学策略。化学反应原理主题对应的化学学科核心素养发展的内涵实质为认识模型的建构、完善，需要教师在教学过程中通过持续性评价诊断学生的认识发展水平，并以此为依据设计合理的认识进阶路径。因此，加强"教、学、评"一体化，对于促进学生对化学反应的认识发展、提高化学反应原理教学设计与实施质量至关重要。

1. 将学习目标转化为评价指标

将学习目标转化为评价指标，首先要基于课程标准，确定单元或课时学习目标；再基于学习目标，细化出水平目标，并用输出性行为动词表征评价要求，形成评价指标。例如，在化学平衡常数的教学中，课程标准的"学业要求"指出"能利用平衡常数和浓度商的关系判断化学反应是否达到平衡及平衡移动方向"，此要求可以作为化学平衡常

数教学中某一课时的学习目标；在设计评价指标时，需要考虑达成此学习目标需要知道化学平衡常数和浓度商的表达方式，需要建立化学平衡常数与平衡状态的关联，需要概括浓度商与平衡常数的相对大小关系与化学平衡状态及平衡移动方向的关系，因此可以将评价目标细化为以下4点。

（1）能根据化学反应方程式写出化学平衡常数、浓度商的表达式，并能进行简单计算

（2）能建立化学平衡常数与化学平衡状态的关联

（3）能概括出浓度商与化学平衡常数的相对大小关系与化学平衡状态及平衡移动方向的关系

（4）能用浓度商与化学平衡常数的相对大小关系判断化学平衡状态，推测平衡移动方向

2. 设计、实施多样化的活动表现评价

活动表现评价主要通过收集和分析学生在学习活动，特别是课堂学习活动中的学习表现，明晰学生化学学科核心素养的发展过程，诊断学生在化学学科核心素养发展过程中的问题，促使学生对学习过程进行积极反思和总结，促使教师对教学过程进行反思和改进，实现"教、学、评"一体化。

活动表现评价要求学生在真实或模拟的情境中运用所学知识分析、解决某个实际问题，以语言、行动、作品等方式展示问题解决过程、学习的过程与结果，评价学生在活动过程中的表现与活动成果。活动表现评价可以考察学生理解和运用知识的水平、分析解决问题的思路、实验操作的技能；了解学生学习理解、应用实践和迁移创新能力的发展；诊断学生变化观念、化学思维、科学探究和科学态度的化学学科核心素养的水平。活动表现评价还能考察学生主动参与学习的意识、思维的品质、情感态度的变化和合作交流的能力等。

实施活动表现评价要充分发挥课堂学习活动的评价诊断功能。在设计课堂学习活动时，不仅要关注活动的学习功能，还要关注其评价

功能，确定相应的评价指标。在实施课堂学习活动时，不仅要注意从不同类型的学习活动中对学生的表现进行多次观察、记录和分析，结合面谈交流等多种形式充分收集评价证据；还要基于评价指标，对观察、收集到的学生学习表现做出及时的评价诊断。还可以在学习活动后组织学生对自己和同伴在学习活动中的表现进行自评和互评，提高学生的总结、反思能力。

实施活动表现评价要加强学习内容、学习目标与评价任务、评价目标、评价指标的整体设计；要针对承担评价任务的学习活动设计活动表现的呈现方式和收集方法、设计评价要点和标准；要将学习活动与评价任务同步进行；要围绕核心评价目标开展持续性评价。

案 例 链 接

水溶液中的离子反应与平衡——设计和配制透析液

活动：根据资料计算，并用以下实验用品模拟配制透析液（提示：透析液是以浓缩液的形式制备和储存的，模拟 100 mL 浓缩倍数为 5 倍的透析液的配制）。

人体血液中主要无机离子含量 mmol/L

离子	Na^+	K^+	Ca^{2+}	Cl^-	HCO_3^-
含量	134	2.0	1.5	109	30

实验用品：$NaCl$、KCl、$CaCl_2$ 的混合溶液，$NaHCO_3$ 固体粉末，蒸馏水，大烧杯。

【追问】白色沉淀是什么？气体是什么？它们是如何产生的？请大家分组讨论。

以该讨论为评价任务，以表 3-2-2 为评价标准，根据学生讨论中的表现，对学生的溶液认识水平进行诊断。

表3-2-2　设计和配制透析液活动的表现评价

水平	学生表现	分析诊断 （对标学习、评价目标）
1	不能解释白色沉淀和气体，任意猜测或表示不能理解	难以调用溶液知识理性分析解释
2	能根据溶液中的离子推测白色沉淀是 $CaCO_3$，但不能解释产生气体的原因和形成沉淀的条件	能基于离子反应知识静态地分析解释问题，未能基于离子平衡认识溶液
3	能根据 HCO_3^- 在溶液中可能存在的平衡，推测白色沉淀是 $CaCO_3$，气体为 CO_2，但未定量说明反应物浓度的影响	能定性地基于电离平衡和沉淀溶解平衡的相互影响，动态地分析解释问题，未能考虑浓度的影响
4	能根据 HCO_3^- 在溶液中可能存在的平衡，推测白色沉淀是 $CaCO_3$，气体为 CO_2，并能结合 $CaCO_3$ 的 K_{sp} 定量解释	能定性、定量结合地基于多平衡和 $K\text{-}Q$ 关系，系统地分析解释

3. 作业及评价反馈设计

作业是教师为检验、巩固或进一步达成单元学习目标而布置给学生的利用课外时间完成的学习任务。单元作业的规划和设计要体现整体性、进阶性和多样性。

整体性体现为作业的内容、类型、难度、数量和完成时间既符合学习目标的总体要求，也适合学生的实际发展需求，例如，不同学习基础或不同学习意向的学生可选择性完成不同形式的作业。作业的目标和内容既要体现评价指标的要求，还要控制好难度及完成时间。

进阶性是指要依据评价指标的能力水平层级，合理规划作业中的习题水平及比例，课时作业通常为学习理解和应用实践水平，单元练习可在学习理解、应用实践水平的基础上，适当增加迁移创新水平的习题。

多样性是指依据学生实际情况，预判学生完成作业的实际能力，充分考虑学生的兴趣偏好和优势特长，提供纸笔作业、实践探究类作业等不同类型的作业供学生选择。在设计实践探究类作业时，不仅要选择与核心内容相匹配的实践探究活动为载体，还要依据评价指标精心设计活动任务，提高实践探究类作业与单元学习目标的一致性。

案 例 链 接

水溶液中的离子反应与平衡——实践探究类作业

人们曾经使用含铝膨松剂（主要成分为明矾和小苏打）制作油条等面食。请你利用家中的材料（白矾即明矾，容易购得）模拟含铝膨松剂，并借助图3-2-8中的框架分析含铝膨松剂的作用原理（必要时可补充文字说明）。

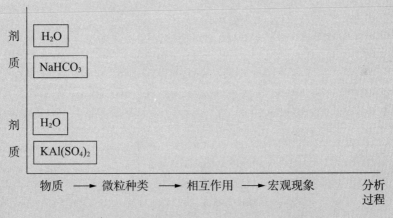

图3-2-8　含铝膨松剂的作用原理的分析框架

学生完成任务后借助表3-2-3中的评价标准进行评价。

表 3-2-3　模拟含铝膨松剂的评价设计

评价目标	水平	学生表现	反馈设计
实践探究（从真实问题中提出化学问题并设计实验的能力）	1	未成功进行实验（因混合后未加水，浓度过低等原因导致）	展示不同学生的实验设计和数据记录情况，促进学生关注面食制作的实际过程，由此关联水溶液问题；通过比较记录的数据，促使学生意识到变量控制的重要性；点拨学生在真实问题中关注平衡的影响因素
	2	成功进行实验，观察到气泡的产生，但未进行数据记录和比较	
	3	成功进行实验，同时自发地进行变量控制和分析，关注到浓度、温度都会影响气泡产生的效果	
原理分析（根据物质性质和现象，调用溶液知识分析化学问题的能力）	1	几乎未使用框架，仅根据双水解反应的方程式解释，并未解释为何双水解反应会发生	展示不同学生的分析结果，通过比较，促进学生找全溶液中可能存在的平衡；点拨学生不要忽视 HCO_3^- 的电离过程，并关联 $CaCl_2$ 和 $NaHCO_3$ 溶液的反应，说明弱平衡在一定条件下也可能是关键因素；通过追问，探查学生是否关注到双水解是一个动态持续的过程，并引导学生将其与食品内部蓬松的需求进行联系
	2	使用框架有序分析碳酸氢钠和硫酸铝钾的电离和后续水解过程，但未写出 HCO_3^- 的电离过程，也未指出反应后平衡的移动	
	3	使用框架有序分析、全面地写出 HCO_3^- 的电离和水解过程，并指出平衡移动是持续性的，故反应比较彻底，且能持续较长时间	

第三节　物质结构与性质模块的
关键问题与教学策略

物质结构与性质模块的教学内容，总体上具有抽象性和前沿性的特征，各章都存在大量的抽象概念和竞争性的理论解释，例如，原子轨道、电子云、电负性、共价键、分子极性与手性、晶胞等。这些概念牵涉很广，其内涵不容易解释清楚，这对习惯于先解析概念定义再应用概念的师生形成了较大挑战。另外，物质结构与性质模块中的研究方法以原子光谱、旋光、晶体 X 射线衍射等仪器分析方法为主，学生对此较陌生，理解起来有难度。

为了解决上述问题，提升学生的学习体验并促进化学学科核心素养的发展，教师在物质结构与性质模块的教学中需要解决以下关键问题：（1）基于物质结构与性质模块的学科大概念和学科问题制订学习目标；（2）设计指向模型建构的科学探究与实践活动；（3）在活动中促进学生主动建构、理解、应用和反思模型。

一、明确物质结构与性质模块的学科大概念和素养表现

1. 结构决定性质

物质结构与性质模块中很多抽象概念的内涵需要放在整体中去理解和把握，因此基于课程标准明确物质结构与性质主题的学科大概念和学科基本问题是非常重要的。"结构决定性质"是本模块中最具统摄性的学科大概念，课程标准从不同角度进行了阐释。

"主题 1：原子结构与元素的性质"主要讨论原子结构与元素性质的关系，这种关系可以简要概括为"构-位-性"关系。其中的"构"指原子结构，对应课程标准中原子核外电子的运动状态和核外电子排布规律两部分内容，重点是说明微观粒子的运动状态与宏观物体运动特点的差异，知道电子运动的能量状态具有量子化的特征，并知道原子核外电子的能级高低顺序，了解原子核外电子排

布的构造原理，认识基态原子中核外电子的排布遵循能量最低原理、泡利不相容原理和洪特规则。"位"和"性"分别指元素在周期表中的位置和元素的性质，对应课程标准中核外电子排布与元素周期律（表）的内容，重点是认识元素的原子半径、第一电离能、电负性等元素性质的周期性变化，知道原子核外电子排布呈现周期性变化是导致元素性质周期性变化的原因。元素性质的核心是原子得失电子的能力，原子半径、电离能、电负性和化合价本质上都是原子得失电子能力的反映。

"主题2：微粒间的相互作用与物质的性质"主要讨论微粒间相互作用、聚集态与物质性质的关系。其中包含微粒间的相互作用、共价键的本质和特征、分子的空间结构、晶体和聚集状态等5部分内容。微粒间的相互作用是主题2中最重要的部分，具有承上启下的作用。由于不同元素原子间得失电子能力存在差异，其相互作用方式也有所不同。电负性差异大的元素，原子间通过得失电子形成离子键的方式结合；电负性差异小且数值均较大时，原子间通过共用电子对形成共价键的方式结合；电负性差异小且数值均较小时，核外电子容易脱离原子核的束缚并在整个体系中自由移动，形成金属键。由于离子键、金属键没有饱和性和方向性，在一定条件下阴阳离子或金属阳离子可以无限重复排列，形成具有各向异性等性质的离子晶体和金属晶体。共价键存在饱和性和方向性，只有未成对电子数较多的元素（如B、C、N、Si等）的原子间才能直接通过共价键形成具有特定空间结构的共价晶体；更多情况下，原子间会先形成分子，分子间再通过分子间作用力在一定条件下形成分子晶体。可见，微粒间的相互作用是物质性质最重要的影响因素，共价键是相互作用中最特殊的一种，共价键的本质和特征应是教学的重点。聚集态、分子的空间结构也会在一定程度上影响物质的性质，也是"结构决定性质"大概念的重要组成部分。

2. 尺度与层次

尺度是研究某一物体、现象或过程时所采用的空间、时间或能量单位①。"尺度与层次"是物质结构与性质模块中另一个重要的学科大概念，其重要性和意义主要体现在以下三个方面。首先，研究的尺度不同，所使用的科学概念也不同。这些科学概念在不同尺度与层次上揭示了物质结构与性质之间的关系。明确尺度与层次，有助于多层次、深入地把握和梳理结构与性质之间的关系。其次，正如 1996 年的美国《国家科学教育标准》中指出的，当尺度发生变化时，系统的特征、属性，以及其中的相互作用都会发生变化②。同一尺度的概念之间可以相互关联和推理，不同尺度的概念间的推理则要谨慎。例如，根据原子的核外电子排布或电负性信息预测 N、O、Cl 原子得电子能力强是合理的，但预测其单质具有氧化性则需要谨慎。氯气、氧气具有较强的氧化性，但由于氮原子间存在键能很大的氮氮三键，氮气在常温下难以表现出氧化性。最后，某个宏观性质可能在不同尺度和层次上得到解释，不同层次的解释之间可能是一致的，也可能是矛盾的。如果出现矛盾，就需要结合实证来确定主要因素。仍以上述氮气的氧化性为例，可知分子尺度上微粒间的相互作用力（共价键）是主要因素，而氮原子的得电子能力是次要因素。当条件改变时，主次因素可以转换，例如，在较高温度下使用催化剂可以使氮分子活化，此时氮原子得电子能力强的特点才显现出来。可见，"尺度与层次"在解释异常现象时也有重要作用。

　　课程标准中主题 1 和主题 2 就分别在不同尺度上阐述结构与性质之间的关系。在原子尺度上主要讨论原子结构与元素的性质，具体表现为：原子核外电子的运动状态影响原子的能量和稳定性，不同元素的原子核外电子排布不同，得失电子的能力也不同，具体表现在原子半径、化合价、电离能、电负性等元素性质上，其变化规律被归纳为元素周期律。如前所述，元素性质是原子尺度上的概念，不等同于物质性质，因此要谨慎地选取代表物来反映元素性质的周期性变化。这

　　① 靳冬雪，刘恩山. 跨学科概念"尺度"的含义及特征 ［J］. 基础教育课程，2019（23）：30-36.

　　② National Research Council. National Science Education Standards ［M］. Washington D. C. : The National Academies Press，1996.

也是元素周期表的局限性所在。在分子尺度上主要讨论微粒间相互作用与物质的性质，具体表现为：化学键或分子间作用力的类型直接影响物质的熔、沸点，对于由分子构成的物质来说，共价键的特征和类型决定了分子的空间结构，影响分子的对称性、手性和极性，进而影响物质的熔、沸点和溶解性、旋光性等。在聚集态尺度上，除了堆积紧密程度影响金属延展性外，还涉及纳米、超分子等特殊聚集方式对物质性质的影响。明确物质性质对应的不同尺度，有助于更好地解释物质的性质，以及设计具有特定性质的物质结构。

二、设计指向模型建构的科学探究与实践活动

模型是物质结构与性质模块中重要的学习内容，如在课程标准主题1中提到"了解有关核外电子运动模型的历史发展过程"；主题2中提到"能运用离子键、配位键、金属键等模型，解释离子化合物、配合物、金属等物质的某些典型性质"；以及"能借助分子晶体、共价晶体、离子晶体、金属晶体等模型说明晶体中的微粒及其微粒间的相互作用"。同时，模型建构也是物质结构与性质模块中重要的学习方式和认识策略，也是"证据推理与模型认知"化学学科核心素养的具体体现，例如，课程标准主题3中提到"能说明建构思维模型在人类认识原子结构过程中的重要作用，能论证证据与模型建立及其发展之间的关系"。物质结构与性质模块的教学非常适合采用模型建构的思路开展教学。为此，教师需要聚焦概念背后的学科问题作为模型建构的切入点，选择适当的建模思路，并了解模型建构教学的特征和主要环节。

1. 聚焦概念背后的学科问题

在物质结构与性质模块的教学中，为了开展基于模型建构的科学探究活动，教师往往需要追问概念的来源，思考概念所回答的学科问题。只有在思考学科问题的过程中才有建构模型的必要和可能。并且，很多抽象概念的意义不在定义本身，而在于其所回答的学科问题和其所开创的新角度和思路。明确这一点，有助于教师把握抽象概念的教

学定位和价值意义，避免陷入对定义和细节的讨论中。

以电子云和原子轨道为例，实践中，很多教师只用几分钟时间简单介绍原子结构模型的发展，甚至让学生看书自学，然后直接讲解能层、能级、原子轨道等概念，并展示不同电子对应的原子轨道和电子云形状。看似讲了很多内容，但并没有真正让学生建立起能级、原子轨道与体系能量的关联，也没有使学生真正理解电子运动状态的量子化特征。因为以学生现有的数学基础，教师要给出一个准确且容易理解的定义是非常困难的；即使是给出 s、p 等轨道的轮廓示意图，也很难解释清楚它们的含义。另外，学生在学习过程中也难以对研究物质结构的方法与价值有所体会。

故课程标准强调"知道电子运动的能量状态具有量子化的特征（能量不连续），电子可以处于不同的能级，……知道电子的运动状态（空间分布及能量）可通过原子轨道和电子云模型来描述"。可见，"核外电子的运动状态"这一学科问题是更为重要的。核外电子的运动状态具有量子化特征，学生需要"说明微观粒子的运动状态与宏观物体运动特点的差异"；电子云和原子轨道只是为了区分不同电子运动状态的差异而提出的概念，因此教学的重点是对"核外电子的运动状态"这一学科问题的回答，而不是直接对电子云、原子轨道概念进行解析。对于学科问题，需要通过活动让学生体会相应的探索过程。课程标准中明确提到"了解有关核外电子运动模型的历史发展过程，认识核外电子的运动特点"，已经对学习路径进行了提示。因为只有经历对"基于经典力学的核外电子运动模型"的否定，才能更好地理解基于量子力学的电子云、原子轨道模型的内涵，才能体会"原子光谱、分子光谱、X 射线衍射等实验手段在物质结构研究中的作用"，才能让学生"了解人类探索物质结构的过程，认同'物质结构的探索是无止境的'这一观点"，凸显"主题 3：研究物质结构的方法与价值"。

2. 根据教学内容特点选取匹配的建模思路

思维模型有不同的类型，从特点和功能角度看，一般分为解释性模型和规律性模型。解释性模型旨在对某一现象或问题提供自洽的理论解释。广义地说，各种科学概念和理论都可以视为解释性模型，例如，原子结构模型、共价键模型、杂化轨道理论等。解释性模型是研究者基于现有证据和自身的理解构建的，通常具有一定的主观性和创造性，会在漫长的实践应用中不断被检验和完善。例如，杂化轨道理论和价电子对互斥理论，就是在共价键理论的基础上不断完善的产物。在一段时间内，受证据所限，针对同一现象或问题有可能同时存在多种解释性模型。例如，共价键理论、杂化轨道理论和分子轨道理论（高中阶段不要求）都是对原子成键本质的理论解释，它们之间存在竞争关系，在科学研究中并行使用。规律性模型旨在概括和建立变量之间的关联，典型的例子包括元素周期律、金属活动性顺序、质量守恒定律等。很多定律、定理通常属于规律性模型。规律性模型的客观性更强，但由于定义和测量方法的差异，也存在多种规律性模型并行使用的情况，如原子半径和电负性都有多种并行使用的定义和数据。除了以上两种模型，为了交流研究结果，科学家会采用不同的结构表征方式，这也可以被视为一类特殊的模型——表征性模型。多种形式的元素周期表是最典型的表征性模型，不同的元素周期表可以从不同角度凸显元素性质的变化规律。"晶胞选取规则"也是一种表征模型，是为了研究方便而进行的人为规定。不同功能的模型，其建构思路也有差异。

对于解释性模型而言，建模的思路一般是"问题→现象→解释"；如果侧重于理解或评价现有的模型，也可以按照"问题→解释→证据"的思路进行建模。科学研究中，提出解释是最具挑战性和创造性的步骤，而在教学中，关键步骤往往是问题的提出。因为教师习惯于直接讲解概念的具体内涵而忽视概念提出的缘由，所以很多重要概念和理论并没有通过建模的方式进行教学。如"杂化轨道理论"，教师习惯于直接讲解该理论的内容要点，而不让学生思考杂化轨道理论所解决的问题。体现模型建构的做法是，通过驱动性任务"根据碳原子的价电子排布预测 C 与 H 形成共价键的数目"引导学生发现经典共价键理论的不足之处，尝试提出合理的理论解释，并结合甲烷的键长、键角等证据逐步论证理论解释；或者在发现经典共价键理论的不足之处后，结合对甲烷空间结构的已有认知，体会和评析杂化轨道理论的合理性。

　　对于规律性模型而言，建模思路一般是"寻找变量→建构关系→检验关系"。变量的寻找理论上应当围绕问题的构成要素或影响因素展开，若要降低难度，也可以基于资料和经验来确定。之后通过作图、统计拟合等方法建立起变量之间的关系，再结合一定的证据对概括出来的关系进行检验。以元素原子得失电子能力的变化规律为例，围绕原子结构推测可能与之相关的变量，包括核电荷数、电子层数、最外层电子数，根据必修课程的经验和资料，还可以补充原子半径、电离能等变量，之后尝试选择自变量和因变量，通过作图的方法描述变量间的关系。

　　【案例】寻找定量比较元素原子得失电子能力的参数——电离能与电负性

　　【寻找变量】结合资料和必修课程，选出原子半径、第一电离能、电负性等可能变量

　　【建构关系】选择某些常见变量作为横坐标，以上述变量为纵坐标，通过作图描述变量间的关系。例如，以原子序数为横坐标，以元素的第一电离能为纵坐标，通过作图描述第一电离能随原子序数变化的关系，如图3-3-1所示。

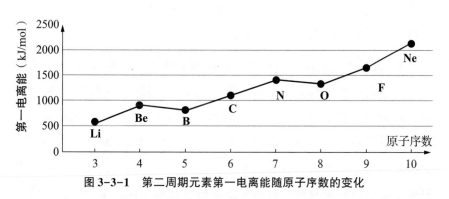

图 3-3-1　第二周期元素第一电离能随原子序数的变化

　　【检验关系】图3-3-1中的变量关系恰好是元素周期律所描述的，故可与元素周期律的结论来比对。由图3-3-1可见，第二周期元素第一电离能的变化与元素周期律基本吻合，但在 Be、N

元素上偏高。类似地，可检验原子半径、第一电离能、电负性与金属活动性规律的吻合情况，发现原子半径、第一电离能均不能吻合金属活动性规律（以原子半径为例，如图 3-3-2 所示），只有电负性能够吻合，故只有电负性是定量比较元素原子得失电子能力的合适的参数。

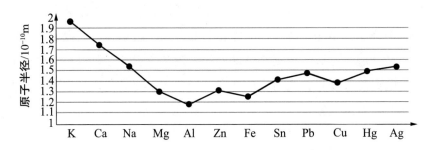

图 3-3-2 常见金属的原子半径与其金属活动性的关系

与规律性模型有一定的相似之处，表征性模型是对主要变量关系的表征，其关键是在多种表征方式中进行比较与评价，筛选出更简洁、能反映更多信息的模型。以晶胞的选取为例，晶胞选取的规则就是典型的表征性模型的建构过程。晶胞选取的规则本质上是为了方便研究和交流而进行的人为规定，并且得到了科学共同体中大部分成员的认同。在聚焦模型建构的教学中，可以让学生自己提出晶胞选取的规则，然后从简洁性、包含信息的丰富性等角度进行模型比较与评价，最终向科学界普遍认可的晶胞选取规则靠拢。

3. 基于模型建构教学的特点设计科学探究与实践活动

模型建构教学具有开放性、互动性以及多轮次建构等一系列特点，教师需要在了解这些特点的基础上设计相应的学习活动。首先，模型是对复杂事物中多要素及要素间关系的概括和反映。人们通常不会将简单的、单一的关联或因果关系称为模型。因此，并不是每个内容都适合进行模型建构，要选择重要概念开展建模教学。其次，模型建构是一种复杂的思维过程和体验，具有双向互动的特点。因此，模型建构教学高度依赖于学生活动和交流反思，不可能简单地通过讲授由教师单向传递给学生。教师在开展建模教学时，需要调整教学方式，精细设计驱动问题、活动和要求，同时注意创设开放的、鼓励交流的课堂氛围。最后，模型建构的过程具有一定的主观性和创造性。基于相同的信息和数据，不同研究者建构的模型可能是不同的，因为他们对关键要素的判断和思考的角度是不同的。因此，指向模型建构的教学必然是开放的，不会有"标准答案"。这一特点提醒教师，要充分重视学生的观点。学生的观点也可以认为是一种思维模型，它与科学模型间可能存在差异，但也并非毫无道理。事实上，很多看似不正确的学生观点也曾经在科学史上出现过，是重要的教学资源和教学契机。教师应注意发现并利用学生观点和科学模型间的差异，激发学生间的讨论，在证据推理的过程中逐步引导学生观点向科学模型靠拢，并在这一过程中提升学生分析、解决学科问题的能力和模型认知的素养。

　　基于模型建构的一般过程，指向模型建构的教学通常包括如下环节：①明确问题；②提出模型；③检验模型；④修正模型。首先，模型建构教学应明确要研究的学科问题及其类型。学科问题是模型建构的起点和目标，面对不同类型的学科问题，建模的方向和思路也不同。对于推测微观结构或探寻原因类的问题，需要建构解释性模型。对于寻找规律、评判指标或计算类的问题，需要建构规律性模型。其次，在确定建构模型类型后，需要尝试提出模型。对于解释性模型而言，提出的解释首先需要自洽，其次要与现有证据一致。在此基础上，合理的解释可以有多个。教师需要注意不同解释之间的关系，有些解释是彼此独立的竞争性解释，而有些解释之间存在包含关系，需要进行整合。对于规律性模型而言，需要明确自变量和因变量，并确定两者之间的关系。有时自变量与因变量之间的关系比较隐蔽，教师需要引导学生通过作图和数学处理来明确变量间的关系。再次，要对提出的模型进行检验。规律性模型的检验相对简单，可以直接按规律进行推论；对于解释性模型而言，如果不能找到直接的证据，也可以基于模型先进行推论，再寻找证明或证伪推论的证据。最后，需要根据检验结果对模型进行修正。对于解释性模型而言，往往是淘汰掉被证伪的解释，针对竞争性解释间的差异，补充证据再做检验。若所有解释都被淘汰，则需要重新提出新的解释模型。对于规律性模型，往往是优选与规律匹配度最好的变量关系，或者通过数学方法对现有变量关系进行组合，调整优化变量与规律的匹配程度。

三、在活动中促进学生主动建构、理解、比较和反思模型

模型建构教学高度依赖学习活动，设计与实施指向模型建构的教学需要具体的策略。课程标准中呈现了一些活动和策略建议，在主题1的教学策略中提到"利用氢原子和多电子原子光谱所产生的复杂现象，引导学生反思已有理论模型的局限，建立新的原子结构模型。借助科学史的故事和素材多角度展示人类对微观结构的认识过程，促进学生对科学本质的理解"。在主题2的教学策略中提到"关注不同类型微粒间相互作用概念的形成和发展思路，充分利用建立这些概念所使用的关键证据，通过实验事实和数据的对比，引发学生的认知冲突，引导学生进行解释，促使学生反思原有的概念模型的局限性，深化对微粒间相互作用模型的认识"。这些策略建议的共同特点是依托于学生活动，主要包括举证、利用科学史、引导反思、创设认知冲突等。以下分别从师生交流和学习评价两个视角来梳理模型建构的教学策略。

1. 促进学生主动建构和理解模型

与教师自身的模型建构过程类似，要促使学生主动建构和理解模型，首先需要引导学生思考概念提出的背景和回答的学科问题，并提出自己的观点和见解。常用策略包括：①直接提出学科问题；②创设认知冲突；③回溯科学史等。

若学科问题本身并不复杂，符合学生的认知且具有一定驱动性，就可以直接向学生提出学科问题。比如对核外电子排布这一内容来说，就可以直接提出"原子核外的电子是如何排布的"这一问题。这个问题既包含学科的逻辑，也符合学生认知的逻辑。当学生认识到同电子层中电子能量仍存在差异且能层中包含若干原子轨道后，自然而然地会思考核外电子如何在轨道中排布的问题。若学科问题与学生已有认

知存在矛盾，此时更适合通过创设认知冲突的方式促使学生主动建模。如氢键概念，就可以通过分析各周期非金属元素氢化物的沸点数据而建构形成。为了营造认知冲突的契机，加强认知冲突的效果，教师可以引导学生做出预期并解释（本质上是初步提出模型），再给出与之相矛盾的现象或数据，激发学生思考，对原有模型进行梳理、审视和反思。若学科问题比较复杂，如原子结构模型等，即当学生很难自己独立建构模型时，可以通过回溯科学史来促进学生理解科学模型及其对应的证据系统。

需要注意的是，教师在引导学生主动建模时，要尽量避免现有知识结论的影响。有些学生不清楚教师的意图，以为建模任务是变相的考查，急于翻书找到答案。教师应在布置任务时言明不要看书，并鼓励学生提出自己的想法和理解。

2. 促进学生交流、比较和反思模型

模型本身包含多个要素和比较复杂的要素关系。对于单个学生而言，完整的建模过程具有较大的挑战性，很可能遗漏某些要素和关系。但对于全班学生而言，可以通过交流和比较来降低建模的难度。教师需要鼓励和引导学生的交流研讨，充分有效地利用时间。常用策略包括：①头脑风暴；②观点澄清；③要点梳理；④模型比较；等等。当学生面对学科问题没有思路时，教师可以鼓励学生围绕问题开展头脑风暴，想到哪说到哪，并且在一定范围内接力和相互补充。这种策略通过降低完整性要求，减轻学生个体的负担和压力，避免学生因为紧张和内向而不发表观点，并且让学生彼此激发，提出更多的可能性。当教师没有完全听明白学生的观点时，应当及时追问以澄清观点，关键是澄清观点背后的基本假设和重要推理依据等，从而避免教师主观臆断，曲解学生的想法。当积累了一些碎片化的观点和推理后，教师需要带领学生借助副板书对现有观点进行梳理，建构观点与证据之间的关联，或明确变量间的关系等。当学生提出了多种竞争性模型时，或者学生提出的模型与科学模型不一致时，教师应引导学生基于现有理论、证据或一定原则，对模型进行比较和评价。

最后，教师还需要引领学生对模型和整个建模过程进行反思。反思的重点是模型的基本假设或变量、模型与证据之间的关系、模型的优势与局限性等。反思活动是必要的，因为学生虽然经历了建模的过程，但仍需要理性的梳理。反思活动可以与课堂总结整合起来。

3. 探查、诊断和评价学生模型

除了聚焦学科问题提出驱动性任务和引导学生交流反思外，教师还需要有意识地探查、诊断和评价学生建构的模型。如前所述，单个学生建构的模型可能不够系统，甚至只是碎片化的观点，但它仍可能对全体学生的建模过程产生贡献。故教师需要给学生机会来梳理、外显自己的模型。同时，教师可以在此过程中做出分析和判断，必要时对学生模型进行点评和点拨，以此促进学生反思和修正模型，并体会模型建构过程中思维碰撞的乐趣。

绘制示意图是一种探查学生观点和模型的常用策略。如绘制原子结构模型、物质熔化或沸腾过程、晶体的微观结构等示意图，可以探查学生对物质结构的微观想象。教师分析这些示意图时，不能只看表面结果，更需要尝试分析背后的重要假设。如对原子结构示意图而言，要关注学生的示意图中是否体现出正负电荷的分离（汤姆孙模型的关键），正负电荷如何分布（卢瑟福模型的关键），电子运动的半径是变化的还是固定的（玻尔模型的关键），电子运动是固定在有形轨道上还是无序变化的等。可见，学生观点与科学史上的某些观点有相似之处，教师可以通过点评将学生模型中的这些关键点外显出来，并将学生模型与科学史上的模型进行关联，并借由科学史上的证据促使学生反思和修正模型。

除了绘制模型外，还可以通过本源性问题的追问来探查学生解释背后的基本观点和假设。例如，对于晶体具有固定熔点这一现象，学生往往只能基于物理知识直接得出结论，而无法建构合理的解释性模型。此时可以追问"什么是熔点""物质熔化过程中微观结构上有何变化"等问题。如果学生无法回答这两个基本问题，那么说明其对于典型的物质变化过程缺乏微观想象和理解，不能从化学键变化角度认识物质的熔化过程，对于成断键过程中的能量变化不清楚。如果学生能够回答这两个问题，但是仍然难以针对"晶体具有固定熔点"问题建构解释性模型，则可判断问题出在对晶体本身微观结构特征的理解上。可见，探查和诊断学生模型能够为后续教学策略的选择提供支持。

第四节　有机化学基础模块的关键问题与教学策略

"有机化学基础"是高中化学选择性必修课程模块之一。课程标准要求学生通过本课程模块的学习，"建立'组成、结构决定性质'的基本观念，形成基于官能团、化学键与反应类型认识有机化合物的一般思路，了解测定有机化合物结构、探究性质、设计合成路线的相关知识，发展化学学科核心素养"。其中，基本观念和认识思路是高中生有机化合物主题素养的实质性内涵，有机化合物的结构测定、性质探究及合成路线设计既是知识及活动经验基础，也是素养培养和发展的核心任务载体。

课程标准由于篇幅和表达方式等因素的限制，难以全面系统阐述基于化学学科核心素养的有机化学基础模块学业质量标准，而这些内容却对教学、学生学习及评价具有重要的实践指导意义。有机化合物主题作为高中化学教学的核心内容，如何构建该主题模块的学业质量水平模型，如何科学精准地诊断和评价学生在该主题学业质量标准的达成情况和化学学科核心素养的发展情况，如何基于质量水平模型确定有机化学模块具体教学内容所承载的化学学科核心素养发展价值，并将其转化为涵盖学生化学学科核心素养表现的教学目标，进而进行学习活动和评价的一体化设计，这些都是亟待解决的重要问题。

一、基于内容要求和学业要求，细化核心素养发展目标

在课程标准有机化学模块的内容要求及学业要求中，"有机化合物的安全使用""设计有机合成路线""预测有机化合物的性质"及指向能源、材料、饮食、健康、环境等实际问题解决的有机化合物的分离和检验是该主题的核心问题及研究对象；有机化合物的分子组成和结构、有机反应类型分别是研究有机化合物性质与转化的两个核心的一级认识角度，其中前者的二级认识角度包括分子组成、碳骨架、官能团、空间结构、基团之间相互影响和化学键，后者的二级认识角度以有机化学反应类型为统领呈现在内容要求中。

在必修课程"简单的有机化合物及其应用"形成的基于典型代表物的认识水平基础上，选择性必修课程"有机化学基础"进一步发展学生对有机化合物基于官能团和基于化学键的认识水平，系统建立关于有机化合物性质及转化的宏观—微观、孤立—系统、静态—动态的认识方式类型。

有机化合物主题承担的素养发展外在表现为学科能力活动表现，是指学生通过有机化合物结构、有机反应、物质性质和应用的具体知识经验的学习，在面对不同情境下的有机化合物性质探究、有机化合物结构测定、有机合成和有机推断等化学问题时，能够自主调用有机化合物的核心角度从"结构"和"反应"认识有机化合物的一般思路，从宏观和微观相结合的视角解决问题的关键能力。结合课程标准中有机化合物主题的内容要求和学业要求，构建学生有机化合物主题学科能力的表现要求，具体如表3-4-1所示。

表 3-4-1　有机化合物主题学科能力的表现要求

学科能力要素		具体表现要求
学习理解能力：能够辨识、列举和描述典型代表物的组成、结构、性质和用途；能够对有机化合物的结构、性质和用途进行概括关联和比较，对反映物质典型性质的生成物、试剂和条件、反应类型、反应现象进行概括关联和比较；能够利用分子组成和结构、特征反应及现象、用途等说明论证典型有机化合物或官能团的性质	辨识记忆能力	■辨识典型代表物的碳骨架和官能团 ■描述典型代表物的分子结构特征（键的类型、键的极性、空间结构等） ■描述典型代表物的主要化学性质及其相应的实验现象，并书写相应的化学方程式 ■列举典型代表物在生产生活中的重要应用
	概括关联能力	■依据有机化合物分子中碳骨架和官能团对其进行分类 ■建立官能团与有机化合物特征性质的关联 ■依据反应规律对有机反应进行归类 ■比较不同有机化合物的组成、结构和性质的差异 ■建立有机化合物性质与应用之间的关联 ■概括和比较不同类型有机反应在反应物结构变化、试剂和条件、反应类型及反应现象方面的特征
	说明论证能力	■依据有机化合物化学键的饱和性、极性论证各类有机化合物分子中的反应活性部位 ■从有机化合物化学键的饱和性、极性论证官能团的性质 ■从实验、文献资料、事实、用途等中获取证据，论证有机化合物的性质

续表

学科能力要素		具体表现要求
应用实践能力：能够基于结构和反应的角度，依据有机化合物分子的结构特征、反应规律等分析解释有机化合物的性质及转化；依据官能团或化学键特征对陌生有机化合物的性质进行精准预测，结合已知信息对有机化合物的组成及结构、性质及反应进行相互推断；应用官能团的特征反应设计实验进行常见有机化合物的鉴别、检验、保存、分离、除杂等，能够利用典型反应进行简单有机合成路线的设计	分析解释能力	■依据有机化合物分子中的官能团类别、化学键特点分析解释各类有机化合物的性质及其转化 ■依据有机反应规律分析解释有机化合物的性质及其转化 ■利用各类有机化合物的组成、结构和性质分析解释日常生产生活现象
	推论预测能力	■基于有机化合物的组成、有机反应类型、试剂条件和现象等推断有机化合物的结构 ■根据类别、官能团预测陌生有机化合物的性质，并书写相应的方程式 ■根据有机化合物分子中共价键的饱和度、极性推断陌生有机化合物的活性部位、反应类型及反应，书写方程式 ■根据碳骨架、官能团及化学键的转化推断陌生反应 ■依据碳骨架、官能团推断符合特定条件的同分异构体
	简单设计能力	■根据官能团的特征反应设计实验方案，鉴别有机化合物官能团或验证有机化合物结构 ■能根据典型性质设计实验进行常见有机化合物的保存、分离、除杂等 ■设计简单的定量方法分析说明有机化合物的组成及其变化；或根据实验数据通过简单计算确定物质的组成和物质转化过程中的质量关系 ■结合已知信息和反应规律进行简单有机合成路线的设计

学科能力要素		具体表现要求
迁移创新能力：能够基于结构和反应的多个二级角度，结合陌生复杂信息对有机化合物的组成与结构、性质和反应进行系统推理，结合复杂陌生反应信息对有机化合物的有机合成路线进行综合推断、设计或评价；对陌生复杂有机化合物的结构和性质进行系统探究；将陌生反应和有机合成进行远迁移，对有机化合物的结构和非典型性质、性质和非常规用途进行远迁移或创意体会	复杂推理能力	■结合有机化合物的组成、有机反应类型、试剂条件和现象等系统推理出陌生有机化合物的结构 ■依据有机化合物的官能团、化学键的特点、陌生反应规律分析解释复杂陌生有机化合物的性质及其转化 ■依据反应规律和合成路线设计的一般方法设计复杂有机化合物的合成路线 ■从官能团保护、原子经济性等角度评价有机合成路线 ■利用有机化合物性质对有关能源、材料、饮食、健康、环境等实际问题进行分析、讨论和评价
	系统探究能力	■从多角度分析结构，精准预测性质，并设计和实施实验，探究陌生复杂有机化合物的性质 ■结合已知信息，利用各种实验方法综合分析数据，测定复杂陌生有机化合物的结构
	创新思维能力	■基于复杂陌生反应的碳骨架和化学键转化，设计陌生复杂有机化合物的合成路线 ■根据有机化合物的组成、结构特点创意设计有机化合物的用途 ■根据有机反应规律创意设计有机反应的应用（如燃料电池、生物发酵） ■结合有机化合物及反应在能源、材料、健康、环境等领域的前沿应用，体会化学家在问题解决过程中的创造性

　　基于有机化合物主题学科能力的表现要求，结合课程标准中的化学学科核心素养的水平划分，进一步确定有机化合物主题的化学学科核心素养发展要求，具体如表 3-4-2 所示。

表 3-4-2　有机化合物主题的化学学科核心素养发展要求

维度	有机化合物主题的化学学科核心素养发展要求
宏观辨识与微观探析	能对常见有机化合物及其变化进行描述和符号表征；能依据有机化合物分子的组成和结构特征对物质进行分类；能从有机化合物分子中的官能团类别、化学键特点分析解释各类有机化合物的性质；能比较不同有机化合物的组成、结构和性质的差异；能依据官能团或化学键特征对陌生有机化合物的性质进行精准预测；能结合已知信息对有机化合物的组成和结构、性质和反应进行相互推断。实质是对有机化合物的认识角度的丰富，发展了结构（分子组成、碳骨架、官能团、基团间相互影响、化学键、空间结构）角度；对有机化合物认识方式的转变，基于官能团和化学键认识有机化合物及其性质，分析结构，精准预测物质性质，从宏观和微观相结合的视角分析与解决实际问题
变化观念与平衡思想	能概括不同类型有机反应在反应物结构变化、试剂和条件、反应类型及反应现象方面的特征；能依据有机反应规律分析解释各类有机化合物的性质及其转化，设计有机化合物的合成路线，运用有机化合物性质和有机反应规律分析和解决实际问题。实质为对有机反应的认识角度的丰富，建立反应类型、反应物、生成物、试剂条件、现象等多个认识角度，能够多角度、动态地分析生产生活现象，进行合成路线的设计
证据推理与模型认知	能将宏观和微观结合获取证据，能依据证据从不同视角分析问题，推出合理的结论；能识别常见有机化合物分子结构模型和官能团、化学键、有机反应的理论模型；运用理论模型解释和预测有机化合物的组成、结构、性质与变化；能说明模型使用的条件和使用范围；能对复杂的化学问题情境中的关键要素进行分析以建构相应的模型，能选择不同模型综合解释或解决复杂的化学问题；能指出所建模型的局限，探寻模型优化需要的证据。实质为建构有机化合物分子的结构分析模型（见下页上图）和多角度认识有机反应的思路模型（见下页下图）

续表

维度	有机化合物主题的化学学科核心素养发展要求
证据推理 与模型认知	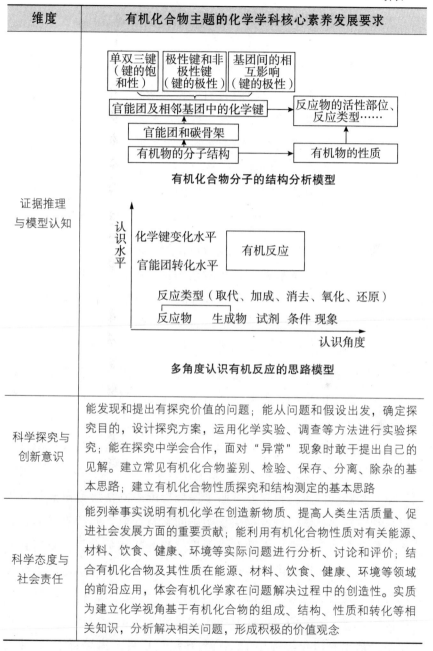
科学探究与 创新意识	能发现和提出有探究价值的问题；能从问题和假设出发，确定探究目的，设计探究方案，运用化学实验、调查等方法进行实验探究；能在探究中学会合作，面对"异常"现象时敢于提出自己的见解。建立常见有机化合物鉴别、检验、保存、分离、除杂的基本思路；建立有机化合物性质探究和结构测定的基本思路
科学态度与 社会责任	能列举事实说明有机化学在创造新物质、提高人类生活质量、促进社会发展方面的重要贡献；能利用有机化合物性质对有关能源、材料、饮食、健康、环境等实际问题进行分析、讨论和评价；结合有机化合物及其性质在能源、材料、饮食、健康、环境等领域的前沿应用，体会有机化学家在问题解决过程中的创造性。实质为建立化学视角基于有机化合物的组成、结构、性质和转化等相关知识，分析解决相关问题，形成积极的价值观念

二、理解教材，用好教材，持续发展核心素养

随着新的课程标准的颁布，基于课程标准修订的各版本教材陆续出版。实际教学过程中，教师对教材的依赖程度比较大，一般来说，在内容进程上与教材保持高度一致。不同版本的有机模块教材，在整体目录框架上保持了稳定，但在正文的组织呈现、栏目设置和具体内容方面各有差异，这些差异背后核心的编写思路是什么，如何使教材在教学中更好地发挥对学生学习的支持作用，需要教师深入理解教材，进而对教学内容进行单元整体规划，对单元学习活动进行整体设计。

1. 充分利用资料性栏目，精心创设学习情境

鲁科版《有机化学基础》教材对新知识的处理从"联想·质疑"栏目开始，其中涉及的有机化合物及有机反应或是与学生已有学习经验相关联，或是在生产生活中有重要的应用价值。教师在课堂引入环节的设计上可重点参考"联想·质疑"栏目，除了利用栏目中的素材内容，还应特别关注其中的驱动问题。通过引入环节鼓励学生联想已有的经验和熟悉的事物、现象，进而引导其发现问题、明确本单元的学习方向。

《有机化学基础》教材中还有大量与正文及活动性栏目穿插编排的资料性栏目，如"身边的化学""化学与技术""资料在线""拓展视野"等，栏目的内容选题充分参照了课程标准中的情境素材建议，为教学设计中的学习情境创设提供了明确的素材选取方向和丰富的素材内容，教师在教学时可以在此基础上进一步查阅相关资料，丰富素材的呈现方式，增加情境的真实性和代入感，增强情境与学习活动的关联与融合，避免情境与学习活动"两层皮"，情境中蕴含学生要解决、能解决的问题，情境创设的同时跟进学生的学习活动。例如，第 1 章第 1 节"认识有机化学"中的"资料在线"栏目"海葵毒素"，课堂上可提供给学生主题为"海葵毒素的发现及全合成"的阅读材料，并跟进交流研讨问题"通过资料阅读，你对化学家研究有机化合物的思路和方法有哪些新的认识？用流程图的方式表示"，这样才能真正发挥

情境的价值——使学生在情境中深刻感悟有机化学的学科魅力、深入体验应用有机化学知识解决实际问题的过程。

对于"拓展视野"栏目，栏目所涉及知识不是有机模块对学生的基本要求，教师可根据学生需求酌情选用。例如，《有机化学基础》第1章第2节"有机化合物的结构与性质"的"拓展视野"栏目"对映异构"，教学中使用该栏目素材时建议侧重于从应用的角度引导学生认识对映异构，使他们对手性分子有大致的认识。可以"自然界中的手性现象"为题组织学生查阅资料、搜集图片、分组进行活动，了解对映异构在实际生产和生活中的应用，进一步体验有机化合物的结构多样性。

2. 重点关注活动性栏目，精确设计学习活动

有机教材中，对于核心内容都有相应的活动性栏目同时呈现，如"观察·思考""活动·探究""交流·研讨"等，此外与活动性栏目配套出现的还有"方法导引""知识支持"等工具性栏目。这些活动性栏目旨在引导学生建构起各种知识之间的关系，支持学生思考理论与实际、现象与本质之间的关系，从而实现核心内容的素养发展功能。教师在核心教学环节及学习活动的设计上应充分利用活动性栏目的内容提示，并结合资料性栏目创设学习情境，同时根据学生的实际情况适时提供"方法导引""知识支持"等学习支架，明确具体活动形式和任务类型，在教学实施时应给足学生思考、动手操作和合作交流的时间，跟进即时性反馈和指导，真正将重点学习活动落实在课堂上。例如，有机化合物性质预测是贯穿各类烃及其衍生物性质学习的重点活动，在具体教学中根据进度和课程标准要求对性质探究的不同环节进行不同侧重的展开。如醇类性质的探究，可侧重打开"结构分析、性质预测"环节，性质验证环节因学生已有乙醇性质的实验经验，可不再侧重。在结构分析时，教师应不断追问学生：预测的断键部位有哪些、预测的依据是什么？基于乙醇性质的预测和基于化学键极性的预测，二者的预测结果和过程有哪些不同？引导学生从基于代表物性质的预测上升为基于官能团化学键的预测，并将预测的思路外显出来，真正发挥结构分析模型在有机化合物性质预测中的作用。

有机教材中的案例及微项目部分均可转化为1—3课时的单元教学，

尤其是微项目部分，按照项目目标、项目导引、项目活动及项目成果的顺序，完整呈现了项目教学的核心要素，将真实复杂问题解决过程与有机化合物性质探究、结构测定及合成路线设计等学科活动融合，实现学生素养的综合发展。

3. 研读和提炼正文内容，精细跟进概括小结

有机教材的正文部分既有对核心知识结构体系的阐述，也有对核心知识对学生有机化合物主题素养发展价值的阐述，这些内容需要学生通过学习活动进行建构，而不能依赖教师在课堂上条分缕析的讲解，因此，素养导向的教学需要教师扭转教学惯性，把课堂的时空还给学生，真正发挥学生的主体性。当教学的核心环节以学生学习活动为主时，就需要压缩教师的讲解时间，这对教师的讲解提出了更高的要求。教师可在每个学习活动结束时进行概括提炼式精讲，通过精讲帮助学生明确所建构的知识之间的内在本质联系，明确问题解决过程中的思路方法，进而明确学科观念思想。这样的精讲要求教师认真研读教材正文，内化知识及其对应的学科思路方法，提前预设精讲要点，在课堂上根据学生活动表现即时进行语言组织，使学生通过听讲有进一步的提升。以第1章第2节有机化合物的结构与性质单元教学第1课时为例，核心环节及相应的概括提炼内容（精讲要点）见表3-4-3。

表 3-4-3　第 1 章第 2 节第 1 课时的核心环节及精讲要点

核心环节	精讲要点
学习活动1：拼插四碳烃分子的球棍模型，用碳原子成键特点解释有机化合物多样性，说明有机化合物多样性的具体表现	①明确"碳四价"是碳原子成键的核心原则；②概括碳原子的常见成键方式，梳理有机化合物多样性的具体表现；③过渡、引出结构与性质的关联
学习活动2：依据实验现象和反应事实概括乙烷、乙烯和乙炔化学性质的差异，尝试从共价键饱和性的角度进行解释	①概括乙烷、乙烯和乙炔能否发生加成反应的差异表现；②明确加成反应的断键部位；③总结共价键饱和性与有机化合物化学性质的关系

续表

核心环节	精讲要点
学习活动3：分析乙醇化学性质中共价键的转化情况，尝试从共价键极性的角度进行解释	①梳理乙醇典型化学性质中的分子断键情况，对键的反应活性进行大致排序；②明确官能团中共价键的极性、官能团对邻近基团的影响造成的键极性变化是乙醇化学特性的决定因素；③总结共价键极性与有机化合物化学性质的关系
学习活动4：分析陌生多官能团有机化合物3-羟基-1-丁炔的分子结构，预测其发生化学反应的活性部位	①总结不同学生分析思路的差异（基于官能团与基于化学键；只关注键的饱和性与全面关注键的饱和性、极性和基团间相互影响）；②概括提炼有机化合物分子结构的分析角度和思路

三、采用微项目教学凸显学科应用价值，促进综合发展

项目教学能够使学生经历成果导向的综合任务的完成过程，形成真实情境下的复杂问题解决思路，因而对培养学生的实践应用及迁移创新能力有着独特的功能和价值。在有机模块教学中，项目教学正越来越受到教师的认同和重视。采用项目的方式开展教学，使学生体会有机化学的"有趣"和"有用"，感受有机化学的学科核心思想及其对真实世界问题解决的价值，是教师开展项目教学实践探索的原动力。

从素养发展的角度看，有机模块对进一步发展学生的"宏观辨识与微观探析""科学态度与社会责任""科学探究与创新意识"素养具有重要作用。从学生的学科能力发展来看，通过烃及其衍生物的性质和应用、有机化学反应类型的学习，在面对不同情境下的有机化合物性质探究、有机化合物结构测定、有机合成路线设计和有机推断等化学问题时，学生应能够自主调用有机化合物的核心认识角度，从宏观和微观相结合的视角解决问题。以下以"探秘医用胶"项目教学为例，呈现有机模块项目教学的思路和过程。

1. 项目学习主题的确定

鲁科版《有机化学基础》教材选择来自实际生活的 α-氰基丙烯酸酯类医用胶作为学生的研究对象，基于以下几点考虑：医用胶的神奇性能有利于激发学生学习兴趣；分子中的官能团除氰基外，均为课程标准中要求的官能团；围绕医用胶的功能、性质、结构、合成等方面展开探究，既能帮助学生梳理巩固常见有机化合物的性质及转化，又能帮助其形成真实问题解决的思路方法，巩固认识角度和认识思路，达成复习课素养发展的教学目标。因此将项目学习主题确定为"探秘神奇的医用胶"，确定项目学习成果为"设计医用胶的分子结构及合成路线"。

2. 项目学习活动的设计

项目学习活动应该聚焦项目学习中关键问题的解决来考虑，即活动内容应体现学科思想方法的应用，活动组织顺序应遵循项目成果达成或关键问题解决的逻辑顺序。依照上述活动设计思路和教学目标，"探秘医用胶"项目引导学生沿着科学家的探究过程，依次经历医用胶性能和结构分析、设计医用胶的分子结构及合成路线、论证医用胶使用的安全性等活动，经历一个完整的项目学习过程，见表3-4-4。通过上述活动的体验，学生在问题解决的过程中巩固和应用有机化合物的结构分析及有机反应的多角度认识的思路模型，深刻体会有机化学学科所蕴含的创造性魅力，最终达成相应的项目学习目标。

表3-4-4　"探秘神奇的医用胶"项目学习流程

环节	项目学习活动	驱动问题	能力任务	教学目标
第1课时				
引入	创设情境，明确项目学习主题——探秘医用胶，项目学习成果——设计医用胶分子结构及合成路线			

续表

		第 1 课时		
环节 1	从性能需求探秘医用胶的结构及黏合原理（1）从化学角度解读医用胶的黏合、固化等性能（2）建立性能与性质、结构的关联	问题 1：医用胶为什么具有黏合人体组织的神奇功能？	分析解释：从性质、结构角度分析"黏结强度好""常温常压下迅速固化"性能的化学含义；概括关联；归纳满足医用胶黏合性能需求的分子结构特征	应用性质与结构的关系分析解释性能，建立性能、性质及结构的关联；巩固碳碳双键等典型官能团的结构及性质
环节 2	基于性能需求设计改良医用胶分子结构	问题 2：怎样设计满足性能需求的医用胶分子结构？	简单设计、说明论证：小组结合学案资料设计符合需求的医用胶的分子结构，依据结构、性质和性能的关系论证所设计结果的合理性	应用多角度分析有机化合物结构和多角度认识有机反应的思路方法解决有机化合物结构设计问题
		第 2 课时		
环节 3	设计医用胶的合成路线	问题 3：怎样合成医用胶？	系统探究：回顾有机合成的基本思路；小组合作设计医用胶的合成路线并用海报展示，对不同组的合成路线进行优化完善	应用有机合成的一般思路设计、优化陌生有机化合物的合成路线；应用常见的有机化合物转化关系
环节 4	论证医用胶使用的安全性（1）探索医用胶在人体内的代谢（2）探讨医用胶分子结构与使用安全性的关系	问题 4：我们设计的医用胶满足安全使用的需求吗？	分析解释、推论预测：小组合作依据资料分析医用胶在人体组织中的代谢条件、代谢产物等。据此进一步探讨医用胶可能存在的安全隐患，基于安全性增强探讨医用胶的结构改进方向	应用多角度认识有机反应的思路论证人体内医用胶的代谢及使用安全性等实际问题；巩固重要的有机反应规律
小结	回顾对医用胶性能、性质、结构、合成的探索之旅	梳理探索结构、性质、性能三者间的关联，体会科学家的研发思路		整合性能、性质、结构三者的关系探秘实际应用领域的有机化合物的思路方法

　　开展项目学习对教师是一种尝试也是挑战，需要在实践中不断改进。在本案例试讲阶段的课后访谈中，学生反映他们认为最神奇的是医用胶性能和微观分子结构的关系，但课堂上没有展开讨论这个问题，使得他们没有应用结构决定性质的思路自主发现宏观性能的微观本质。针对上述访谈结果，教师在正式授课时将活动进一步调整和细化，教学效果显著提升。

　　通过案例实践明确了项目学习设计和实施的基本方法和思路：基于素养目标，深入挖掘情境素材的素养发展价值，确定具有挑战性的项目学习主题；发现学生在真实问题解决过程中的关键发展点，设计具有针对性的项目学习活动；开发整合项目学习资源，支持项目学习活动开展，促进项目学习目标达成。应用上述方法研发新的教学案例，值得教师在实践中持续探索。

第四章

高中化学深度学习的
教学案例及分析

　　本章将指向深度学习的教学实践模型应用到高中化学不同内容专题的教学中，选择有代表性的学习主题，如表4-0-1。本章的教学案例均经过专家及教师共同研讨，经过多轮次的教学实施改进后符合深度学习教学的特征且真实地促进了学生的深度学习。教学案例能够代表该内容专题教学的典型特征，呈现解决该内容专题的教学策略。

表4-0-1　高中化学深度学习的教学案例信息

案例名称	内容选取	单元教学类型
案例1　粗盐精制——从微观角度看粗盐中可溶性杂质的去除	必修课程 概念原理	单元大任务统领
案例2　论证重雾霾天气"汽车限行"的合理性	必修课程 无机物	单元大任务统领； 社会性科学议题教学
案例3　从三维视角认识自然界中硫的循环	必修课程 无机物	知识逻辑与素养进阶融合
案例4　保护珊瑚礁——基于微粒间相互作用及其影响解决复杂电解质溶液中的反应及平衡问题	选择性必修 化学反应原理模块	大任务统领； 模型建构教学
案例5　元素性质及其变化规律	选择性必修 物质结构与性质模块	知识逻辑与素养进阶融合； 模型建构教学
案例6　认识有机化学反应的思路方法——有机化学反应类型	选择性必修 有机化学基础模块	知识逻辑与素养进阶融合； 模型建构教学

案 例 ①

粗盐精制——从微观角度看粗盐中可溶性杂质的去除

实施年级：高中一年级

对应课标：必修课程主题 2：常见的无机物及其应用"2.3 电离与离子反应"

所用教材：鲁科版必修第一册第 2 章第 2 节"电解质的电离　离子反应"

单元课时：4

◉ 一、引领性学习主题

本案例的引领性学习主题为：粗盐精制——基于电离、离子反应，从微观角度认识物质在溶液中的存在形态与变化。"电离、离子反应"是核心概念，"从微观角度认识物质在溶液中的存在形态与变化"是学科大概念，粗盐精制是统摄单元的大任务。

1. 主题知识结构

电离与离子反应是物质在溶液中的两种重要变化过程，位于知识结构的中心位置，属于核心概念。这些知识之间的关系是：电解质在形成溶液或熔融时会发生电离，结果是产生自由移动的离子，宏观表现是溶液可导电；离子间可能发生离子反应，利用离子反应的规律，可以解决离子检验和物质分离等任务；电离方程式、离子方程式是对电离、离子反应等过程的表征。由主题知识结构的分析可见，物质在溶液中的存在形态和变化是本主题中两个主要的研究对象。

2. 课标要求与内容价值

"电离与离子反应"是课程标准必修课程"常见的无机物及其应用"主题内容要求中的一个标题，具体要求为"认识酸、碱、盐等电

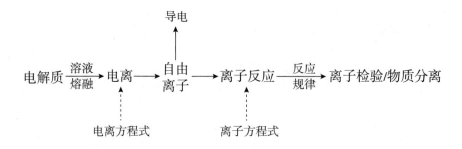

图 4-1-1　"电离与离子反应" 的知识结构

解质在水溶液中或熔融状态下能发生电离，其知识结构见图 4-1-1。通过实验事实认识离子反应及其发生的条件，了解常见离子的检验方法"。可见，电离和离子反应是两个核心概念，前者指向电解质进入溶液后发生的变化与存在形态，后者指向多种电解质在溶液中反应的微观本质与条件。课程标准这部分论述揭示了认识对象与角度，支持着引领性学习主题中"从微观角度认识物质在溶液中的存在形态与变化"这一学科大概念的确定。

　　课标中还提到"了解常见离子的检验方法"，必做实验"用化学沉淀法去除粗盐中的杂质离子"。离子检验与物质分离是这两个核心概念的重要应用。因此，要全面分析课程标准的要求，关注核心概念的主要应用领域和相关实验要求，并将其作为挑战性学习活动设计的参考。

　　3. 主题学情分析

　　本案例中，除了电解质、电离、离子等具体概念外，还应结合学生表现对思路方法的掌握程度进行分析，包括是否形成了微观角度，是定性水平（离子种类）还是定量水平（离子数量关系）。

　　学生在学习本主题内容前，在初中阶段已经学习了酸、碱、盐，已经能够从宏观物质角度分析酸、碱、盐在水溶液中的行为，但仅能基于一些酸、碱、盐的代表物，能从宏观角度、孤立地分析酸、碱、盐之间的反应。进入高中必修阶段，学生需要在宏观视角的基础上，基于电离、离子反应概念建立起微观角度，并能定性、定量相结合地认识溶液中微粒的种类与数量关系。教学前对学生进行了前测，从前测的结果来看，学生存在以下障碍点：

（1）大部分学生知道酸、碱、盐在水溶液中以离子形式存在，对什么样的物质能产生离子、如何产生离子、多种离子之间能否共存等问题不明确，不能准确运用化学用语进行表征；

（2）部分学生只能从宏观物质的角度进行分析，不能从离子的角度分析酸、碱、盐之间的反应；

（3）大部分学生只能关注到离子的种类，不能关注离子的数量，从定量的角度分析问题的意识和能力比较薄弱。

从学生兴趣和活动经验的角度看，粗盐精制活动对学生来说既熟悉又陌生，他们学过了粗盐中难溶杂质的去除，大致可以想到可溶性杂质需要应用化学反应去除，但粗盐中真正的杂质是什么、如何选择除杂试剂、面对多种杂质如何优化除杂方案等问题对其具有一定的挑战性。另外，学生会觉得粗盐精制应该是很简单的事情，不能体会其过程的艰辛及背后的意义，在态度责任方面也有发展空间。学生的这些问题正是设计主题单元的学习目标和学习活动时的重要关注点。

⦿ 二、素养导向的学习目标

本案例的引领性学习主题为"粗盐精制——基于电离、离子反应从微观角度认识溶液体系中物质的存在形态与变化"。本案例的素养导向的学习目标分析见表4-1-1。以"宏观辨识与微观探析"素养为例，在本主题中宏观上要辨识的是物质的种类、导电性等现象，微观上要探析的是物质在溶液中的微观存在形态与变化过程。再以"证据推理与模型认知"素养为例，在本主题中主要体现为利用实验现象和数据证据，论证电离、离子反应的发生。

表 4-1-1　案例 1 素养导向的学习目标分析

化学学科核心素养	单元学习目标（可测+关联）	对应关系说明
宏观辨识与微观探析 变化观念与平衡思想 证据推理与模型认知 科学探究与创新意识 科学态度与社会责任	a. 能从微观角度看物质在溶液中的存在形态和变化，能想象和阐述物质在溶液中的电离过程及结果（微粒种类与数量关系），能认识到溶液中反应的本质是离子反应，并能识别会发生反应的常见离子组合；能用电离方程式、离子方程式等化学语言表征这些微观过程	对应宏观辨识与微观探析
	b. 能阐述物质进入水中后发生的变化（电离），能判断离子间的反应与共存，能认识到离子反应是有规律的，能利用离子反应规律解决检验、除杂等问题	对应变化观念与平衡思想
	c. 能根据对电解质溶液的微观想象设计实验，结合导电性、传感器数据等实验证据说明论证电离、离子反应等猜想；面对复杂的多离子检验任务时，能结合离子反应规律和实验现象进行推论，并反思可能的干扰	对应证据推理与模型认知
	d. 能基于复杂离子反应设计粗盐精制方案，明确试剂种类、加入量和顺序等，能实施方案并检验除杂效果	对应科学探究与创新意识
	e. 能从成本、除杂效果和安全性等方面评价和优化实验方案，能理解并分析工业上粗盐精制的方案；能体会盐对人体健康、社会发展的重要性，认识历史上盐和制盐技术的重要地位，以及我国在制盐方面的成就	对应科学态度与社会责任

　　上述单元学习目标 a 和 b 指向微粒观、变化观等学科观念，结合电离、离子反应阐述了微粒观、变化观在本主题中的具体内涵；目标 c 和 d 指向研究过程与方法，强调电离、离子反应等概念的形成与论证过程；目标 e 指向育人价值，强调电离、离子反应的应用和社会影响。这些单元学习目标从学科观念、研究过程与方法、育人价值等层面对引领性学习主题的素养发展价值进行了解析，目标间是彼此关联、相互支持的。

⊙ 三、挑战性学习活动

1. 设计依据与价值分析

本案例的挑战性学习活动是"粗盐精制",该任务在课程标准中属于必做实验,并且与内容要求"了解常见离子的检验方法"一致,因此选取粗盐精制任务可以保证与核心知识、思想方法的一致性,并整合教学内容。除了从课程标准的内容要求、学习活动建议、情境素材建议等部分寻找挑战性学习活动外,也可以自选情境素材与活动,从学科认识价值和育人价值等角度充分论证其合理性。

以粗盐精制活动为例,它既涉及从微观视角看物质与变化,需要应用电离、离子反应等核心概念,也涉及物质分离的思路方法,还具有丰富的育人价值。粗盐精制活动对应的基本化学问题是"可溶性杂质的去除"。要去除可溶性杂质,首先需要基于电离概念,从微观角度明确杂质是什么;基于离子反应概念认识反应的微观本质与条件。"粗盐精制"还涉及实验改进、化工发展和实际问题等,食盐本身是关乎国计民生的重要物质,直到民国时期范旭东创办久大精盐公司,通过优化工艺降低成本,国人才普遍吃上精盐。将这些元素融入挑战性学习活动,可以彰显化学对社会发展的重要性,提升学生的学习兴趣和社会责任感。

2. 单元学习活动的规划

以粗盐精制活动为例,从微粒观的形成与发展的角度看,基于单一物质电离的微粒观是最基础的;其次是基于多物质电离(但无离子反应)的微粒观;进一步是基于单一离子反应的微粒观;更高水平是基于复杂离子反应的系统微粒观。前两种水平的认识对象是物质,后两种水平的认识对象是变化。从这个角度看,学生应当经历从微观角度看物质(基于电离的微粒观)、从微观角度看变化(基于离子反应的微粒观),以及微粒观的迁移应用(基于复杂离子反应的微粒观)等学习过程。再从真实问题解决的角度看,学生要完成粗盐精制任务,需要解决识别杂质、了解除杂方法、设计并实施除杂方案等问题。在识别杂质的过程中，引导学生建立基于电离的微粒观，在了解除杂方法的过程中建立基于离子反应的微粒观，在设计和优化粗盐精制方案的过程中，引导学生综合应用核心知识和思路方法，获得科学态度和社会责任的体验，并实现两条线索的融合。

在此基础上，可将粗盐精制任务拆分为 3 个子任务（3 课时）：

（1）从微观角度看杂质：聚焦电离概念的形成与应用，从认识粗盐中的杂质出发，结合微观想象和实验证据，理解并论证物质在溶解过程中的变化，最终落实在认识粗盐中真正的杂质上。同时，渗透食盐对人体健康的重要作用，以及粗盐精制的重要社会价值。

（2）从微观角度看除杂过程中的变化：聚焦离子反应概念的形成与应用，从想象除杂过程中变化的微观本质出发，结合实验证据论证离子的"变"与"不变"，并用化学语言表述，最终落实在粗盐除杂试剂的选择和解释上。

（3）设计、实施并优化粗盐精制方案：进一步应用核心概念，聚焦"复杂除杂问题"中的定量和顺序问题，从交流除杂方案出发，修改完善实验方案并实施，在实验的基础上，进一步了解和评价历史上和工业上的粗盐精制方案，从工程技术和社会意义等角度认识除杂问题的复杂性和重要性。

（4）梳理、补全核心知识体系与思路方法：回归与电离、离子反应相关的学科问题，补充认识高温熔融时物质的电离，形成电解质的完整概念，梳理电解质、电离、导电等概念之间的关系，从宏观与微观角度梳理电解质电离与物质类别之间的关联，巩固离子方程式的书写并反思其含义等。

具体活动规划如表 4-1-2 所示。

表 4-1-2　案例 1 单元学习活动规划

活动及时长	教学过程	与目标的关系
活动 1：从微观角度看杂质（40 分钟）	活动 1 包含 3 个子活动： 活动 1-1：初识粗盐中的杂质，在了解了食盐的重要性和制盐历史后，让学生通过对比实验（固体混合、溶液混合）意识到物质在溶液中发生了变化 活动 1-2：从微观角度看 NaCl，请学生想象并结合实验证据分析食盐进入溶液后的微观变化，体验、理解并概括电离的概念 活动 1-3：从微观角度看粗盐，将对 NaCl 溶液的微观认识迁移到粗盐中的其他组分，利用磁贴和磁性白板模拟粗盐溶解过程中微粒的变化，从离子角度认识粗盐中真正的杂质	在单一溶质体系中初建微粒观 基于导电性证据论证电离的发生，形成概念 在多溶质体系中巩固基于电离的微粒观
活动 2：从微观角度看除杂过程中的变化（25 分钟）	活动 2 包含 3 个子活动： 活动 2-1：基于离子视角建立离子反应概念，想象并用磁贴模拟粗盐中加入除杂试剂 Na_2CO_3 后溶液中变化的微观过程，结合实验现象和传感器数据分析该微观过程，论证反应实质是离子间的反应 活动 2-2：分析典型酸、碱、盐溶液间的离子反应，并用离子方程式表征反应的微观过程 活动 2-3：针对简单体系（单一杂质）的除杂试剂选择思路概括，设计除去指定离子所需的反应和试剂，并用离子方程式表述，反思、概括试剂选择的基本思路	从基于电离的微粒观到基于离子反应的微粒观 基于多样化证据论证离子反应，并多重表征 初步利用离子反应解决简单除杂问题（变化观）
活动 3：设计、实施并优化粗盐精制方案（40 分钟）	活动 3 包含 2 个子活动： 活动 3-1：针对复杂体系（多杂质）优化、实施和评价除杂方案，进一步考虑试剂量、加入顺序等问题 活动 3-2：了解和解释工业上的除杂方法，并对其进行评价，体会其重要意义	进一步应用电离和离子反应，发展系统分析和设计能力，提升社会责任感

续表

活动及时长	教学过程	与目标的关系
活动4：梳理、补全核心知识体系与思路方法（40分钟）	活动4追问电离的本质，完善电解质的概念并梳理电解质、电离、导电等概念间的关系；打通知识间的关联，宏观上建立物质分类与电解质、电离的关联，微观上建立电离出的微粒与酸、碱、盐通性的关联；巩固离子方程式的书写，并反思其微观含义——物质在溶液中的主要存在形态	建立概念间的关系 补全宏微关联和厘清认识思路

◉ 四、持续性学习评价

1. 评价内容与指标

本案例中，学生对电离、离子反应概念的理解是基础；基于此形成的微粒观和宏、微、符关联是关键；实验与证据推理能力具有重要的方法价值；科学态度与社会责任是根本目标。基于这样的考虑，将学习目标拆解为评价内容，将学习目标的描述转化为学生的具体表现，确定的评价内容和指标如表4-1-3所示。

表4-1-3 案例1评价内容及评价指标

评价内容	评价指标
电离、离子反应的概念及知识结构	①能描述电离、离子反应的内涵，并能用电离方程式、离子方程式进行表征 ②能围绕电离、离子反应建立概念之间的关联
宏观、微观、符号关联：物质组成、微观粒子、微粒间相互作用、符号表征、宏观现象之间的关联	③能想象电解质进入溶液后的变化与微观粒子的存在 ④能想象溶液中反应的微观过程
实验与证据推理：宏观现象与物质组成、微粒间相互作用、微粒种类和数量之间的推理分析	⑤能结合实验证据论证电离、离子反应等微观变化 ⑥能合理选择除杂试剂，并设计、优化粗盐精制的实验方案

续表

评价内容	评价指标
科学探究与创新意识：根据实际需要设计、评价和改进离子检验、除杂方案并实施	⑥能合理选择除杂试剂，并设计、优化粗盐精制的实验方案
科学态度与社会责任：实验活动中的严谨求实，基于实际问题，对活动意义的认同及赞赏	⑦能从健康、生产效率与成本等多角度评价粗盐精制方案 ⑧能体会粗盐精制的重要性，体会化学对社会发展的重要意义

2. 评价的方法

对于核心概念和学科观念等评价内容，教师可以借助教学过程中的微观示意图绘制、磁贴模拟、化学用语书写、除杂方案设计等活动中形成的文本，完成指标①②③④的评价。对于证据推理等评价内容，教师可以结合学生根据实验证据论证电离、离子反应的过程，以及理论解释、评价除杂方案时学生的解释、论证和体会，完成指标⑤⑥⑦⑧的评价。本案例的具体评价方法见表4-1-4。

表4-1-4　案例1活动评价的方法

评价的活动	活动评价的方法
活动1：从微观角度看杂质	通过微观想象，探查学生对物质在溶液中存在形态的原有认识 通过磁贴摆放，判断能否在多溶质体系中应用电离概念，以及探查是否关注定量关系
活动2：从微观角度看除杂过程中的变化	通过磁贴摆放或画图，探查学生对离子反应的原有认识 利用传感器提供体系中离子浓度信息，根据学生的回答，诊断学生基于证据推理论证的能力
活动3：设计、实施并优化粗盐精制方案	通过单一组分和粗盐除杂的方案设计，探查学生设计除杂思路和系统分析多离子反应的能力 通过评价除杂方案，判断学生是否关切食品安全、成本等因素 通过对工业方案的学习体会，评价学生的社会责任感
活动4：梳理、补全核心知识体系与思路方法	通过概念图的绘制诊断学生对核心概念及概念关系的理解

3. 水平规划与赋值

核心概念和微粒观（评价内容1和评价内容2），预设3个水平：

水平1：基本没有离子观点，基于笼统的物质观点认识溶解和反应，在表征反应过程时，始终使用化学方程式。

水平2：具有初步的离子观点，基于电离和离子认识物质的溶解，基于离子反应认识物质间的反应，但限于典型物质和简单体系的定性认识，在表征反应过程时通常需要先写出化学方程式，再改写成离子方程式。

水平3：具有明确的离子观点和系统的微观思维，能基于电离和离子反应观点认识多溶质体系，在表征反应过程时能根据微观实质直接书写离子方程式，关注离子的过量问题和连续加入时溶液微观组成的变化，能定量、系统分析粗盐除杂问题。

实验和证据推理能力（评价内容3），预设3个水平：

水平1：没有明确的微观假设，仅能回忆实验现象，不能与微观假设关联起来，经常混淆电离、电解等概念，不清楚电离、导电、电解质之间的关系。

水平2：有微观假设和证据意识，能结合熟悉的实验证据说明物质的存在形态和反应中的变化情况，能明确电离、导电、电解质等概念间的关系。

水平3：面对陌生物质能主动设想和寻找证据，能结合多种证据从变与不变等角度进行对比分析论证，能将电离、电解质与物质类别、离子反应及其规律等概念关联，形成完整的推理路径。

科学探究与创新意识（评价内容4），预设3个水平：

水平1：能够针对多种离子杂质选择除杂试剂，不引入杂质。

水平2：能够针对多种离子杂质选择除杂试剂，不引入杂质，同时考虑到试剂的添加顺序。

水平3：能够从成本、除杂效果等方面改进、优化除杂方案。

科学态度与社会责任（评价内容5），预设3个水平：

水平1：没有明显的态度和责任感变化。

水平2：有一些初步的感受和体验，例如，食盐很重要，粗盐精制不容易，但没有与电离、离子反应建立关联。

水平3：有较为深刻的感受和责任体验，能意识到杂质识别和除杂方案设计会影响食盐成本，进而影响民族制盐工业乃至化工生产的发展；学生表现出高度投入和较强的代入感，能将自己的学习、方案设计实践与社会发展相关联。

4. 单元同步作业设计

请扫描右侧二维码阅读详细内容。

⊙ **五、开放性学习环境**

本案例的学习环境总体服务于引领性学习主题中的"从微观角度认识物质在溶液中的存在形态与变化"，伴随单元学习活动进展，逐步突破"微观角度"和学生的认识障碍。根据"粗盐精制"任务的展开需求，设计如下物理环境、虚拟和人文环境。

1. 物理环境

（1）分组实验：①粗盐固体与 Na_2CO_3 粉末混合，粗盐固体与 Na_2CO_3 溶液混合，对比；②粗盐和 Na_2CO_3 溶解后的导电性实验；③粗盐精制方案的实施实验等。

（2）分组提供：磁贴和磁性白板（模拟粗盐中的微粒，模拟除杂过程中溶液中微粒变化）。

（3）演示实验：Ca^{2+}、Cl^- 传感器。

（4）实物投影。

2. 虚拟与人文环境

（1）食盐的重要性和中国开始食用精盐的历史片段（化工实业家范旭东与久大精盐）。

（2）氯化钠溶解过程的视频。

（3）角色扮演（作为工程师，设计粗盐精制的工业方案并分组交流、点评）。

六、反思性教学改进

1. 教学设计前对以往教学的反思

以往的电离、离子反应教学，对电离概念的处理过于简略且仅强调结果（产生离子），教师通常自己讲解导电性实验，而不是让学生理解并以此为证据论证电离过程。不注重离子反应概念的形成，不提供证据或提供的证据（反应现象），不能论证反应的实质是离子反应。离子方程式的书写占用较多时间，但以程序化的技能训练为主。粗盐精制实验往往在另用课时处理。

本案例力图在以下方面进行改进：（1）持续关注和探查学生的微观想象和思维过程，使用微观示意图、磁贴等多种方法外显和诊断学生思维。（2）加强学生的推理论证过程，通过导电性实验、传感器数据等提供丰富的实验证据，在证据推理中建构电离、离子反应等核心概念。（3）将核心概念的概括、理解与表征关联起来，引导学生用磁贴和化学语言表述电离、离子反应过程，理解电离方程式、离子方程式的内涵与书写要求。（4）以"粗盐精制"为情境将必做实验整合进来，同时增强了学习活动的挑战性，丰富了认识价值和育人功能。

2. 教学实施中的反思与改进

通过微观示意图绘制、磁贴模拟等活动，发现不同班级学生对电离、离子反应的原始认识水平存在较大差异，学生普遍能画出离子，但部分学生认为形成溶液后离子只是分散了，但仍存在较强的相互作用，并不"自由"；部分学生忽视了电离后离子间的数量关系。课堂中根据课前预设的评价指标和评价标准及时准确地诊断学生，小组讨论时通过针对性提问与追问将评价和指导及时反馈给学生。这也说明微观示意图绘制和磁贴模拟能够有效探查、外显学生的思维。

通过导电性实验论证电离过程时，学生的推理过程"跳跃"且"模糊"，直接从"导电"到"存在离子"。教师在初次试讲时的引导不到位，没有通过比较强调溶液中离子的"自由"，并且缺少对"离子为何能变得自由"的追问。

在书写电离方程式、离子方程式时，借助磁贴，学生能更自主地关注到离子间的数量关系。根据磁贴的摆放与移动过程直接准确写出参与反应的离子，学生书写简单的离子方程式时，不再需要书写化学方程式。这说明磁贴模拟活动能够有效解决学生的疑问。但是课堂中学生在书写电离和离子反应方程式时，可能会暴露部分迷思概念，教师可以结合磁贴活动进行阐释，以帮助学生理解。

3. 教学实施后的反思与改进

针对学生"电离"概念推理"跳跃"的问题，教师可以在体验实验中补充了 Na_2CO_3 与 $CaCl_2$ 固体直接混合的实验作为铺垫，此处引导学生比较固体和溶液中离子的差异，促使学生关注溶剂水在电离过程中的作用。该对比实验的补充还能促使学生提出"物质进入水中会发生变化"这一观点，有利于学生微粒观和电离概念的形成。

学生书写相对陌生反应的离子方程式时，仍会先写化学方程式，借由复分解反应交互成分后再改写成离子方程式。这可能是由于学生对"哪些离子能发生反应"缺乏认识，因此教师需要改进教学，在后续的课堂中，书写离子方程式的示例后，应补充离子反应规律的知识支持，可将此内容与除杂试剂选择任务相整合。

整体实施后，本案例在育人价值的彰显方面仍有提升空间。可以将对粗盐中杂质的再认识、除杂方案的优化与成本、工艺联系起来，让学生意识到自己的设计会真实影响产品的成本与竞争力，更深刻体会粗盐精制对社会发展的重要意义。

⎛案⎞⎛例⎞ ②

论证重雾霾天气 "汽车限行" 的合理性

> 实施年级：高中一年级
>
> 对应课标：必修课程主题2：常见的无机物及其应用 "2.5 非金属及其化合物"
>
> 所用教材：鲁科版必修第一册第3章第3节 "氮的循环" 及微项目 "论证重污染天气'汽车限行'的合理性——探讨社会性科学议题"
>
> 单元课时：3

⊙ 一、引领性学习主题

本案例的引领性学习主题为：从 "价-类" 二维角度自主构建含氮元素物质间的转化，论证 "汽车限行" 社会性科学议题并做出科学决策。"氮及其化合物的性质与转化" 是核心知识，"从'价-类'二维角度自主构建含氮元素物质间的转化" 是学科大概念，"论证'汽车限行'社会性科学议题并做出科学决策" 是统摄单元的大任务。

1. 主题知识结构

本主题包含 "氮及其化合物" 的核心知识，以氮氧化物为核心，包括氮气、氮氧化物、硝酸、硝酸盐、氨气、铵盐等含氮元素物质的性质及转化关系，运用 "价-类" 二维图构建含氮元素物质间的转化（见图4-2-1），"价-类" 二维思维模型贯穿始终，变化观念不断深化。由主题知识结构分析可见，"含氮元素物质的性质及转化" 是主要研究对象。

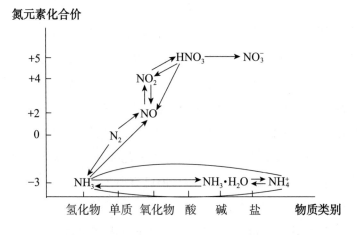

图 4-2-1　氮元素"价-类"二维图

2. 课标要求与内容价值

"非金属及其化合物"是课程标准必修课程"常见的无机物及其应用"主题内容要求中的一个标题，氮及其化合物是其中的重要组成部分，具体内容要求为"结合真实情境中的应用实例或通过实验探究，了解氮及其重要化合物的主要性质，认识这些物质在生产中的应用和对生态环境的影响"，学业要求为"能从物质类别和元素价态变化的视角说明物质的转化路径"等。由此可知，氮及其化合物的性质与转化是本单元教学中的核心概念，指向学生自主运用"价-类"二维图，针对"汽车限行"议题，分析含氮元素物质的性质与转化，并进行分析论证。课程标准这部分的论述揭示了认识对象与角度，支持引领性学习主题中"从'价-类'二维角度自主构建含氮元素物质间的转化"学科大概念的确定。

"汽车限行"社会性科学议题的探讨，符合课程标准中"能有意识运用所学的知识或寻求相关证据参与社会性议题的讨论（如酸雨和雾霾防治、水体保护、食品安全等）"的学业要求。该议题的讨论既符合知识性内容要求，又满足科学态度与社会责任的发展要求。

3. 主题学情分析

除了含氮元素物质的相关性质等具体知识要点外，还应结合学生表现分析学生是否形成从"价-类"二维角度分析物质性质及其转化的思路和方法。

在学习本课前，学生在第一章"认识化学科学"和第二章"元素与物质世界"的学习中，已经掌握研究物质性质的基本方法和程序，能从定性和定量两个方面对化学变化进行分析，能从化合价变化的角度分析反应的类型；通过"铁的多样性"和"硫的转化"的学习，已经建构起从物质类别、元素价态两个视角研究物质性质与转化的思路和方法；由于"汽车限行"社会性科学议题涉及市民生活，关于该措施对市民生活造成的影响，学生很可能已有所了解。

学生存在的学习障碍点：

（1）学生对于"价–类"二维图的使用更多是静态的知识整理，不能主动从物质类别和元素价态两个角度预测含氮物质的性质，不能动态应用"价–类"二维图进行含氮物质间相互转化的设计。

（2）氮及其化合物的种类多且复杂，且含氮元素物质间存在的转化关系复杂，学生容易类比其他非金属元素及物质（如 CO_2）进行含氮元素物质间转化的推理。例如，对于 NO_2 与 H_2O 的反应，有学生会类比 CO_2 与 H_2O 的反应，认为直接生成硝酸一种物质，而忽视 NO_2 与 H_2O 反应生成硝酸中涉及化合价的变化。

（3）学生面对社会性科学议题时较少从科学知识的角度去考虑，习惯于从社会、经济等视角进行论证。

（4）在运用知识的过程中，学生不能自主应用"价–类"二维的角度讨论问题，不能将知识与议题有机结合。

（5）学生对于科学论证缺乏基本的论证视角和论证逻辑，较少在学科知识理解的基础上，从理论预设、实验事实、资料证据等方面进行综合论证。

从学生的活动经验来看，"汽车限行"这一社会性科学议题具有开放性、不确定性以及结构不良等特点，在课堂上具有较强的情境性，涉及许多与实际生活相联系的问题，在为学生创设真实课堂情境提供素材的同时，也向学生呈现非常真实的科学共同体环境；"汽车尾气与雾霾是否存在关系""汽车产生的氮氧化物是否为硝酸盐和铵盐的唯一来源"以及"论证重雾霾天气'汽车限行'的合理性"等问题与活动具有一定的挑战性，学生面对综合复杂问题时，可以运用所学知识、寻求相关证据参与讨论。在探讨过程中，促进学生高层次认知与思考能力的发展，培养科学态度与社会责任素养，提升理智参与社会决策的意识。

◉ 二、素养导向的学习目标

本案例的引领性学习主题为从"价-类"二维角度自主构建含氮元素物质间的转化，论证"汽车限行"社会性科学议题并做出科学决策。本案例的素养导向的学习目标分析见表4-2-1。以"证据推理与模型认知"素养为例，在本主题中，模型认知能力通过学生自主运用"价-类"二维图预测并分析含氮元素物质的性质与转化等活动来培养，证据推理能力通过学生多种方法获取证据并进行推理论证等活动来发展。

表 4-2-1 案例 2 素养导向的学习目标分析

化学学科核心素养	单元学习目标	对应关系说明
宏观辨识与微观探析 变化观念与平衡思想 证据推理与模型认知 科学探究与创新意识 科学态度与社会责任	a. 通过从物质组成的角度分析与研究汽车尾气与雾霾的关系，从物质类别和元素价态视角预测、设计含氮物质间的转化，并建立起分析物质性质的思路方法；结合实验事实，梳理含氮物质的主要性质与转化关系，认识含氮物质在生产生活中的应用和对生态环境的影响 b. 在对"汽车限行"议题论证的过程中，并能将真实问题转化为科学问题，从"价-类"二维的角度预测分析一氧化氮、二氧化氮转化为硝酸盐的路径并能结合实验事实进行推理验证，了解人类活动对氮循环的影响，体会化学学科在解决环境问题方面的贡献，树立可持续发展观念、合理应用含氮物质的意识	对应宏观辨识与微观探析、变化观念与平衡思想、科学探究与创新意识与科学态度与社会责任 对应证据推理与模型认知、科学探究与创新意识、科学态度与社会责任

续表

化学学科核心素养	单元学习目标	对应关系说明
宏观辨识与微观探析 变化观念与平衡思想 证据推理与模型认知 科学探究与创新意识 科学态度与社会责任	c. 通过"汽车限行"议题论证活动，综合运用多种方法获取证据，认识到雾霾中硝酸根离子的其他来源，并能从"价-类"二维的角度对氨气转化为氮氧化物、硝酸转化为氮氧化物等反应进行预测，结合相关证据进行推理论证，能依据观点、证据和结论之间的逻辑关系进行有条理的阐述	对应变化观念与平衡思想、证据推理与模型认知、科学探究与创新意识、科学态度与社会责任
	d. 通过对"汽车限行"议题的探讨，能运用已有知识和方法综合分析化学过程对自然带来的各种影响，强化社会责任意识；能从科学、环境、经济、社会等多方面寻找汽车限行带来的利与弊，自主运用可持续发展观念，合理推理，权衡利弊，有依据地做出决策	对应证据推理与模型认知、科学态度与社会责任

　　上述单元学习目标指向变化观、分类观等学科观念，指向基于证据的推理论证，指向育人价值，强调结合含氮元素物质间的性质与转化，在"汽车限行"议题中获取证据，阐明观点、证据、结论之间的逻辑关系，并进行推理论证，进一步从科学、环境、经济、社会等多方面寻找汽车限行带来的利与弊，增强社会责任意识。

◉ **三、挑战性学习活动**

1. 设计依据与价值分析

　　"汽车限行"是一个真实的社会性科学问题，贴近学生生活，可以充分调动学习积极性，使学生从物质类别和元素价态的视角说明物质的转化路径，科学论证汽车尾气与雾霾的关系；可以培养学生根据实际情况，自主依据可持续发展观念对社会性科学议题进行综合分析的能力。"论证重雾霾天气'汽车限行'的合理性"对应的基本化学问题是"氮及其化合物的性质与转化"。要论证重雾霾天气"汽车限行"是否合理，首先从化学的视角分析实际问题，使其转化为科学问题，从物质组成角度明确汽车尾气与雾霾之间的关系，基于"价-类"二维图自主预测分析含氮物质的转化路径，结合实验验证的探究思路，落实学生科学探究素养的发展。在社会性科学议题的论证中，不断彰显化学对生活、社会发展的重要性，提升学生的学习兴趣和社会责任感。

2. 单元学习活动的规划

论证重雾霾天气"汽车限行"的合理性，活动设计的线索主要包含学生认识发展和科学议题论证两条线索。从学生认识发展的角度来看，学生经历含氮物质"价-类"二维图的建构、基于二维图预测与设计物质间的转化等过程，由静态使用转化为动态使用"价-类"二维图。从科学议题论证的角度看，学生由最开始不能有效地将知识与议题有机结合、只是复述有关的碎片化知识、不了解科学论证的基本视角和逻辑等，逐步转变为能够运用"价-类"二维图讨论问题、从多视角对议题进行分析论证、形成完整的科学论证思路。

论证重雾霾天气"汽车限行"的合理性，这一社会性科学议题将两条线索合理融合，形成以下 4 个学习活动（3 课时）：

（1）科学认识"汽车限行"议题：引导学生思考是否支持汽车限行并说明理由，提出议题，接着进行问题转化，思考影响市民支持或反对汽车限行的主要因素是什么、如何分析汽车尾气与雾霾的关系，将实际问题转化为从物质组成角度分析汽车尾气和雾霾成分的化学问题。

（2）探讨汽车尾气与雾霾是否存在关系：汽车尾气中 NO、NO_2 能否转化为雾霾成分之一的硝酸盐？汽车尾气中的氮氧化物从哪里来？氮氧化物是直接排放到空气中吗？通过对以上问题的探究，基于自主建构"价-类"二维图中的转化路径，进一步促进证据推理、科学探究等素养的发展，能够从理论预设、实验事实、数据资料等方面进行分析论证。

（3）探讨汽车尾气是不是导致雾霾的主要原因：雾霾成分中的含氮物质还可能来自哪里？工农业生产中哪些含氮物质可以转化为氮氧化物？空气中的氨气来自哪里？通过对以上问题的讨论，聚焦氨气、硝酸的产生路径，自主完善二维图中的转化路径，进一步引导学生思考面对汽车尾气排放物，汽车限行是否必要，培养学生基于理论预设、实验事实以及资料证据进行深层次分析论证的能力。

（4）论证"汽车限行"的利与弊，做出科学决策：学生全面分析"汽车限行"带来的利与弊，进行整个议题探讨活动的总结反思，并做出科学决策。

具体活动规划如表 4-2-2 所示。

表 4-2-2　案例 2 单元学习活动规划

活动及时长	教学过程	与目标的关系
活动 1：科学认识"汽车限行"议题（10分钟）	活动 1 包括两个子活动： 子活动①是议题提出，在观看北京市人民政府关于应对空气重污染采取临时交通管理措施的通告视频之后，引导学生思考是否支持汽车限行，并说明支持或反对的理由。教师板书记录学生观点之后，展示课前有关该议题的调查结果 子活动②为问题转化，引导学生思考影响市民对汽车限行支持或反对的主要因素是什么，如何分析汽车尾气与雾霾的关系，将实际问题逐步转化为从物质组成角度分析汽车尾气和雾霾成分的化学问题	倾听学生对于"汽车限行"议题的观点，确认学生分析本议题的角度 将真实问题转化为科学问题，初步确定从物质组成角度分析与研究汽车尾气与雾霾的关系
活动 2：探讨汽车尾气与雾霾是否存在关系（30分钟）	活动 2 主要包括 3 个问题探讨的活动，3 个问题依次为： 问题①汽车尾气中 NO、NO_2 能否转化为雾霾成分之一的硝酸盐？让学生分析相关资料，并自主建构"价-类"二维图中的转化路径，再观察 NO_2 与 H_2O 反应、NO 与 O_2 反应的演示实验，分析论证转化路线的合理性 问题②汽车尾气中的氮氧化物从哪里来？引发学生思考，并展示模拟闪电条件下 N_2 和 O_2 的高压反应视频，引导学生继续自主建构氮元素的二维图，明确转化路径，逐步促进学生形成科学探究的意识 问题③氮氧化物是直接排放到空气中吗？污染物如果可以消除，汽车还有必要限行吗？让学生基于理论预设、实验事实、数据资料进行分析论证	从"价-类"二维的角度预测分析一氧化氮、二氧化氮转化为硝酸盐的路径并能结合实验事实进行推理验证 从物质类别和元素价态视角预测、设计含氮物质间的转化路径，并建立起分析物质性质的思路方法 结合实验事实，梳理含氮物质的主要性质与转化关系

续表

活动及 时长	教学过程	与目标的关系
活动 3： 探讨汽车 尾气是不 是导致雾 霾的主要 原因（40 分钟)	活动 3 主要由两个问题讨论构成： 问题①雾霾成分中的含氮物质还可能来自哪里？工农业生产中哪些含氮物质可以转化成氮氧化物？学生自主完善二维图中的转化路径，聚焦氨气、硝酸的产生路径。观看 Cu 与浓、稀 HNO_3 反应的演示实验以及 NH_3 催化氧化生成 NO 气体的反应视频，经历预测转化、设计并验证的探究过程，进而论证自主预测的转化路线的合理性问题②空气中的氨气来自哪里？通过拓展延伸人工固氮的过程——工业合成氨，铵根离子与硝酸根离子的转化过程即硝化细菌与反硝化细菌的作用，说明自然界对于含氮物质的转化、吸收的能力是有限的。引导学生思考面对汽车尾气排放物，汽车限行是否必要，培养学生基于理论预设、实验事实及资料证据进行深层次分析论证的能力	综合运用多种方法获取证据，认识到雾霾中硝酸根离子的其他来源，并能从"价–类"二维的角度对氨气转化为氮氧化物、硝酸转化为氮氧化物等反应进行预测，结合相关证据进行推理论证
活动 4： 论证"汽 车 限 行" 的利与弊， 做出科学 决策 (40 分钟)	活动 4 中教师引导学生全面分析"汽车限行"带来的利与弊，学生进行小组讨论交流，明确观点，给出证据，通过分析推理过程，考虑对方反驳的理由与回复，互相提出质疑。教师组织学生对议题进行论证与汇报展示，进行整个议题探讨活动的总结反思，并做出科学决策	运用已有知识和方法综合分析化学过程对自然带来的各种影响，寻找汽车限行带来的利与弊；能依据观点、证据和结论之间的逻辑关系进行有条理的阐述

◉ 四、持续性学习评价

1. 评价内容与指标

学生从"价–类"二维角度掌握氮及其化合物的性质与转化是基础；基于此建构含氮物质间的转化关系是关键；基于实验验证与证据推理能力的发展，明确物质的转化关系与观点、证据和结论间的逻辑关系具有重要的方法价值；多角度分析"汽车限行"并形成科学论证的一般思路是目标。最终确定的评价内容和指标如表4-2-3所示。

表4-2-3 案例2评价内容及评价指标

评价内容	评价指标
从"价-类"二维角度分析氮及其化合物	①能从物质类别和元素价态角度对含氮物质进行梳理 ②能运用"价-类"二维图预测、设计含氮物质间的转化
含氮物质间转化关系的建构	③能结合实验事实，梳理含氮物质的主要性质与转化关系，明确含氮物质与雾霾成分之间的关系
基于实验验证与证据推理能力的发展，明确物质的转化关系与观点、证据和结论间的逻辑关系	④能自主预测并设计含氮物质间的转化，通过实验事实进行探究验证 ⑤能综合运用多种方法获取证据，进行推理论证，并依据观点、证据和结论之间的逻辑关系进行有条理的阐述
多角度论证"汽车限行"，形成科学论证的思路	⑥能从环境、社会、经济等角度分析汽车限行的合理性 ⑦形成社会性科学议题论证的一般思路

2. 评价的方法

核心知识和学科观念等评价内容，借助观察学生的小组讨论以及小组展示等活动，完成指标①②③④的评价。证据推理等评价内容，可以结合倾听学生对相关问题（你是否支持限行？观点与理由是什么？）的回答、学生的论证与汇报展示，完成指标⑤⑥⑦的评价。本案例的具体评价方法见表4-2-4。

表4-2-4 案例2活动评价的方法

评价的活动	活动评价的方法
活动1：科学认识"汽车限行"议题	听取学生对于汽车限行议题的观点，确认学生分析本议题的角度

续表

评价的活动	活动评价的方法
活动 2：探讨汽车尾气与雾霾是否存在关系	通过课堂小组间讨论与汇报探查学生是否建构起"价-类"二维角度预测、设计含氮物质间的转化，是否形成解决问题的一般思路
活动 3：探讨汽车尾气是不是导致雾霾的主要原因	
活动 4：论证"汽车限行"的利与弊，做出科学决策	听取学生的小组讨论与议题论证的汇报，对学生进行针对性的反馈，考察学生的科学论证能力、科学态度与社会责任等维度，观察学生是否理解化学与社会、经济、环境之间的关系

3. 水平规划与赋值

从"价-类"二维角度分析氮及其化合物和含氮物质间转化关系的建构（评价内容 1 和评价内容 2），预设 3 个水平：

水平 1：零星且无分析或者预测含氮物质的性质及其转化的角度。

水平 2：较为全面、正确地从物质类别或元素价态角度分析或者预测含氮物质的性质以及转化。

水平 3：全面且正确地既能从"价-类"二维梳理含氮物质的性质及其转化，还可以动态设计含氮物质间的转化路径。

基于实验验证与证据推理能力的发展，明确物质的转化关系与观点、证据和结论间的逻辑关系（评价内容 3），预设 3 个水平：

水平 1：能对实验现象进行简单观察与描述。

水平 2：能结合从"价-类"二维角度自主预测的转化路径，对实验现象进行观察与描述，并简单将转化路径与现象进行关联。

水平 3：能结合从"价-类"二维角度自主预测的转化路径，有条理并详细地说出物质转化的预测依据、实验现象、反应产物之间的关系。

多角度分析"汽车限行"并形成科学论证的一般思路（评价内容 4），预设 3 个水平：

水平 1：学生想当然地支持或反对限行，不能进行理由的陈述，缺少必要的材料支持。

水平2：学生可以从某一角度说明支持或反对汽车限行的理由，缺少从材料到观点的推理过程或者推理过程不正确，或者材料不充分。

水平3：能从社会、环境以及经济等角度全面说明支持或反对限行的理由，有从资料到观点的推理过程，且资料充分，推理过程正确，考虑到了可能的反驳和证据。

4. 单元同步作业设计

请扫描右侧二维码阅读详细内容。

◉ 五、开放性学习环境

本案例为学生深度学习、应用知识解决问题的过程，设计和实施了包括学习场域、资源、共同体等全方位的开放性学习环境，具体如下。

1. 物理环境

（1）实验仪器：医用注射袋、注射器。

（2）试剂：二氧化氮气体、蒸馏水、石蕊试液、铜片、稀硝酸、浓硝酸。

（3）桌椅摆放：学生桌椅摆放为六人一组。

（4）展示工具：黑板、多媒体设备。

2. 虚拟与人文环境

（1）模拟闪电条件下 N_2 和 O_2 的高压反应视频。

（2）NH_3 催化氧化生成 NO 气体的反应视频。

（3）学生充分讨论的良好氛围、"汽车限行"议题充分论证的机会。

◉ 六、反思性教学改进

1. 教学设计前对以往教学的反思

以往的氮及其化合物教学，在各类含氮物质的性质处理方面过于烦琐且仅强调结果，教师通常自己讲解含氮物质的相关实验，而不是让学生理解并以此为证据论证含氮物质间的转化关系。在以往的教学中，不注重从"价—类"两个维度分析氮及其化合物，教师不提供证据或提供的证据（反应现象）不能说明反应涉及含氮物质间转化的本质及其对应的含氮物质的性质。含氮物质的性质学习及化学反应方程式书写占用较多时间，学生分门别类地进行各类含氮物质的学习，难以形成结构化知识。

本案例力图在以下方面进行改进：

（1）持续关注和探查学生运用"价—类"二维图的情况，通过自主进行含氮物质间的转化与雾霾中污染物间关系的论证，外显和诊断学生的转化思维。

（2）加强学生利用证据进行推理论证的过程，通过相关实验以及学生自主收集的证据，在证据推理中明确含氮物质转化与雾霾天气间存在的关联性。

（3）创设真实情境，利用驱动问题实现议题探讨与核心知识、关键能力、品格观念的高度融合，提供自主探讨的充分空间，促进学生做出符合科学态度和社会责任的决策。

2. 教学实施中的反思与改进

教师在授课过程中，结合学生的表现进一步反思教学设计，并进行了合理调整。

通过观察学生运用"价—类"二维图，从物质类别和元素价态视角梳理氮及其化合物，自主预测并分析含氮物质间的转化路径等活动，发现不同班级和水平的学生对氮及其化合物的原始认识水平之间存在差异：部分学生只能从物质类别或者元素价态单一视角来分析预测物质性质及其转化；部分学生能够从物质类别和元素价态两个视角分析预测物质性质及其转化，但不全面。这也说明观察学生对于含氮物质的分类与转化路径预测的活动，能够有效外显学生的思维，为教学调整提供证据。

通过基于实验事实的探究验证过程发现，部分学生的推理过程较多依赖实验现象本身，能简单地将转化路径与现象进行关联，而不能进一步从"价—类"二维角度自主预测转化路径，不能有条理并详细地说出物质转化的预测依据、实验现象、实验产物之间的关系。这也说明在学生进行论述的过程中，教师要不断观察学生的表现，进一步引导学生进行深入思考，外显学生的思维路径。

对于社会性科学议题的论证过程，部分学生的论证有笼统的观点但缺少必要的材料支持，无法进行有明确观点、有充分资料、考虑可能的反驳证据的合理的推理过程。这要求教师通过观察学生在进行合理推理论证的过程中，促使学生进行科学论证的论证视角和论证逻辑不断完善。

3. 教学实施后的反思与改进

教师结合整体的教学过程，对学生的学习效果以及存在的问题进行反思，具体如下。

针对学生不能基于价态和物质类别两个角度全面分析预测物质性质及其转化的学情，在实际教学中通过将任务拆解为"汽车尾气中NO、NO_2能否转化为雾霾成分之一的硝酸盐？""雾霾成分中的含氮物质还可能来自哪里？"等问题，引导学生从氮氧化物转化为硝酸盐、从含氮物质转化为铵盐等进行逐步分析预测，有利于核心知识的建构与变化观念的形成。

针对学生不能根据实验事实进行全面分析论证、对实验现象的观察不深入等情况，在实际教学中通过针对问题的思考，引导学生进行含氮物质转化路径的设计，并进行实验验证转化路径合理性。

在议题的探讨论证过程中，需要给予学生充足的时间展开讨论并形成自己的观点、理由，避免教师的观点先入为主，从而影响学生的自主决策；课前、课上以及课下要统筹安排，课前让学生对科学论证有所了解，课上引导学生在组内完善论证结构，课下为学生提供资料或论证技术的支持，帮助学生不断落实"证据推理与模型认知"的化学学科核心素养；让学生综合考虑"汽车限行"的问题，并自主探讨，完成论证。

案例③

从三维视角认识自然界中硫的循环

实施年级：高中一年级

对应课标：必修课程主题 2：常见的无机物及其应用

所用教材：人教版必修第 2 册第五章第一节"硫及其化合物"

单元课时：3

◎ 一、引领性学习主题

本案例的引领性学习主题为：从物质类别、元素化合价、原子结构与律表三个维度认识自然界中硫的循环。硫的循环中涉及的硫及其化合物及其转化是本主题的核心知识，"物质类别、元素化合价、原子结构与律表等三个维度"是统摄元素化合物学习思路方法的学科大概念，"认识自然界中硫的循环"是单元大任务。

1. 本主题知识结构

硫及其化合物是高中阶段重要的元素化合物，含硫物质种类丰富、价态多变，知识较为零散，可以根据硫原子结构及元素周期表明确硫元素的价态，通过建构硫元素的"价-类-表"三维图（见图 4-3-1）认识含硫物质的转化，再运用"价-类-表"三维图将含硫物质进行关联，将零散知识结构化。

2. 课标要求与内容价值

本单元对应课程标准为"主题 2：常见的无机物及其应用"和"主题 5：化学与社会发展"。

2.1　元素与物质：认识元素可以组成不同种类的物质，根据物质的组成和性质可以对物质进行分类；同类物质具有相似的性质，一定条件下各类物质可以相互转化；认识元素在物质中可以具有不同价态，

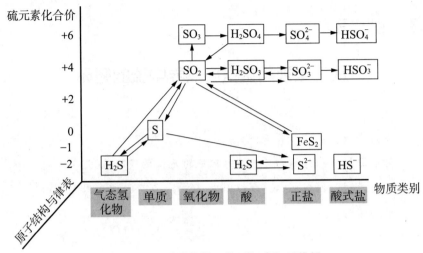

图 4-3-1　硫元素的"价-类-表"三维图

可通过氧化还原反应实现含有不同价态同种元素的物质的相互转化。

2.5　非金属及其化合物：结合真实情境中的应用实例或通过实验探究，了解硫及其重要化合物的主要性质，认识这些物质在生产中的应用和对生态环境的影响。

2.6　物质性质及物质转化的价值：结合实例认识非金属及其化合物的多样性，了解通过化学反应可以探索物质性质、实现物质转化，认识物质及其转化在自然资源综合利用和环境保护中的重要价值。

5.3　化学在自然资源和能源综合利用方面的重要价值：结合工业制硫酸等实例了解化学在生产中的具体应用，认识化学工业在国民经济发展中的重要地位。

5.4　化学在环境保护中的作用：认识物质及其变化对环境的影响，依据物质的性质及其变化认识环境污染的成因、主要危害及其防治措施，以酸雨的防治为例，体会化学对环境保护的作用。

因此，要全面分析课程标准中相关的内容要求与学业要求，关注核心概念的主要应用领域和相关实验要求，作为挑战性学习活动设计的重要参考。

课程标准中明确要求系统地了解钠、铁、氯、氮、硫及其重要化合物的主要性质，这五种元素及其化合物分别在安排在人教版必修教材的第二章、第三章、第五章（见图4-3-2）。钠元素可以组成不同种类的物质，物质类别丰富，钠及其化合物的学习主要从物质类别的角度认识物质的转化；氯元素有着多变的价态，氯及其化合物的学习主要是从元素价态的角度认识物质的转化；铁元素不仅物质类别丰富，而且其价态也多变，铁及其化合物的学习既要从物质类别又要从元素价态的角度认识物质的转化；硫、氮及其化合物的学习又在元素周期律之后，所以硫及其化合物的学习从物质类别、元素化合价、原子结构与律表三个维度认识其物质的转化。前面有钠、氯、铁及其化合物的学习方法做铺垫，硫及其化合物的学习重点主要是提升真实陌生的情境中解决问题的能力。

图4-3-2 元素化合物在人教版教材中的分布

核心素养的发展离不开核心知识的支持，课堂教学同样离不开核心知识的建构。通过梳理教材明确教学中的核心知识是单元教学设计中必不可少的一步。硫及其化合物的核心知识具体为硫与金属、非金属单质的反应，SO_2的物理性质、化学性质、特性，硫酸根离子的检验，浓硫酸的强氧化性、脱水性等。

3. 主题学情分析

学生在必修第一册第一章已经学习钠、氯和铁的元素及其化合物的性质，初步了解从元素价态和物质类别角度学习元素化合物知识的方法，且已经学习了元素周期律（表），已能从原子结构和律表层面推测元素化合物的性质。

学生学习中可能存在的学习障碍有：

（1）学生可以从元素价态的角度预测物质的氧化性和还原性，但常见的氧化剂或还原剂掌握不全，有可能对同类别物质的通性掌握不熟。

（2）学生可以从价态角度预测生成物，但设计实验进行证实或证伪的能力较弱。

（3）学生能从不同层次认识含硫物质的多样性，对其进行分类，也具有环境保护意识，但在情境中发现和提出有探究价值的问题、从问题和假设出发依据探究目的设计方案、运用实验进行探究的素养要进一步提升。

4. 创设学习情境

真实、具体的问题情境是学生化学学科核心素养形成和发展的重要平台，为学生的化学学科核心素养提供了真实的应用机会。因此，本单元的教学中要创设真实且富有价值的问题情境，促进学生化学学科核心素养的形成和发展。本单元选用硫在自然界中的循环（见图4-3-3）作为本单元的主要教学情境。

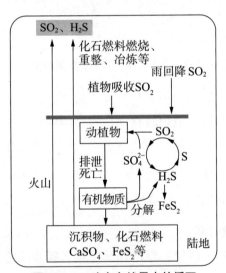

图4-3-3 硫在自然界中的循环

该情境具有以下特点：

（1）涵盖"酸雨形成""工业制硫酸""资源的利用""环境保护"等情境素材。

（2）能从物质类别、元素化合价、原子结构与律表三个维度体现含硫物质的转化。

（3）可从真实情境挖掘实际问题，并将其转化成学生任务、活动（如二氧化硫从哪儿来？到哪儿去？有什么危害？如何治理？等等）。

◉ 二、素养导向的学习目标

本案例的教学着重引导学生在已有知识和方法的基础上，建构从元素化合价、物质类别、原子结构与律表的视角认识硫及其化合物的性质与转化，创设自然界中的硫循环的真实情境，引导学生运用从抽象到具体的演绎推理，实现知识和方法的高通路迁移，建构从多角度认识元素化合物的结构化知识和方法。本案例的素养导向的学习目标分析见表4-3-1。

表4-3-1 案例3素养导向的学习目标分析

化学学科核心素养	单元学习目标	对应关系说明
宏观辨识与微观探析 变化观念与平衡思想 证据推理与模型认知 科学探究与创新意识 科学态度与社会责任	a. 能从化学及生物学角度描述自然界中的硫循环，了解主要含硫物质的状态、溶解性等物理性质，能从物质类别和元素化合价两个维度对物质分类，能绘制元素及其化合物"价-类-表"三维图	对应宏观辨识与微观探析
	b. 能从物质类别、元素化合价、原子结构与律表视角预测和分析含硫物质的化学性质和转化，能描述 S、SO_2 和 H_2SO_4 的主要化学性质，了解硫酸的工业制备、浓硫酸的特性、硫酸根离子的检验	对应宏观辨识与微观探析、变化观念与平衡思想
	c. 基于证据说明含硫化合物（如 H_2S、SO_2 和 H_2SO_4）的性质和转化关系，并能设计实验进行验证；能运用硫的三维图解决复杂环境下学科中和真实世界中的陌生问题	对应证据推理与模型认知、科学探究与创新意识
	d. 能举例说明硫循环和人类活动的平衡关系，结合克劳斯反应、工业制硫酸和尾气中二氧化硫处理等实例了解化学在生产中的应用，发展绿色化学观念，体会化学学科在促进人类发展和解决环境问题中的价值	对应科学态度与社会责任

上述单元学习目标 a 和 b 指向微粒观、变化观等学科观念，结合硫及其化合物的结构、化学性质与转化关系阐述了微粒观、变化观在本主题的具体内涵；目标 c 指向探究过程与科学方法，强调在探究硫及其化合物结构与性质的学习中应用证据推理、模型认知的科学论证过程；目标 d 指向育人价值，强调从三维视角认识自然界中硫循环的应用和社会影响。这些单元学习目标从学科观念、科学思维、科学探究和科学价值等层面对引领性学习主题的素养发展价值进行了解析，目标间是彼此关联、相互支持的。

⊙ 三、挑战性学习活动

1. 设计依据与价值分析

本案例的挑战性学习活动是从三维视角认识自然界中硫的循环，具体是在自然界中硫的循环图和火山喷发图的情境引导下，分解为以下三层任务：一是学生创建硫及其化合物的三维图，从三维视角认识低价硫的性质与转化；二是探究硫循环的核心物质二氧化硫的性质与转化；三是探究高价态硫——硫酸的制备、性质与用途，在完成任务的同时落实单元学习目标。

2. 单元活动的规划

根据本单元的硫及其化合物的特点，将"从三维视角认识自然界中硫的循环"分解为 3 个子任务（3 课时）。每课时的教学设计，教学环节、情境引发的问题与教学目标的对应关系，分别见图 4-3-4 至图 4-3-9。

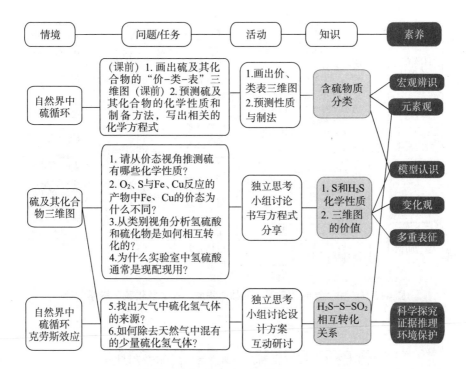

图 4-3-4　第 1 课时 "探索低价硫的性质与转化" 教学设计

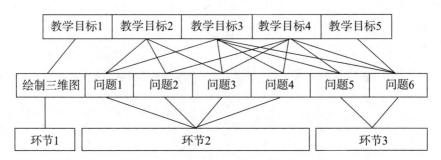

图 4-3-5　教学环节、情境引发的问题与教学目标对应关系

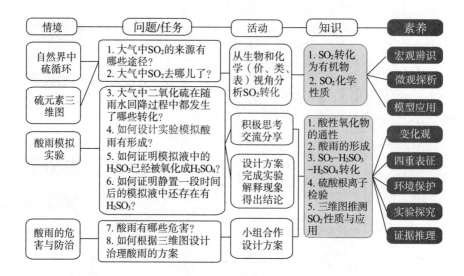

图 4-3-6 第 2 课时"硫循环的核心物质——二氧化硫"教学设计

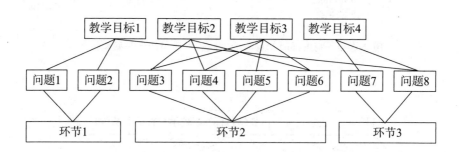

图 4-3-7 教学环节、情境引发的问题与教学目标对应关系

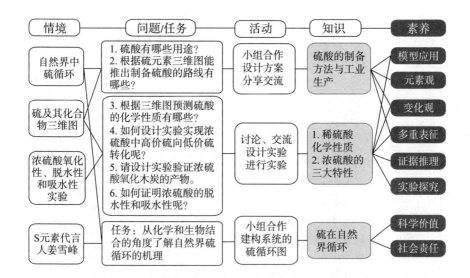

图 4-3-8　第 3 课时"高价态硫向低价态硫转化——浓硫酸"教学设计

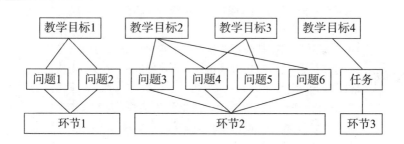

图 4-3-9　教学环节、情境引发的问题与教学目标对应关系

◉ 四、持续性学习评价

1. 评价内容与指标

三维视角是认识元素化合物的思路方法，是本单元的学科大概念；学生对硫及其化合物知识的结构化建构是本单元的核心知识；基于此形成的微粒观、元素观、变化观是重要的学科观念；科学探究与证据推理能力是重要的方法价值；科学态度与社会责任是价值目标。本案例的评价标准和评价任务见表 4-3-2。

表 4-3-2　案例 3 评价标准及评价任务

评价内容	评价标准	评价任务	评价方式
核心知识及知识结构	A. 全面、正确列出物质性质及转化 B. 比较全面、正确列出物质性质及转化，存在局部错误 C. 零星列出物质性质及转化	课上书写任务；课下习题任务	课上的观测；课下作业的反馈
设计物质转化的角度和思路	A. 自主从物质类别、元素化合价和律表角度设计含硫物质间的转化，在选择试剂、条件时考虑真实环境 B. 在提示后从物质类别、元素价态角度设计含硫物质间的转化，在选择试剂、条件时没有考虑真实环境 C. 不能从物质类别、元素价态角度设计含硫物质间的转化	课上设计物质转化的活动；课下相关的习题作业	课上的活动表现及反馈；课下作业的反馈
证据推理科学探究	A. 能正确完成模拟酸雨形成过程的实验；自主设计并完成验证浓硫酸和蔗糖反应产物的实验，得出正确结论 B. 能正确完成模拟酸雨形成过程的实验；在教师指导下设计并完成浓硫酸和蔗糖产物的实验，得出正确结论 C. 只能完成部分模拟酸雨形成过程的实验，不能设计并完成验证浓硫酸和蔗糖产物的实验，未得出正确结论	课上观察学生实验；展示实验成果；课下完成相关作业	课上的活动表现及反馈；同学互评
科学态度与社会责任	A. 能自主运用化学知识从社会、环境、经济等多方面综合分析自然界的硫循环，设计酸雨防治、天然气中除去硫化氢等方案，体现绿色化学观念 B. 能运用化学知识从社会、环境、经济等诸多要素中的局部进行分析，渗透可持续发展观念 C. 只能从一个角度分析具体行为对环境、社会、人类健康的双重影响，但不全面	天然气中除去硫化氢、酸雨的防治、工业生产硫酸的合理论证	课堂上观测学生的活动表现；课下实践性作业

2. 评价的方法

（1）课堂教学活动中的"教、学、评"一体化

教师根据课堂中学生表现性评价分析、评价以下活动中学习目标是否达成，并适时进行教学矫正。

如第1课时第2环节的相关教、学、评活动如下：

问题4：为什么实验室中氢硫酸通常是现配现用？

活动4：学生在学习单上书写可能的原因，然后展示、交流，其他学生评价或补充完善。教师用板书归纳学生预测的结果。教学中有学生回答与空气有关、不稳定、与二氧化碳有关、与温度有关等，通过讨论，最后确定原因：硫化氢中硫是最低价，具有较强的还原性，可能被空气中的氧气氧化。

评价4：根据学生的互动情况，评价学生在复杂、陌生的情境下从元素价态角度推测陌生化合物氧化还原性质的能力，为课堂教学改进提供了有效的、及时的评价依据。运用SOLO分类理论制订的评价标准如下：

A. 氢硫酸中硫是最低价，具有较强的还原性，可能被空气中的氧气氧化，生成单质硫（关联结构水平）

B. 氢硫酸中硫是最低价，具有还原性，空气中的氧气有氧化性（多点结构水平）

C. 氢硫酸具有还原性或在空气中被氧化（或变质）（单点结构水平）

D. 氢硫酸具有酸性；空气中二氧化碳使其变质；具有挥发性等（前结构水平）

（2）课时目标达成情况评价

课时教学完成后，根据围绕课时学习目标设置的习题完成情况来评价学生目标的达成。

如第1课时完成后布置了4道习题，其中每道题及对应的教学目标如图4-3-10所示，教师可以根据学生作业情况评价其目标的达成度。

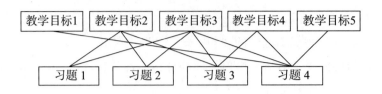

图 4-3-10 第 1 课时作业与教学目标关系

如第 1 课时同步作业的第 4 题如下：

请分析下图，并上网查阅相关资料，简述硫在自然界的循环过程，思考人类活动对硫的循环有什么影响。

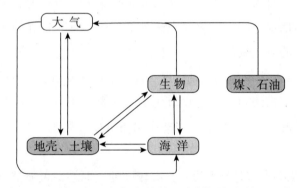

教师根据这些课后练习的完成情境，评价课时学习目标的达成度，为后续教学改进提供反馈信息，教师可依据这些定量信息实时纠偏，进行教学矫正并辅之强化训练等。

（3）单元学习目标达成检测

单元检测定位于单元学习效果的即时检验，需要整体规划，再拆分到各课时中。检测目标基于单元评价内容，以对核心知识的检测为基础，以"价-类-律"三维视角这个学科大概念为测试重点，同时融合对变化观、微粒观、绿色化学观、证据推理与模型认知等素养的考查。在设计单元学习目标检测时，设问应明确指向考查内容和学科大概念，避免因过分综合或推理链条过长导致学生无法作答，或错误难以归因。教师可以设计概括关联或说明论证类任务，来探查对所学内容的理解情况。应控制题目难度，控制迁移创新类题目的比例。设计评价时，应关注得分的含义。单元测试完成后教师应依据测试的结果对单元教学目标进行试题化评价，对于学生测试过程中呈现的薄弱环节进行针对性教学讲评和个别辅导，以期高质量达成单元学习目标。

本单元教学目标评价框架设计如表 4-3-3 所示。

表 4-3-3　教学目标评价框架

教学目标	题目编号	评价要求
教学目标 1	习题 1（题略）	答案：B
……	……	……

请扫描右侧二维码阅读单元测试示例题。

五、开放性学习环境

物理环境主要保障学生的实验探究和观点交流；虚拟环境一方面提供形象化的表征与解释，另一方面创设任务背景吸引学生投入任务中，如解释自然界中硫化氢和二氧化硫的产生与吸收，让学生根据三维图创造性地设计吸收硫化氢和二氧化硫的方案。另外，教师还需要营造自由、民主、和谐、对话、协商的学习氛围，设计鼓励合作的教学安排，通过人文环境的设计来支持学生的交流学习。

1. 人文环境

小组合作学习。4 人一组，共 12 组。

2. 物理环境

智慧教室通过各类智能装备辅助教学内容的呈现、便利学习资源、获取，促进课堂师生、生生交互的开展，方便师生同屏传送，实现情境感知和环境管理功能。此外还设计了如下化学实验。

（1）酸雨实验（数字化实验）。

（2）二氧化硫溶于水的实验，二氧化硫使品红溶液、酸性高锰酸钾溶液褪色实验。

（3）浓硫酸的强氧化性实验及产物探究实验。

（4）硫酸根离子检验。

（5）浓硫酸的脱水性实验。

（6）浓硫酸的吸水性实验（数字化实验）。

3. 虚拟环境

（1）硫和铁反应的视频。

（2）硫和铜反应的视频。

◉ 六、反思性教学改进

1. 教学设计前对以往教学的反思

高中化学课程标准（实验）对化学的定义是"化学是在原子、分子水平上研究物质的组成、结构、性质及其应用的一门基础自然科学"，受其影响，教师多数是从具体某个物质的物理性质、化学性质、用途的思路进行元素化合物的教学，在化学性质的教学中教师以演示实验或探究实验展示该物质的具体性质为主，很少从物质转化的角度将其关联。2017 年版 2020 年修订的高中化学课程标准将化学定义为"化学是在原子、分子水平上研究物质的组成、结构、性质、转化及其应用的一门基础学科"，比原有定义多出"转化"，这就说明可以从转化的角度来学习认识物质，而转化可以从元素化合价、物质类别、原子结构与律表的角度来完成。

本单元教学将尝试打破现有的元素化合物教学习惯，以构建并运用"价-类-表"三维图在真实情境中解决实际问题的方式开展课堂教学，其主要环节是从情境中发现问题，将问题转化为学生活动，在活动中建构知识、发展素养。

2. 教学实施中的反思与改进

通过学生展示的硫及其化合物的"价-类-表"三维图来看，学生基本可以从物质类别、元素价态、原子结构与律表的角度对物质进行分类，但不同学生书写出的含硫物质数目差异较大，部分同学表现出对陌生物质化学式书写的不确定性，如不能确定书写的 FeS 是否正确。从学生展示的"价-类-表"三维图也能反映出学生认识物质的思路，如部分同学能够完整正确地书写出 +4 价含硫物质，如 SO_2、H_2SO_3、

HSO_3^-、SO_3^{2-}，但有同学仅能写出 SO_2、SO_3^{2-} 等部分 +4 价含硫物质；后者可能没有形成按照单质、氧化物、酸、盐、氧化物的顺序认识物质的方法，而是仅依靠零散的记忆，前者可能表现出良好的认识物质的思路。学生"价-类-表"三维图的展示充分将学生认识物质的思维外显，为调整教学提供证据。

在运用"价-类-表"三维图设计除去天然气中含有的硫化氢气体时，仅有少数同学能类比氯的归中反应提出先将 H_2S 氧化成 SO_2，再用 SO_2 与 H_2S 发生归中反应生成硫单质的思路；个别学生能从定量角度思考操作原理，但多数学生仅能从酸碱中和、加入氧化剂将硫化氢转化成硫单质等思路除去硫化氢。这表现出学生已经具备转化的思路，但在选择具体物质进行转化时存在很大的差异，反映出学生解决问题时与已有知识进行关联的能力有差异。从课堂的实时评价中可看出，大多数学生已经初步形成从三个维度认识元素化合物转化的学科大概念，能用统摄元素化合物学习方法的大概念去解决陌生情境中的真实问题。对于学习过程中学生遇到的物质转化的试剂选择困难的情况，教师应适时引导，提供解决问题的脚手架，帮助学生通过自主活动解决问题，以体现深度学习的迁移与创新的教学特征，落实引领性学习主题中建构学科大概念的任务。

在"如何证明模拟液中的 H_2SO_3 已经被氧化成 H_2SO_4"的活动中，多数学生提出运用氯化钡溶液检验 SO_4^{2-} 的存在证明 H_2SO_3 已经被氧化成 H_2SO_4，也有部分同学提出亚硫酸为二元弱酸而硫酸为二元强酸，相同浓度时，硫酸的 pH 较小，可以测量模拟液中 pH 的变化来说明 H_2SO_3 已经被氧化成 H_2SO_4。该活动的设计目的有三个：一是通过活动完成硫酸根离子检验的核心知识教学；二是发展和诊断学生证据推理的化学学科核心素养；三是发展和诊断学生的发散性思维、创新思维，引导学生建立多角度解决问题的结构化思维。基于课堂上的反馈信息，教师适时评价学生在上述三个方面的素养发展状况，进一步落实引领性学习主题中的核心知识的学习。

学生设计工业制备硫酸路径的活动，充分展示以硫为核心元素的含硫物质的转化关系，学生也能熟练地运用"价-类-表"三维图解决实际问题。教学中通过活动发现学生过于依赖教材的知识呈现来设计从硫铁矿制备硫酸的方案，只有少数学生提出了以单质硫为原料制备硫酸的思路；实际上现在工业上生产硫酸的主要途径是以硫为原料，教学中教师根据这一反馈信息适时调整了教学策略，引导学生从多角度设计物质转化的方案，继而学生又提出以天然气中硫化氢气体为原料，通过克劳斯反应制备硫，再用硫制备硫酸的创新思路。这一反思性教学改进，对于本单元主题中的核心知识、学科大概念的落实起到了积极的作用。

3. 教学实施后的反思与改进

针对单元检测过程中发现的部分学生存在的基于元素价态、物质类别、原子结构与律表三个角度全面分析预测物质性质及转化的困难，在习题点评时重点分析相关试题的认识思路，强化借助三维视角认识元素化合物转化的学科大概念，并呈现相关的陌生情境进行有效训练，在突出学科大概念的同时，有利于核心知识的建构、转化观与变化观念核心素养的形成。

针对第 1 课时课中和课后作业过程中发现的一些学生对实验现象的观察能力不足，不能根据实验事实进行分析、推理和论证的情况，教师在第 2 课时的教学中通过针对问题的思考，引导学生进行酸雨的实验设计并检验酸雨中有硫酸生成的实验，发展学生通过实验验证转化路径并运用证据进行推理的化学学科核心素养。

元素化合物知识零散，需要记忆的内容偏多，我们的教学理念要转变为教给学生从物质类别、元素化合价、原子结构与律表三个角度出发学习认识元素化合物的思路与方法，认识到元素化合物的整体性，重视元素化合物转化的逻辑关系。如本单元硫及其化合物的教学让学生运用三维视角预测硫、硫化氢、二氧化硫、硫酸等主要物质的化学性质与转化，再通过实验引导学生观察实验现象和分析数据图像，最后引导学生解释现象、得出结论。这样在完成主题大任务的同时，有效地帮助学生实现了主题核心知识结构化，形成了从三维视角认识元素化合物的学科大概念，发展了元素观、变化观、绿色化学观等化学观念，做到了学生化学学科核心素养的进阶发展。

案 例 ④

保护珊瑚礁——基于微粒间相互作用及其影响解决复杂电解质溶液中的反应及平衡问题

实施年级：高中二年级

对应课标：选择性必修课程模块 1　主题 3：水溶液中的离子反应与平衡 "3.5 离子反应与平衡的应用"

所用教材：人教版选择性必修 1 第 3 章

单元课时：2

◉ 一、引领性学习主题

本案例的引领性学习主题为：基于微粒间相互作用及其影响，综合运用离子反应、化学平衡原理，解决复杂电解质溶液中的反应及平衡问题。其中水溶液中的离子反应与化学平衡原理是核心概念，"基于微粒间相互作用及其影响解决复杂电解质溶液中的反应及平衡问题"是主题中的学科大概念。

1. 主题知识结构

作为水溶液中离子反应与平衡的单元复习课，不仅需要完成知识梳理、结构化的学习活动，更需要建立和应用水溶液认识思路和模型，主题知识结构如图 4-4-1 所示。

微粒间相互作用位于知识结构的中心位置，包含弱电解质的电离、水的电离、盐的水解、沉淀溶解这些离子行为及平衡原理。通过水溶液中物质确定微粒种类，寻找微粒间相互作用，用电离平衡、水解平衡、沉淀溶解平衡解释离子反应的本质，从化学平衡的角度分析溶液的性质及宏观现象，解决生产生活中有关复杂电解质溶液的实际问题。由此可以看出，帮助学生形成认识水溶液中离子反应与平衡的基本思

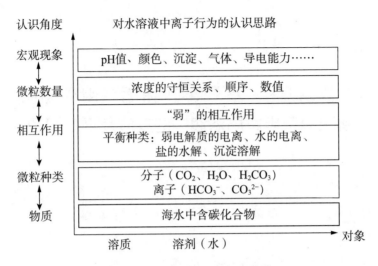

图 4-4-1 水溶液主题知识结构

路和模型并将其应用于解决实际问题是本主题的主要研究内容。

2. 课标要求与内容价值

《普通高中化学课程标准（2017 年版 2020 年修订）》中指出，水溶液中的离子反应与平衡主题是在水溶液体系中对化学平衡理论的应用。在"教学策略"中，课标建议教师"通过对电离平衡、水解平衡、沉淀溶解平衡等存在的证明及平衡移动的分析，形成并发展学生的微粒观、平衡观和守恒观"，以及"关注水溶液体系的特点，结合实验现象、数据等证据素材，引导学生形成认识水溶液中离子反应与平衡的基本思路。"根据以上课程标准的论述，确定了"基于微粒间相互作用及其影响解决复杂电解质溶液中的反应及平衡问题"这一学科大概念。

作为水溶液中离子反应与平衡主题的单元复习课，需要实现从单一平衡的孤立分析到多平衡体系的系统分析的认识进阶，形成分析水溶液问题的系统思路。无论是在学科知识上，还是在学科思想和问题解决能力上，这一内容对发展学生的化学学科核心素养都蕴含着丰富的教学价值。

3. 主题学情分析

学生已经学习了弱电解质的电离平衡、水解平衡和沉淀溶解平衡，认识了水的电离、溶液的酸碱性及 pH，认识了影响溶液中离子平衡的因素，并且初步理解了离子反应与平衡的应用。但学生对水溶液中离子平衡的认识是孤立的，没有建立应用水溶液中离子平衡的思想系统分析问题的思维模型，不能综合考虑不同平衡之间的关联，不能系统分析并解决复杂问题。

本案例中学生思维发展的路径有三条线索，一是对平衡的认识从孤立到联系，二是对化学现象的分析从宏观到微观，三是对实际问题的解决从单一到系统。

◉ 二、素养导向的学习目标

以"宏观辨识与微观探析"素养为例，在本主题中学生宏观上要辨识的是物质的种类和变化，若想解释其变化，则需要在微观上探析微粒的种类及其相互作用，再关联到宏观现象。又如"变化观念与平衡思想"素养，要求学生能多角度、动态地分析多种平衡之间的联系，运用化学反应原理解决简单实际问题。再以"证据推理与模型认知"素养为例，在本主题中学生要对电解质溶液的复杂平衡体系进行微观想象并设计，再利用实验现象和数据加以论证。本案例素养导向的学习目标分析见表4-4-1。

表4-4-1　案例4素养导向的学习目标分析

化学学科核心素养	单元学习目标	对应关系说明
宏观辨识与微观探析 变化观念与平衡思想 证据推理与模型认知 科学探究与创新意识 科学态度与社会责任	a. 能从宏观角度看物质和物质的变化，并建立与化学反应原理中的微观解释的关联	对应宏观辨识与微观探析
	b. 能多角度、动态地分析化学变化，运用化学反应原理解决简单的化学实际问题，能准确地用化学平衡的理论解释电离方程式、离子方程式等化学语言表征这些变化的微观过程	对应变化观念与平衡思想
	c. 能对电解质溶液的复杂平衡体系进行微观想象并设计，能够结合传感器数据等实验证据对水溶液中发生的反应进行解释	对应证据推理与模型认知
	d. 能基于二氧化碳的平衡转化关系设计方案以应对自然界二氧化碳排放过多的难题	对应科学探究与创新意识
	e. 能在评价和优化实验方案的过程中体会应用化学知识保护自然环境的价值，赞赏化学对社会发展的重大贡献	对应科学态度与社会责任

⊙ 三、挑战性学习活动

1. 设计依据与价值分析

本案例的挑战性学习活动是"保护珊瑚礁"，珊瑚的形成、温室效应对珊瑚的破坏及由此引发的珊瑚保护等问题是水溶液中离子平衡的应用实例。珊瑚的形成、破坏与保护是一个复杂的综合问题系统，需要建立系统分析的思想；在分析过程中，除了要应用相应的化学知识，更为重要的是具有宏观微观转化的视角和思路，具有应用水溶液认识模型分析解决问题的能力，以及应用事实证据进行推理论证的能力。

2. 单元活动的规划

以真实问题"保护珊瑚礁"为引领，通过任务拆解，形成"是什么""为什么""怎么办"的真实问题解决的思维方式，让学生不断设计实验验证自己的猜想，结合实验现象、数据等证据素材，形成认识水溶液中离子反应与平衡的基本思路，详见图 4-4-2 及表 4-4-2。

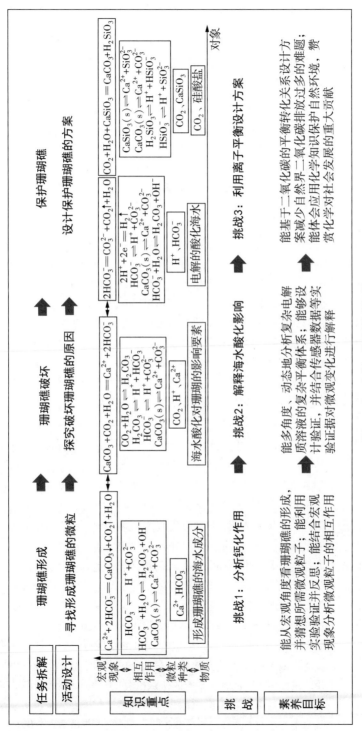

图4-4-2 案例4单元活动规划

表 4-4-2　案例 4 单元活动规划

活动及时长	教学过程（以任务为线索描述）	与目标的关系
活动 1：分析珊瑚礁的形成（40 分钟）	活动 1 包含 3 个子活动： 活动 1-1 学生通过观看视频，了解珊瑚礁岌岌可危的生存状态，进行项目拆解 活动 1-2 根据海水中元素浓度的真实数据预测海水的酸碱性及珊瑚礁的成分；再基于元素观、微粒观结合海水 pH 与含碳微粒含量分布图，确定海水中含碳微粒的分布，推测珊瑚礁的形成原理，能力素养表现从辨识记忆、概括关联逐渐上升到说明论证、分析解释；随后模拟海水中的微粒含量，实验验证珊瑚礁的形成，探究哪种含碳微粒是形成珊瑚礁的主要因素，并分析解释形成原理 活动 1-3 基于珊瑚礁形成原理的分析过程，梳理认识水溶液中离子反应与平衡的基本思路，形成认识模型	能从宏观角度看物质及其变化，建立与化学反应原理中的微观解释的关联； 能多角度、动态地分析化学变化，运用化学反应原理解决简单的化学实际问题；能结合实验证据对水溶液中发生的反应进行解释 能准确地用化学平衡的理论解释电离方程式、离子方程式等化学语言表征这些变化的微观过程
活动 2：探究珊瑚礁破坏的原因并设计保护珊瑚礁的方案（40 分钟）	活动 2 包含 2 个子活动： 活动 2-1 结合资料初步分析温室效应加剧导致珊瑚礁破坏的原因，根据模拟实验中 CO_2 的浓度传感图像预测溶液 pH 和钙离子浓度的变化，最终结合真实图像验证猜想，基于水溶液中离子反应与平衡的认识模型梳理 CO_2 浓度升高对钙离子浓度的双重影响，能力素养表现进阶为复杂推理、系统探究 活动 2-2 基于传感器图像分析去除 CO_2 后海水 pH 和钙离子浓度将恢复，思考解决水溶液中的离子平衡问题的方法，应用水溶液中离子反应与平衡的认识模型，为拯救珊瑚礁设计捕获 CO_2 并将其封存的方案，能力素养表现为迁移创新	能根据对电解质溶液的复杂平衡体系进行微观想象并设计，能够结合传感器数据等实验证据对水溶液中发生的反应进行解释 能基于二氧化碳的平衡转化关系设计方案以解决自然界二氧化碳排放过多的难题 能从评价和优化实验方案的过程中体会应用化学知识保护自然环境的价值，赞赏化学对社会发展的重大贡献

◉ **四、持续性学习评价**

1. 评价内容与指标

　　学生对离子反应、化学平衡原理的理解是知识基础；基于微粒间相互作用及其影响形成的认识水溶液中离子反应与平衡的基本思路和模型是关键；实验与证据推理能力具有重要的方法价值；科学态度与社会责任是根本目标。本案例的评价内容与评价指标见表4-4-3。

表 4-4-3　案例 4 评价内容与评价指标

评价内容	评价指标
核心概念及知识结构	①能描述水溶液中的化学平衡原理，并用化学用语（电离方程式、离子方程式）表征 ②能建立复杂水溶液中多平衡之间的关联
宏观辨识与微观探析	③能根据宏观成分和事实推测微粒种类 ④能根据微粒间相互作用解释宏观现象
模型认知能力	⑤能建立认识水溶液中离子反应与平衡的思路和模型 ⑥能主动调用认识水溶液的模型解决复杂真实问题
实验与证据推理	⑦能进行实验验证微粒间相互作用的推论 ⑧能基于传感器图像预测和证据推理，解决复杂真实问题
科学态度与社会责任	⑨能设计捕获和封存 CO_2 的方案，体会化学对环境保护的重要意义

2. 评价的方法

　　本单元围绕复杂体系水溶液中的离子平衡设计，对宏观辨识与微观探析、变化观念与平衡思想、证据推理与模型认知这三大化学学科核心素养的评价，要求学生能从孤立到联系来认识溶液中的离子平衡，从宏观到微观角度分析化学现象，并且能够从单一到系统解决实际问题。

　　本单元利用智慧平台进行实时测评，学生在挑战性活动开始前进行预测评价，在活动结束后反思评价，以诊断和评价自己在活动中的学习效果。同时教师展示学生的评价成长情况，教师和学生一起诊断整体学习情况，并及时做出调整。本案例的活动评价方法见表4-4-4。

表4-4-4　案例4活动评价方法

评价的活动	活动评价的方法
活动1-2：分析珊瑚礁的形成过程	环节1：通过预测海水pH，探查学生对水溶液中微粒影响pH的辨识记忆和概括关联能力 环节2：通过结合海水微粒浓度预测珊瑚礁成分，判断学生从定性、定量角度认识沉淀转化的能力 环节3：通过对钙化作用原理的分析解释，诊断学生是否能基于实验现象判断产物，能写出离子反应的方程式，并能用平衡移动的视角解释
活动1-3：建立从水溶液中离子反应与平衡的角度分析问题的认识模型	通过梳理珊瑚礁的形成过程，探查学生对水溶液中离子行为及平衡原理的认识思路
活动2-1：温室效应加剧导致海水酸化破坏珊瑚礁——应用模型从定性到定量分析问题	通过绘制CO_2浓度升高引起的pH和钙离子浓度变化的图像，检验学生从定性到定量地应用模型解决问题的系统探究能力
活动2-2：提出拯救珊瑚礁的思考角度——创造性地解决问题	通过设计CO_2的捕获与封存方案，考查学生应用模型解决复杂问题的迁移创新能力

3. 水平规划与赋值

活动1-2中预设3个评价环节，主要是对评价内容1"核心概念及知识结构"和评价内容2"宏观辨识与微观探析"的诊断。

环节1的3个预设水平如下。

水平1：没有微粒观，不知道海水显碱性与所含微粒的关系。

水平2：有微粒观，知道海水显碱性是由于碳酸根离子、碳酸氢根离子的水解。

水平3：有微粒观，并能用水解的原理进行全面解释说明并分析可能的影响因素。

环节 2 的 3 个预设水平如下。

水平 1：知道珊瑚礁的成分与沉淀转化有关，但不会应用于实际问题分析。

水平 2：能从定性角度解释说明珊瑚礁的成分与沉淀转化的关系。

水平 3：能从定量角度解释说明珊瑚礁的成分与沉淀转化的关系。

环节 3 的 3 个预设水平如下。

水平 1：能基于实验现象判断产物，但不能写出 Ca^{2+} 与 HCO_3^- 反应的方程式。

水平 2：能基于实验现象判断产物并写出离子反应的方程式，但不能用平衡移动的视角解释。

水平 3：能基于实验现象判断产物，能写出离子反应的方程式，并能用平衡移动的视角解释该反应的发生。

活动 1-2 中预设 3 个水平，主要是对评价内容 3 模型认知能力的诊断。

水平 1：能找到微粒，能写出可能存在的平衡，但是不会判断移动的方向。

水平 2：能找到微粒，能写出可能存在的平衡，会判断移动的方向，但是不能综合考虑。

水平 3：能找到微粒，能写出可能存在的平衡，会判断移动方向并且能综合考虑。

活动 2-1 中预设 3 个水平，主要是对评价内容 4 "实验与证据推理能力" 的诊断。

水平 1：能描述出 pH 和钙离子浓度的基本变化趋势，但不能准确地给出坐标。

水平 2：能描述出 pH 和钙离子浓度的基本变化趋势，并给出较为准确的横坐标，但不能解释图像异常的地方。

水平 3：能描述出 pH 和钙离子浓度的基本变化趋势，给出较为准确的横坐标，并能解释图像异常的地方。

活动 2-2 中预设 4 个水平，主要是对评价内容 5 "科学态度与社会责任"的诊断。

水平 1：没有明显的态度和责任感变化，没有设计出可行方案。

水平 2：有一些初步感受和体验，知道保护珊瑚礁很重要，能找到一点思路，但不可行。

水平 3：有较为深刻的感受和责任体验，意识到保护珊瑚礁迫在眉睫，能找到思路并论证其可行性。

水平 4：有较为深刻的感受和责任体验，意识到保护珊瑚礁迫在眉睫，能创新设计出让人眼前一亮的完整方案。

4. 单元同步作业设计

请扫描右侧二维码阅读详细内容。

◉ 五、开放性学习环境

1. 物理环境

（1）氯化钙与碳酸氢钠溶液混合的实验。

（2）传感器（pH 计、二氧化碳传感器、钙离子传感器）。

（3）智慧平台、学生实时测评、实物投影。

2. 虚拟环境

（1）海水中珊瑚死亡的因素分析视频。

（2）冰岛封存二氧化碳的方案视频。

◉ 六、反思性教学改进

1. 教学设计前对以往教学的反思

在设计本单元的教学的时候，对学生建模的教学过程预设两种教学活动设计，具体如表 4-4-5 所示。

表 4-4-5　案例 4 的两种预设教学活动设计

方案 1	方案 2
环节 1：请根据给出的资料，预测珊瑚礁是如何形成的	环节 1：请根据给出的资料，预测珊瑚礁是如何形成的
	环节 2：请尝试用实验作为证据支持自己的预测
环节 2：请用实验验证自己的预测是否正确	环节 3：讨论珊瑚礁的形成并描述思考过程 环节 4：共同交流建构溶液中离子行为的认识模型
环节 3：在实验中你观察到了什么，怎么解释	
环节 4：请写出分析珊瑚礁形成过程中所有方程式	
环节 5：请根据方程式从平衡移动的角度分析珊瑚礁的形成原因	
环节 6：教师小结对水溶液的认识模型	

　　方案 1 的问题设计流畅完整，台阶搭设合理，实施过程学生感觉难度比较小，容易理解，能够清楚模型的要素，但是模型是教师告知的。这样的教学过程中，表面上课堂非常有秩序，但这种"秩序"背后缺少学生的高阶思维活动，因此学生对模型的认识只能达到"知道"水平。

　　方案 2 的问题综合性强，学生开始回答比较困难，但在不断交流讨论的过程中，逐步解决认知障碍，形成相对完整的认识模型。这样的教学过程，表面上看起来不像教师把控的课堂那样有序，但这种无序正是学生复杂思维的外在呈现。这样的课堂依据学生的认知逻辑展开，模型是学生经历复杂思维活动的结果，真正实现了"模型建构"的历程。

　　课堂实施中采用了方案 2，学生分析问题的角度和方式、回答问题的表述都随着教学过程的深入发生了明显变化。

2. 教学实施中的反思与改进

（1）任务设计指向学生的认知方式、认识角度和解决问题的思路。整堂课围绕"要完成保护珊瑚礁的任务应思考哪些方面"展开。让学生思考珊瑚礁是怎么形成的，破坏珊瑚礁的因素有哪些，如何保护珊瑚礁，形成"是什么""为什么""怎么办"的系统思考方式。

（2）根据课堂上学生回答问题的变化，明显看到学生的认识从孤立、定性，不断向联系、定量的方向转化，宏观辨识与微观探析、证据推理与模型认知素养逐步形成。教师设置真实情境"珊瑚礁破坏"，设计复杂问题"珊瑚礁如何形成，破坏的因素是什么？"使学生在分析真实复杂问题时，提升思维可视化。

（3）构建分析水溶液中离子平衡的认识模型，可以帮助学生从知识的结构化上升到思维方式的结构化。模型建构的过程也是学生进行高阶思维活动的过程。因此，构建分析水溶液中离子平衡的认识模型是本单元教学的重点也是难点所在。

3. 教学实施后的反思与改进

核心素养导向的课堂教学，就是要不断为学生创设符合学生实际的发展机会。在这节课上，教师不但为学生创设机会，让学生实现从知识体系关联，到知识与认识角度、认识思路的关联。更为突出的是，创设证据意识形成的机会，让学生把对实验现象的观察结果，不断转化成推理判断的依据，基于证据推理不断完善逻辑推理的链条。此外，本课例主要存在的不足有：（1）由于授课时间有限，问题展开、模型建构过程不够充分；（2）在学生问题暴露得比较明显的情况下，对学生的评价方式不够丰富。

案例 ⑤

元素性质及其变化规律

实施年级：高中二年级

对应课标：选择性必修课程模块 2　主题 1：原子结构与元素的性质

所用教材：鲁科版选择性必修 2 第 1 章第 3 节"元素性质及其变化规律"及微项目"甲醛的危害与去除——利用电负性分析与预测物质性质"

单元课时：3

◉ 一、引领性学习主题

本案例的引领性学习主题为：元素性质及其变化规律——基于证据推理和模型认知，从定量角度再认识元素得失电子能力。电负性是核心概念，"定量地认识元素得失电子能力"是学科大概念。

1. 主题知识结构

原子半径、化合价、元素得失电子能力（金属性/非金属性）是元素的重要性质。对于原子得失电子的能力仅有定性分析是不够的，需要能定量地衡量或比较原子得失电子能力的工具。第一电离能、电子亲和能、电负性都是定量比较得失电子能力的重要参数，其中电负性可以用来衡量物质中不同元素吸引电子的能力，并且其变化趋势与常见的宏观性质变化规律（如元素周期律、金属活动性顺序等）具有更好的相关性，因此电负性成为认识、预测物质性质的重要性质参数。由主题知识结构的分析可见，电负性属于核心概念，元素原子的得失电子能力是本主题的研究对象。

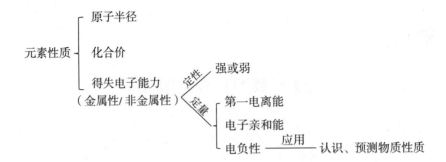

2. 课标要求与内容价值

本案例的教学内容包含在课程标准选择性必修课程模块 2 "主题1：原子结构与元素的性质"之中。学业要求中的具体要求为"能说出元素电离能、电负性的含义，能描述主族元素第一电离能、电负性变化的一般规律，能从电子排布的角度对这一规律进行解释。能说明电负性大小与原子在化合物中吸引电子能力的关系，能利用电负性判断元素的金属性与非金属性的强弱，推测化学键的极性。"课程标准中的要求揭示了认识元素性质的角度及其应用，支持着引领性学习主题中"定量地认识元素得失电子能力"这一学科大概念的确定。

本主题单元教学内容可以很好地承载"证据推理与模型认知"化学学科核心素养的培养，这是挑战性学习活动设计的参考。教学中引导学生从"元素化合价的判断、离子（共价）化合物的判断"等一系列具体问题出发，通过分析抽提出化学学科（抽象性）问题"原子间电子竞争能力比较"，进而通过"元素性质参数的寻找——元素性质参数的筛选——元素性质参数的应用"等环节，引导学生建构模型解决问题。

3. 主题学情分析

本案例中，除了要关注第一电离能、电负性等具体概念外，还应结合学生表现对模型建构与应用的掌握程度进行分析，包括学生是否具有模型建构思想，是否可以完成模型建构任务，是否能够运用所建构的模型解决实际问题。

学生学习了高中化学必修第二册，能够从原子结构的角度，结合元素周期表定性地判断元素原子得失电子的难易程度。通过前测结果可以发现，无论在具体知识层面还是在模型认知、证据推理等素养层面，学生都具有待发展点：

（1）学生不能从定量角度衡量元素原子得失电子的能力以及在化合物中原子对于电子的竞争能力。

（2）学生已经知道了原子半径、化合价等的周期性变化及"位""构""性"三者之间存在一定的关系，但是学生不能在原子结构的量子力学模型基础上建构和认识元素周期律（表）。学生不能利用"位""构""性"关系的系统思维模型分析和解释一些常见元素的性质。

（3）学生还没有构建起利用性质参数分析解决实际问题的模型。

（4）学生还没有经历"提出问题→筛选参数→检验参数"的规律性模型的建构过程，还不能在参数筛选过程中确定如何选择证据、选择怎样的证据，学生的"证据推理与模型认知"化学学科核心素养还待发展。

从学生活动经验的角度来看，利用计算机 Excel 软件做数据图是学生已经具备的技能，但是对为什么要绘图、在绘制数据图时如何确定自变量与因变量等是缺少思考的。从学生兴趣的角度来看，"甲醛的危害与去除"这一真实问题与"电负性的应用"能够较好地整合，驱动性和认识价值兼顾，可以很好地发展学生的"科学探究与创新意识""科学态度与社会责任"化学学科核心素养。学生的这些待发展点正是设置主题单元学习目标和设计学习活动时的重要关注点。

二、素养导向的学习目标

以"宏观辨识与微观探析"素养为例，本主题中要在宏观认识元素性质周期性变化的基础上，进一步从微观和定量角度探析原子半径、第一电离能、电负性的变化规律，并建立它们与元素周期律之间的关联。再以"证据推理与模型认知"素养为例，在本主题中主要体现为通过"寻找合适的参数表征不同原子吸引电子能力的强弱"，体会到规律性模型的"提出问题→参数筛选→证据筛选→检验参数"的模型建构过程；能够在实际问题解决过程中建构并应用利用电负性解决问题的思维模型"根据提供的反应物和生成物分析有机反应的规律→建立利用电负性概念解决问题的思维模型→应用该思维模型解释反应的规律→应用该思维模型预测反应产物"。本案例的素养导向的学习目标分析见表4-5-1。

表4-5-1 案例5素养导向的学习目标分析

化学学科核心素养	单元学习目标（可测+关联）	对应关系说明
宏观辨识与微观探析 变化观念与平衡思想 证据推理与模型认知 科学探究与创新意识 科学态度与社会责任	a. 能说出元素电离能、电负性的含义 b. 通过数据观察与分析，能描述同主族元素、同周期元素的原子半径、第一电离能、电负性变化的一般规律，并能从电子排布的角度对这些规律进行解释	对应宏观辨识与微观探析
	c. 能够说出原子结构的量子力学模型与元素周期律（表）之间的关系	对应宏观辨识与微观探析、变化观念与平衡思想
	d. 能够说明"位""构""性"关系，能够用"位""构""性"关系的系统思维模型分析和解释一些常见元素的性质	对应宏观辨识与微观探析
	e. 通过"寻找合适的参数表征不同原子吸引电子能力的强弱"，体会到"规律性模型"构建的流程"提出问题→参数筛选→证据筛选→检验参数→构建模型"	对应宏观辨识与微观探析、变化观念与平衡思想 对应证据推理与模型认知、科学探究与创新意识
	f. 能说明电负性大小与原子在化合物中吸引电子能力的关系，能利用电负性判断元素的金属性与非金属性的强弱并推测化学键的极性	对应宏观辨识与微观探析、变化观念与平衡思想
	g. 能够在实际问题解决过程中建构并应用利用电负性解决问题的思维模型"根据提供的反应物和生成物分析有机反应的规律→建立利用电负性概念解决问题的思维模型→应用该思维模型解释反应的规律→应用该思维模型预测反应产物"	对应科学探究与创新意识
	h. 能够体会到科学概念建立的历程	对应科学态度与社会责任

上述单元学习目标a、b、c、d、f指向电离能、电负性、元素周期律等核心概念，是本主题中的具体内涵；目标e和g指向研究过程与方法，具体为模型的构建与应用等具体思维模型的构建；目标h指向育

人价值，引导学生体会科学概念的建立及科学发展的历程，引导学生树立从事科学研究的志向。

◉ 三、挑战性学习活动

1. 设计依据与价值分析

本案例的挑战性学习活动核心是模型的建构与应用，与课程标准学业要求中"能说明建构思维模型在人类认识原子结构过程中的重要作用，能论证证据与模型建立及其发展之间的关系"是一致的。模型的建构与应用的挑战性学习活动也与引领性学习主题阶段对学生学情的分析一致，可以承载学生具体知识获得的过程以及解决模型认知、证据推理等核心素养发展的障碍点。本案例的挑战性学习活动包含学生认识发展和真实问题解决两条线索。从学生认识发展线索看，学生应当经历"从具体问题抽提出抽象的学科问题""构建模型去解决问题"这一认识过程；从真实问题解决线索看，学生应经历"元素性质参数的寻找""元素性质参数的筛选""元素性质参数的应用"的学习过程。在"元素性质参数的应用"环节中还应经历在实际问题解决过程中建构利用电负性解决问题的思维模型。

本案例在引导学生学习电离能、电负性等核心概念的同时，还要建立元素的原子半径、第一电离能、电负性等宏观性质与微观的原子结构之间的关系，培养"宏微结合"的能力。学习过程中蕴含的模型构建与应用的思路方法，具有丰富的育人价值。通过教学，学生能够体会到"研究物质结构的价值"，彰显化学对社会发展的重要性，激发学生探索物质结构奥秘、未来从事科学研究的热情，达到课程育人的目标。

2. 单元学习活动的规划

本案例中，学生需要从熟悉的具体问题出发，分析抽提这一系列具体问题背后的化学学科问题——原子间电子竞争能力的比较。学生结合具体物质的性质，寻找表征原子间电子竞争能力的性质参数，并落实到原子结构与性质参数之间的关系。从模型认知素养培养的角度来看，学生需要经历规律性模型的建立——基于对表征原子吸引电子能力强弱的参数（原子半径、电子层数、核电荷数、第一电离能、电子亲和能、电负性）的认识，对已知的元素金属性和非金属性递变规律进行解释和表征，并同时运用元素周期律、金属活动性顺序等宏观性质规律对这些参数进行筛选，对其描述力进行检验，最终选出能表征化合物中原子吸引电子能力强弱的最优参数。从真实问题解决的角度看，"甲醛的危害与去除"是一个学生身边的真实问题，在解决问题的过程中，学生再次建构利用电负性解决问题的思维模型，教师再次落实模型认知素养的培养，同时引导学生经历探索物质结构的科学研究过程，在激发学生学习兴趣的同时，引导学生体会到科研的乐趣，获得科学态度和社会责任素养的提升。

在此基础上，可将本单元学习任务拆分为 3 个子任务（3 课时）：

（1）元素性质参数的寻找：聚焦"如何衡量原子的得失电子能力"概念的形成与应用，从"NH_3 分子中 N 的化合价为+3 还是−3？""$MgCl_2$、$AlCl_3$ 是离子化合物还是共价化合物？"等具体问题出发，抽提出化学学科问题"如何衡量原子得失电子能力"，然后从定性角度、定量角度、能量角度寻找能够表征原子得失电子能力强弱的参数，落实"电离能"概念的形成。

（2）元素性质参数的筛选：聚焦"在化合物中各原子对电子的吸引能力强弱的比较"，在形成"电负性"概念的同时，从适用范围、规律性等多角度完成表征原子得失电子能力的不同性质参数筛选。

（3）元素性质参数的应用：聚焦"甲醛的危害与去除"这一实际问题，建构利用电负性解决问题的思维模型"根据提供的反应物和生成物分析有机反应的规律→建立利用电负性概念解决问题的思维模型→应用该思维模型解释反应的规律→应用该思维模型预测反应产物"。

3 个子任务可以分别在 3 个课时完成，但是第 1 课时时间略显宽松，而第 2 课时的时间又略显紧张，建议将第 1 课时和第 2 课时组合，在一个连堂课内完成。本案例的单元活动规划见表 4-5-2。

表 4-5-2　案例 5 单元活动规划

活动及时长	教学过程	与目标的关系
活动 1：元素性质参数的寻找（40 分钟）	活动包含 2 个子活动： 活动 1-1 通过对 "NH$_3$ 分子中 N 的化合价为 +3 还是 -3？" "MgCl$_2$、AlCl$_3$ 是离子化合物还是共价化合物？" 等问题进行讨论，抽提出这些问题的本质，即 "如何衡量原子得失电子能力强弱" 活动 1-2 引导学生从定性角度、定量角度寻找能够表征原子得失电子能力强弱的参数——原子半径、第一电离能、电子亲和能等，并理解这些参数的内涵	从具体问题抽提出抽象的学科问题 构建模型对原子得失电子能力强弱进行多角度比较
活动 2：元素性质参数的筛选（40 分钟）	活动包括 2 个子活动： 活动 2-1 通过对 "CH$_4$、SiH$_4$ 中 C、Si 的化合价是否相同？" 的讨论，抽提出 "在化合物中原子间电子竞争能力如何比较" 这一问题，找出电负性这一性质参数并理解其内涵 活动 2-2 寻找证据筛选原子半径、第一电离能、电子亲和能、电负性等性质参数中用来描述化合物中原子间竞争电子能力强弱的最佳参数，进一步体会参数筛选的思维模型的构建与应用	从具体问题抽提出抽象的学科问题，构建模型解决问题 构建模型解决性质参数筛选问题
活动 3：元素性质参数的应用（40 分钟）	活动包括 3 个子活动： 活动 3-1 通过分析甲醛是如何和蛋白质发生反应的，学生认识到甲醛的危害，并初步感受利用元素电负性的差异分析化学反应的基本过程，自主探索规律并初步形成认识、分析有机反应的模型 活动 3-2 通过对环境中的甲醛进行检验，完成对原理的分析和解释，对前一环节建构的模型的应用及对学习效果的检验；需注意的是，在对 MBTH 与甲醛的反应产物进行预测时需要全面分析 活动 3-3 以寻找环境中甲醛的吸收剂为任务，引导学生预测并设计实验进行探究；学生设计出基本的实验方案并通过实验活动观察到预期的实验现象之后，要勇于质疑，善于思考，提出由于实验方案的不足而可能出现的问题，并设计实验对问题进行探究和讨论	构建利用电负性分析有机反应的思维模型 利用构建的思维模型对反应进行分析与解释 利用构建的思维模型对反应进行预测

四、持续性学习评价

1. 评价内容与评价指标

本案例的评价内容与评价指标见表4-5-3。

表4-5-3　案例5评价内容与评价指标

评价内容	评价指标
核心概念及知识结构	①能理解原子半径、电离能、电负性等元素性质参数的含义 ②能利用电负性对物质性质及变化进行预测和解释 ③能建立起原子结构与原子半径、电离能、电负性之间的联系
宏观辨识与微观探析	④能理解气态基态原子得失电子能力强弱与化合物中原子间电子竞争能力之间的联系与区别 ⑤能知道原子半径、电离能、电负性等元素性质参数的周期性变化规律并从原子结构角度进行解释
模型认知与证据推理	⑥能从具体问题抽提出化学学科问题（抽象） ⑦能说明"位""构""性"关系，并应用"位""构""性"关系系统思维模型分析和解释一些常见元素的性质 ⑧能寻找证据对表征化合物中原子吸引电子能力强弱的参数进行筛选，从而确定最优参数。能体会到规律性模型构建的"提出问题→参数筛选→证据筛选→检验参数→构建模型"的思路与方法 ⑨能在实际问题解决过程中建构并应用利用电负性解决问题的思维模型
科学态度与社会责任	⑩能体会到科学概念建立的历程

2. 评价的方法

本案例的评价方法见表4-5-4所示。

表 4-5-4　案例 5 活动评价方法

评价的活动	活动评价的方法
活动1-1：对"NH₃分子中N的化合价为+3还是-3?""MgCl₂、AlCl₃是离子化合物还是共价化合物?"等问题的讨论	通过观察、参与学生对于问题的讨论、汇报、交流，探查与评价学生必修阶段对于原子得失电子能力比较的掌握情况
活动1-2：寻找能够表征原子得失电子能力强弱的参数	通过学生的讨论、汇报，探查与评价学生对于原子得失电子能力强弱比较的角度
活动2-1：对"CH₄、SiH₄中C、Si的化合价是否相同?"的讨论	通过学生对于问题的回答，探查与评价学生对于原子得失电子能力与化合物中原子间竞争电子能力的差别的理解
活动2-2：筛选用来描述化合物中原子间竞争电子能力强弱的最佳参数	通过参与、观察学生的讨论以及学生绘制曲线等活动，探查与评价学生对于元素性质周期性变化规律的理解；探查与评价学生的数据分析与处理能力
活动3-1：建构利用电负性分析有机反应的模型	通过学生示意图绘制的情况，探查与评价学生能否根据元素电负性的差异找到发生反应的位置、能否清楚、准确地标出具有极性的化学键的正负电荷分布、能否熟练运用片段重组的原则进行反应过程的描述
活动3-2：利用建构的电负性问题分析模型解释有机反应	通过学生的预测结果，探查学生的类比、迁移能力，探查与评价能否熟练地运用"借助电负性认识与预测有机化合物某些性质"的模型进行分析
活动3-3：利用电负性分析问题的模型预测反应	通过学生的思考、提问、回答，探查与评价学生是否可以从获得的证据出发对实验做出合理的猜想、在设计实验的过程中是否掌握了控制变量的思想

3. 水平规划与赋值

针对核心概念及知识结构、宏观辨识与微观探析（评价内容 1 和评价内容 2）的诊断，预设了 4 个水平：

水平 1：孤立地认识第一电离能、电负性等描述元素宏观性质的参数，知道元素的宏观性质具有周期性变化的规律；知道原子的结构要素。

水平 2：知道"结构决定性质"，但不能从结构的角度认识并解释元素宏观性质周期性变化的原因，缺少"宏微结合"意识。

水平 3：理解"结构决定性质"，能从原子结构角度解释元素宏观性质周期性变化的原因。

水平 4：能应用"结构决定性质"，从原子结构角度预测陌生元素的性质及陌生物质的性质。

对于模型认知与证据推理（评价内容 3）的诊断，预设了 4 个水平：

水平 1：能辨识证据，但不能建立证据与微观假设之间的关系。能够运用知识分析解释宏观现象，但不能上升到模型构建与认知层面。

水平 2：能从宏观和微观结合的视角收集证据，能依据证据从不同视角分析元素原子得失电子能力；能够借助思维模型分析和解释一些常见元素的性质。

水平 3：能从定量的角度收集证据建构电离能、电负性等性质参数的变化规律；能有效构建规律性模型。

水平 4：能从具体问题中抽提出化学学科问题（抽象），并构建模型解决综合、发展的实际问题。

对于科学态度与社会责任（评价内容 4）的诊断，预设了 3 个水平：

水平 1：没有体会到科学概念建立的历程，没有明显地表现出科学态度发生变化。虽然能认识到甲醛对健康的危害，但是不能从社会责任角度理解研究的意义。

水平 2：能体会到科学概念建立的历程，对科学态度与社会责任有自己的理解。能够基于对甲醛的危害的认知，从社会责任角度主动想办法减少其危害。

水平 3：有科学态度和社会责任感，具有投身科学研究的意识；具有环境保护意识和"绿色化学"思想。

4. 单元同步作业设计

请扫描右侧二维码阅读详细内容。

◉ 五、开放性学习环境

本案例的教学情境为"元素性质参数的寻找、筛选、应用"，学生需要在交流研讨、证据推理、实验探究、真实问题解决的环境中充分思考、互动，在活动体验中学习。基于此设计如下物理及虚拟与人文的开放性学习环境。

1. 物理环境

（1）分组实验：①利用计算机软件寻找证据筛选原子半径、电离能、电子亲和能、电负性等性质参数中用来描述化合物中原子间竞争电子能力强弱的最佳参数；②利用甲醛检测试剂盒对环境中的甲醛进行检验，完成对原理的分析和解释。

（2）分组提供：①电脑（安装了 Excel 软件，所有电脑连接在局域网中，可以进行展示和交流）；②甲醛检测试剂盒以及甲醛水溶液，酸性高锰酸钾溶液，氨水，酚酞。

（3）实物投影。

2. 虚拟与人文环境

（1）门捷列夫准确预言新元素存在的视频。

（2）原子半径测量视频。

（3）原子半径、第一电离能、电负性数据。

（4）计算机 Excel 软件。

（5）化学史实：电负性的提出（不同标度的电负性以及鲍林标度的电负性）。

（6）科普材料：甲醛的危害。

（7）角色扮演（作为科学家，寻找参数）。

⊙ 六、反思性教学改进

1. 教学设计前对以往教学的反思

本单元是传统意义上的概念教学，以往教学多以讲授式为主，学生主要通过听讲记忆与理解新的概念，通过完成习题加以巩固。本单元的教学设计力图在以下方面进行改进：（1）充分关注学生已有的认知基础，从学生最近发展区开展教学，使学生不是单纯地把概念从课本搬到记忆中。（2）引导学生构建概念模型、构建规律性模型，充分发挥学生的主体作用，"放手"让学生进行自主学习，充分挖掘、利用数据、图表，让学生自主发现规律，帮助学生实现认识思路结构化，并应用模型解决陌生复杂问题。（3）充分利用科学史素材，进一步挖掘电负性等概念的科学方法及实验价值。"提出问题→参数筛选→证据筛选→检验参数→构建模型"的程序，让学生感受科学家们是如何思考问题的、一个理论模型是如何建构的，体会真正的科学发展历程。

2. 教学实施中的反思与改进

本单元设计的问题线索比较清晰，很好地起到了教学推进的引导作用；设计的问题比较明确，学生通过交流、讨论、汇报，展示出了原有的认知及学习的进阶；设计的学生活动环节不仅调动了学生的主动性，还培养和发展了学生提出问题、分析问题、解决问题的能力。尽管已经注重了学生的主体性，教师仍存在因担心学生不能很好地完成过程性学习任务而引导成分过多的情况，应更加注意加以改进。

3. 教学实施后的反思与改进

整个单元教学关注了模型的建构与应用。整体上看构建了"从具体问题抽提出抽象的学科问题→构建模型去解决问题"的模型，即"寻找描述元素性质的参数→元素性质参数的筛选→元素性质参数的应用"；在"元素性质参数的应用环节中又构建了在实际问题解决过程中利用电负性解决问题的思维模型"，即"根据提供的反应物和生成物分析有机反应的规律→建立利用电负性概念解决问题的思维模型→应用该思维模型解释反应的规律→应用该思维模型预测反应产物"。整个单元教学突出了对学生"证据推理和模型认知"化学学科核心素养的培养与发展。

本单元教学在知识层面上也很好地落实了对原子半径、电离能、电负性概念的理解与应用，落实了元素周期表"位""构""性"之间的关系及其应用。"甲醛的危害与去除"这一真实问题与"电负性的应用"较好地整合，驱动性和认识价值兼顾，很好地发展了学生的"科学探究与创新意识"化学学科核心素养。

通过本单元的教学，希望学生能够体会到科学概念的建立及科学发展历程，能够说明原子核外电子运动规律的理论探究对研究元素性质及其变化规律的意义；但是在教学实施后，感觉对于学生的引导不足，学生学习效果欠佳，还需进一步改进。

案 例 ⑥

认识有机化学反应的思路方法——有机化学反应类型

实施年级：高中二年级

对应课标：选择性必修课程模块3　主题2：烃及其衍生物的性质与应用"2.3 有机反应类型与有机合成"

所用教材：鲁科版选择性必修3第2章第1节"有机化学反应类型"

单元课时：3

◉ 一、引领性学习主题

本案例的引领性学习主题为：基于有机化学反应类型建构有机反应认识模型，形成基于模型解决问题的思路方法。其中有机化学反应类型是核心概念，蕴含构成有机化学反应的要素——反应物、生成物、试剂、条件和反应现象，这些要素与有机化学反应类型一同构成认识反应的核心角度。此外，从转化层面看，学生对有机化学反应的认识同样包含不同的认识水平——官能团转化水平和化学键转化水平。上述角度和水平共同构成有机反应认识模型。基于有机化学反应类型建构对有机反应多角度、多水平的认识模型是本主题的学科大概念，建构有机化学反应认识模型并基于模型解决实际问题是本单元的挑战性学习任务。

1. 主题知识结构

本单元的核心概念是有机化学反应类型，有机化学反应类型是有机化学重要的概念理论性知识，它使得人们能够对数目繁多的有机化学反应进行分类研究，认识新的反应并在此基础上创造新反应。有机化学反应类型包括从反应物和生成物特点的角度进行分类的加成反应、取代反应和消去反应；从得失氧或得失氢角度进行分类的氧化反应和还原反应。本单元主要涉及的是第一组分类，它们是有机化学反应类型的知识核心，是本案例内容的重点所在。如其中的加成反应，从反应物的结构特点来看，要有不饱和键；从反应试剂来看，有氢气、卤素单质、卤化氢和水等典型加成试剂；从反应条件来看，不同反应物和反应试剂需要在特定条件下才能发生反应；从官能团转化看，加成反应的特征比较丰富，可能是烯烃的碳碳双键、炔烃的碳碳三键或醛酮的碳氧双键发生变化，转变成碳卤键、羟基等；从化学键转化看，加成反应的特征则更加体现内在的统一性，即不饱和键局部断裂后，其两端的原子与加成试剂断键后的原子或者原子团重新结合形成较饱和的化学键。通过对有机化学反应类型的概括，揭示丰富多样的有机化学反应的内在规律，并建立认识有机化学反应的角度和思路，即有机化学反应认识模型，进而为研究有机化合物的化学性质、进行有机化合物制备等活动提供方法指导。详见图4-6-1。

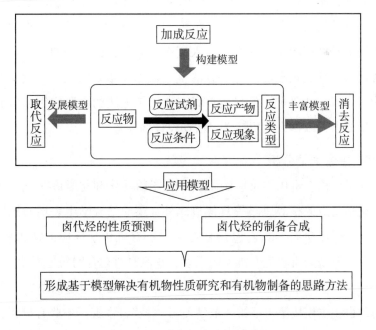

图 4-6-1　案例 6 主题知识结构

2. 课标要求与内容价值

"有机反应类型与有机合成"是课程标准选择性必修课程模块3 "有机化学基础"中的"主题2：烃及其衍生物的性质与应用"主题内容要求中的一个核心条目，关于有机反应类型的具体要求为"认识加成、取代、消去反应及氧化还原反应的特点和规律，了解有机反应类型和有机化合物组成结构特点的关系"。可见，有机反应类型是核心概念，其重要价值和意义在于引导学生从多种角度来认识和理解有机化学反应。对于不同类型的有机反应，既要关注参加反应的有机化合物及其结构特点、试剂的特性、发生反应的条件，又要关注生成什么样的产物及产物的结构特点，这些对反应的认识角度和思路为后面章节里学习烃的衍生物的性质提供了很好的理论和方法支持。课程标准这部分论述揭示了认识的对象与角度，支持着引领性学习主题中构建认识有机化学反应的思路方法这一学科大概念的确定。

另外，课程标准中还提到"认识卤代烃的组成和结构特点、性质、转化关系及其在生产、生活中的重要应用"，必做实验部分也将"有机化合物中常见官能团的检验"纳入其中。可见，卤代烃的性质与合成制备是认识有机化学反应思路方法核心概念的重要应用。因此，要全面分析课程标准要求，关注核心概念和思想方法的主要应用领域和相关实验要求，以作为挑战性学习活动设计的参考。

3. 主题学情分析

除了认识有机化学反应的角度，官能团转化和化学键转化等分析有机化学反应的核心思路等具体概念外，还应结合学生表现对思路方法的掌握程度进行分析，包括是否建立了有机化学反应的认识模型，能否利用模型分析陌生有机反应类型、预测有机化合物的主要性质等。

学生在学习本主题内容前，已经在必修阶段学习过简单的有机化合物，也在本模块第1章第3节学习了"烃"，掌握了一些有机化合物的化学性质，基于性质知道了一些有机反应类型如取代反应、加成反应，并已经通过本模块教材第1章第2节的学习，了解了有机化合物的结构与性质之间的关系，建立了有机化合物分子结构的认识模型。

在此基础上，本单元学生将进一步展开对有机反应类型和规律的讨论，将学生的认识对象从之前的有机化合物转换为有机化学反应，探索有机化学反应的内在规律，进而形成基于反应类型的，从反应物、反应试剂、反应条件、反应产物、反应现象等多个角度系统认识有机化学反应的认识思路，更加突出有机化合物通过有机化学反应实现的转化关系，从而打通结构分析→性质预测→实验验证的研究路径，使学生对有机化合物及其性质的认识更加多维度、立体化。教学前对学生进行测查和访谈，通过分析可知，学生存在以下障碍点：

（1）大部分学生此时已经建立了有机化合物分子结构的认识角度，能从官能团、化学键和基团之间相互影响的角度认识有机化合物的结构，但是对于基于结构分析预测有机化合物的化学性质还没有形成系统完整的分析思路。

（2）大部分学生对于有机反应类型——取代反应、加成反应有初步的了解，能够列举典型的取代反应或加成反应，但对于反应中有机化合物结构的变化规律没有深入的认识，未将结构与反应类型建立内在关联，在学生的现有认识里这两者的关系是割裂的、孤立的。

（3）学生对有机化学反应没有系统的、多维度的认识角度，只知道一些有机化学反应是需要条件的，且只能生硬地记忆具体在什么条件下发生什么反应，缺乏基于反应试剂、条件、产物等完整认识有机反应的角度和系统分析的思路。

从学生的兴趣和活动经验看，"认识有机化学反应类型"对学生来说既熟悉又陌生。学生已经学习了典型的取代反应、加成反应，对化学反应类型有了初步的认识，但是结合反应中有机化合物的结构变化、结合有机化合物的性质等进行关联分析对学生来说具有一定的挑战性。

◉ 二、素养导向的学习目标

本单元核心是建立有机化学反应的认识模型，包括认识角度和思路。借助有机化学反应的认识模型，学生可以分析新的有机反应类型，研究有机物性质，应用有机反应实现有机物转化，进行制备、合成等。

本案例的素养导向的学习目标分析见表 4-6-1。以"宏观辨识与微观探析"素养为例，本主题中宏观上要辨识的是化学反应的现象，微观上要探析的是化学反应中从反应物到生成物的结构变化，同时，关注官能团、化学键的饱和性和极性变化的微观过程。

表 4-6-1　案例 6 素养导向的学习目标分析

化学学科核心素养	单元学习目标	对应关系说明
宏观辨识与微观探析　变化观念与平衡思想　证据推理与模型认知　科学探究与创新意识　科学态度与社会责任	a. 能应用官能团、化学键的饱和性和极性等概念，从微观角度分析反应物和生成物的结构及转化；能从结构变化角度对有机化学反应进行分类；能用结构式或者结构简式表示出有机物的结构特点，能用有机化学方程式表征出对应的有机化学反应；能根据反应物结构特点预测有机物可能发生的反应类型，进而预测其化学性质	对应宏观辨识与微观探析
	b. 能认识到有机物之间通过不同类型的有机化学反应发生转化，转化时需要一定的试剂和反应条件；能利用有机反应类型中蕴含的反应规律设计或选择有机物的制备路线	对应变化观念与平衡思想
	c. 能建立有机化学反应的认识模型，包括以有机反应类型为核心的认识角度和思路；能借助有机反应认识模型分析有机化学反应的新类型	对应证据推理与模型认知
	d. 能基于对有机物性质的预测，设计实验方案，验证有机物的化学性质，明确所需的反应试剂、反应条件，进行产物验证等实验思路	对应科学探究与创新意识
	e. 能从成本、环保和安全性等方面评价、选择和优化，制备合成有机化合物的方案；能了解卤代烃在生产生活中的应用和卤代烃在有机合成中的"桥梁"价值，并能认识到卤代烃对环境和人体产生的危害，对使用了危害较大的卤代烃的有机合成路线进行积极改造	对应科学态度与社会责任

上述单元学习目标 a 和目标 b 指向分类观、变化观等学科观念，结合有机反应类型阐述了分类观、变化观在本单元中的具体内涵；目标 c 和目标 d 指向研究过程与方法，强调建构认识有机化学反应的角

度和思路的形成过程；目标 e 指向育人价值，强调有机化学反应的应用和社会影响。

◉ 三、挑战性学习活动

1. 设计依据与价值分析

本单元的挑战性学习活动是建构及应用认识有机化学反应的思路方法，有机反应类型是有机化学中的重要核心概念，该内容中的有机反应类型如加成反应、消去反应、取代反应都是高中阶段学生必须掌握的重要有机反应类型；并且形成有机化学反应的分析思路有助于学生形成探究有机化合物化学性质的思路和方法。因此，选取本任务可以保证与核心知识、思想方法的一致性，并高效整合教学内容，对后续学习烃的衍生物及其性质有非常好的导向作用。

2. 单元学习活动的规划

在"认识有机化学反应的思路方法"中，对有机化合物结构的认识是最基础的，此时认识对象主要是具体物质；其次是对有机化学反应的认识，此时认识对象是具体的有机化学反应；进一步是基于有机化合物结构对有机反应类型进行系统性分析并形成模型，此时认识对象是有机化学反应中的微观变化，以及有机化学反应的认识模型。在构建和应用"认识有机化学反应的思路方法"过程中将挑战性任务拆解为 4 个活动（3 课时）：

（1）认识加成反应特点，初步建构有机化学反应分析框架：基于对加成反应的分析，从反应物、反应产物、反应条件、反应试剂和反应类型等角度明确加成反应的特点，建立有机化学反应的分析框架，并结合具体反应，从化学键的极性和电荷分布角度分析不对称加成，进一步认识加成反应规律，最后进行相关规律模型的应用。

（2）认识取代反应特点，巩固有机化学反应分析框架：通过典型反应的展示引导学生认识取代反应的特点，基于反应物断键、生成物成键的特点，认识有机化合物结构与性质的关系，进而认识取代反应中的典型规律，从成断键角度深入认识取代反应的特点，深入认识反应试剂和条件对有机化学反应的影响，并利用有机化学反应认识模型概括总结取代反应的特征。

（3）发现和认识消去反应，发展有机化学反应认识模型：基于对消去反应的反应物断键、生成物成键特点的梳理与分析，不断应用有机化学反应分析框架，形成认识有机化学反应的全面视角。

（4）应用模型研究卤代烃的性质及制备：在分析有机化学反应的思路方法模型的基础上，提供具体的应用实例，引导学生在具体情境中自主应用模型思路方法解决实际问题，体会研究有机化合物性质的方法。

整体来看，在教学过程中，前 2 个课时是构建、巩固和发展有机反应认识模型，第 3 课时是运用构建的模型，预测卤代烃的性质和设计制备卤代烃的方法。第 1、第 2 课时将知识结构化，第 3 课时在应用的过程中将知识功能化。具体的课堂内容结构如图 4-6-2 所示。

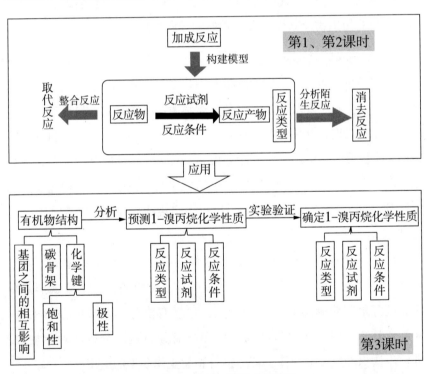

图 4-6-2　案例 6 课堂内容结构

具体活动规划如表 4-6-2 所示。

表 4-6-2　案例 6 单元活动规划

活动 及时长	教学过程 （以任务为线索描述）	与目标的关系
活动 1： 认识加成 反应特点， 初步建构 有机化学 反应分析 框架（40 分钟）	活动 1 包含 3 个任务： 任务 1-1：结合已知加成反应，从反应物、反应产物、反应条件、反应试剂和反应类型等角度认识加成反应的特点，建构有机化学反应分析框架 任务 1-2：以丙烯与氯化氢、乙醛与氢氰酸的加成反应为例，小组讨论分析不对称加成反应，探寻加成反应的电性规律 任务 1-3：利用有机化学反应分析框架中各要素的特点及相互联系，通过结构对比和推理初步应用不对称加成分析思路	对加成反应进行多角度分析概括，初步建立反应的分析框架 从键的极性角度分析不对称加成反应，深化对加成反应的认识 外显有机化学反应分析框架
活动 2： 认识取代 反应特点，巩固 有机化学 反应分析 框架（20 分钟）	活动 2 包含 3 个任务： 任务 2-1：通过判断几个熟悉和陌生的取代反应的共同特点，让学生从化学键转化的角度总结梳理取代反应断成键特点，关注反应试剂和反应条件对于取代反应的影响 任务 2-2：通过对有机物与极性试剂之间发生取代反应前后物质结构的分析，让学生更加深入地从成断键角度认识取代反应的特点 任务 2-3：学生通过对丙烯和氯气反应产物的预测，进一步体会试剂和条件对反应活性部位的影响以及临近基团对化学键带来的影响	对取代反应进行多角度分析概括，巩固反应的分析框架 巩固反应试剂和条件的认识角度及思路 巩固和发展有机反应认识模型
活动 3： 发现和认 识消去反 应，发展 有机化学 反应认识 模型（20 分钟）	活动 3 包含 2 个任务： 任务 3-1：通过乙醇与浓硫酸 170℃共热产物的检验视频，发现消去反应，并结合溴乙烷的消去反应认识消去反应的特点 任务 3-2：通过判断有机物能否发生消去反应的练习，强化对于消去反应特点的认识，巩固建立的有机化学反应的认识模型	梳理消去反应的特点，认识消去反应调用有机化学反应分析框架，巩固和发展有机反应认识模型

续表

活动 及时长	教学过程 （以任务为线索描述）	与目标的关系
活动 4： 应用模型 研究卤代 烃的性质 及 制 备 (40 分钟)	活动 4 包含 2 个任务： 任务 4-1：应用建立起来的"分析有机化学反应的思路方法"模型，分析 1-溴丙烷的结构，预测 1-溴丙烷的化学性质，小结形成根据结构推测性质的分析思路；选择合适的反应试剂和反应条件进行性质的验证，形成分析有机化合物的思路方法 任务 4-2：继续应用"分析有机化学反应的思路方法"模型设计合成 1-溴丙烷的制备方法，进一步让学生在具体情境中体会有机化学反应的应用在于制备有机化合物和研究有机化合物的性质，引导学生进一步体会研究有机化合物性质的方法	在建构模型的基础上提供具体的应用实例，学生在真实情境中自主应用模型思路方法解决实际问题，研究卤代烃的性质及制备

◉ **四、持续性学习评价**

1. 评价内容与指标

本案例中，学生对有机反应类型的理解是基础；基于此形成的宏微关联是关键；实验与证据推理能力具有重要的方法价值；科学态度与社会责任是根本目标。最终确定的评价内容及评价指标见表 4-6-3。

表 4-6-3 案例 6 评价内容及评价指标

评价内容	评价指标
核心概念及知识结构	①能正确识别有机反应类型，包括加成反应、取代反应、消去反应、氧化反应和还原反应 ②能基于有机化学反应类型，建构认识有机化学反应的思路和方法

续表

评价内容	评价指标
微观视角与宏微关联	③能从微观角度分析有机化学反应中反应物和生成物的结构转化，关注官能团、化学键的饱和性和极性的变化 ④能根据反应认识模型预测有机化合物的化学性质，包括反应试剂、反应条件、产物及现象
实验与证据推理	⑤能基于对有机化合物性质的预测，设计实验方案，验证有机化合物的化学性质 ⑥能建立有机化学反应的认识模型，利用模型分析陌生有机化学反应类型、预测有机化合物的主要性质
科学态度与社会责任	⑦能从成本、环保和安全性等方面评价、选择和优化制备合成有机化合物的方案 ⑧能认识到卤代烃对环境和人体产生的危害，对使用了危害较大的卤代烃的有机合成路线进行积极改造

2. 评价的方法

对于核心概念和学科观念等评价内容，可以借助教学过程中的黑板贴纸、化学用语书写、方程式与反应条件连线等活动中形成的文本，完成对指标①②③④的评价。对于证据推理等评价内容，可以结合有机化合物结构分析、陌生反应产物预测、设计实验验证卤代烃的化学性质时学生的解释、论证和体会，完成对指标⑤⑥⑦⑧的评价。本案例的评价方法见表4-6-4。

表4-6-4 案例6活动评价方法

评价的活动	活动评价的方法
活动1-1：加成反应的特点分析	通过方程式书写，探查对加成反应基本概念的理解 通过对加成反应特点的分析，判断能否关注反应物的结构特点、反应条件和生成物的结构特点
活动1-2：加成反应产物推测	探查学生能否从键的极性的角度分析反应物及反应试剂的结构特点，推测可能的主要产物 探查学生能否结合资料卡片，根据电性规律分析预测可能的主要产物，诊断学生基于证据推理论证的能力

续表

评价的活动	活动评价的方法
活动 2-3：丙烯和氯气反应产物的预测	能否关注到不同的反应活性部位，预测出多种反应产物 能否关注到反应试剂和条件对反应活性部位的影响
活动 4-1：1-溴丙烷的性质预测和实验验证	能否主动系统地分析 1-溴丙烷的结构特点，预测能发生的反应类型，并形成由结构推性质的具体思路和方法 在预测取代反应性质时能否关注到反应试剂和反应条件的选择，能否主动应用取代反应的分析思路预测出产物，正确写出化学方程式 在验证取代反应产物时能否关注到反应条件如酸碱性对反应的影响 在预测消去反应性质时能否主动选择反应试剂和反应条件，能否根据信息正确写出反应的化学方程式
活动 4-2：设计制备 1-溴丙烷的合成路线	能否主动应用认识有机化学反应的思路和方法选择合适的反应类型 能否关注到反应试剂和反应条件的选择 能否从成本、环保等角度对合成路线进行选择 能否主动运用认识有机化学反应的思路，形成设计制备有机化合物合成路线的方法

3. 水平规划与赋值

对于核心概念和宏微结合（评价内容 1 和评价内容 2）的诊断，预设 3 个水平：

水平 1：只是基于对概念的记忆来识别有机反应类型，无法基于有机反应类型建构认识有机化学反应的思路和方法。

水平 2：能从微观角度分析反应物的结构，关注官能团和化学键的饱和性，基于官能团和化学键的饱和性预测反应产物，基于官能团的转化判断反应类型。

水平 3：能从微观角度分析反应物和生成物的结构，关注官能团、化学键的饱和性和极性，关注反应试剂和条件。能正确识别有机反应类型，并基于有机反应类型，建构认识有机化学反应的思路方法。能根据结构预测有机化合物的化学性质以及该物质可能发生的反应类型。

对于实验和证据推理能力（评价内容3）的诊断，预设3个水平：

水平1：能够机械记忆有机化学反应的认识模型，但不能利用模型分析陌生有机化学类型、预测有机化合物的主要性质。

水平2：能利用有机化学反应的认识模型系统地分析陌生有机化合物的结构特点，预测能发生的反应类型，但无法设计实验进行验证。

水平3：能利用有机化学反应的认识模型主动系统地分析陌生有机化合物的结构特点，预测能发生的反应类型，并形成由结构推性质的具体思路和方法。在预测反应性质时能关注到反应试剂和反应条件的选择，能应用反应类型的认识模型预测出产物。能合理地设计实验验证反应产物，并关注到反应条件如酸碱性环境对反应的影响。

对于科学态度与社会责任（评价内容4）的诊断，预设3个水平：

水平1：没有明显的态度和责任感变化。

水平2：有一些初步的感受和体验，如有些化学试剂很贵，卤代烃对环境有污染，但没有意识到可以利用所学知识对合成路线进行改进。

水平3：有较为深刻的感受和责任体验，意识到成本、环保等问题会影响人们的居住环境和化工生产的发展。能主动应用认识有机化学反应的思路方法，选择合适的反应类型和合理的合成路线。学生表现出高度投入和较强的代入感，能将自己的学习、方案设计实践与社会发展相关联。

4. 单元同步作业设计

请扫描右侧二维码阅读详细内容。

◉ 五、开放性学习环境

1. 人文环境

通过创设贴近学生学习和生活的学习情境，通过设计学生感兴趣的挑战性活动，营造积极讨论、和谐进取的学习氛围，促进学生小组合作能力的提升。

2. 物理环境

（1）1-溴丙烷的水解和溴离子的检验实验。

（2）1-溴丙烷的结构模型。

（3）黑板，白板。

3. 虚拟环境

（1）网络学习平台。

（2）视频文件：乙醇消去反应的视频、生活中的卤代烃视频。

◉ 六、反思性教学改进

1. 教学设计前对以往教学的反思

在以往的教学中，有机反应类型的教学内容是分散在教材中不同章节的，在新授课中通常是在有机物性质教学中插入对反应类型的知识提炼，在这样的情况下，学生很难形成整体的对反应规律的认识。

本单元教学将有机反应类型作为独立的学习内容，力图在以下方面进行改进：（1）结合已经学习过的有机化学反应，根据有机化合物结构转化特点认识加成反应、取代反应和消去反应的特征；（2）初步形成从反应物结构特点、试剂、条件、产物和反应类型等角度系统分析有机化学反应的思路；（3）通过对有机化学反应多角度的认识，形成能够判定给定化学方程式的反应类型、能够书写给定反应物和反应类型的有机化学反应的化学方程式的能力；（4）以卤代烃为例，应用有机化合物结构和有机化学反应的系统分析模型，研究有机化合物的化学性质。

2. 教学实施中的反思与改进

在第 1 课时的第 1 个环节小组合作任务中，学生以小组讨论的形式尽可能多地列举加成反应，集思广益，既巩固了学生的现有认知，又通过学习借鉴他人经验丰富拓宽了对加成反应的认识。但受限于学生目前的知识水平和熟练程度，这个环节略显拖沓。如果在课前增加关于已学的有机化学反应的梳理和总结任务，将会大大提高效率。

在分析总结加成反应的特点并建立了有机化学反应分析框架之后，给出两组反应物和反应试剂（丙烯和 HCl，乙醛和 HCN），由学生根据加成反应规律推测可能产物，学生分析后会得到两种可能结果，以此建立矛盾冲突。继而追问这两种产物有无主次之分，以此凸显矛盾冲突，激发学生探寻规律的兴趣。随后引导学生从键的极性以及成键原子电荷分布的角度分析得到可能的主要产物，鼓励学生利用信息分析、解决问题，同时获取应用知识解决实际问题的成就感。本环节从问题的提出到分析讨论和解决，全程以学生为活动主体，教师引导追问，学生参与度高，课堂实施效果较好。

在第 3 课时，学生根据结构预测 1-溴丙烷化学性质之后的小结过程中，教师对于学生思路的整理做法有些重复，在学生已有的思路上稍加点评会更加简练。

3. 教学实施后的反思与改进

（1）关于建构有机化学反应分析框架过程的设计与反思

本课时先由学生自己回顾整理加成反应，这是一个建立在学生现有知识水平上的温故知新的过程。随后根据列出的不同的加成反应，总结提炼出加成反应的特点及有机化学反应的几个要素——反应物、反应产物、反应试剂、反应条件和反应类型，从而建立起有机化学反应的分析框架。

在"迁移应用"环节中引导学生自主应用该分析框架解决实际问题时，受到分析框架的启发，学生很可能首先根据题目信息关注到"反应物"和"反应产物"的结构特点——从碳碳三键到碳碳双键，不饱和度降低。由这个反应特征判断出该反应要通过加成反应来实现；随后通过"反应物"的断键位置和"反应产物"成键位置的结构变化推断出"反应试剂"的结构；充分利用有机化学反应分析框架中各要素的特点及联系，通过结构比对和推理得到答案。本环节中，教师引导学生利用有机化学反应分析框架系统、全面地认识有机化学反应，同时完善学生分析、解决实际问题的视角，从而促进学生更加灵活地解决问题。

整个环节中，教师教学思路清晰，学生参与度高，总结提炼明确、直观，有利于学生建立起分析框架模型，学会应用模型更加系统、全面地分析、研究有机化学反应并解决实际问题。

（2）关于应用有机化学反应分析框架的反思

本节课在师生共同学习探讨的和谐氛围中比较顺利完满地完成了

预定的教学目标。从学生的课堂参与度与思维碰撞过程来看，设定的思考提问能够激发学生的兴趣，问题的设定比较有梯度，贴近学生的最近发展区，让学生有话可说，能充分地表达自己的观点，并能形成学生之间的讨论和思维碰撞，进而促成生生评价；从课堂的书面表达反馈来看，基本的知识能够得到落实，如化学方程式、结构式的书写；从课后作业的反馈评价来看，学生对于结构决定性质有了更加具体系统的认识，对于认识和分析有机化学反应有了比较全面的思路和角度。

从后续单元教学环节来看，由于本节课建构了认识有机化学反应的思路方法，并以卤代烃为例将思路方法功能化运用，在后续进行醇、酚、醛、酸和羧酸衍生物的教学时，学生能够主动地从结构出发，从化学键的极性、饱和性以及基团间相互影响等角度对物质的化学性质进行预测或解释；能从结构的角度出发，选择合适的试剂和反应类型设计合成路线进行目标产物的制备。因此，从后续教学的反馈来看，本单元的教学达到了在烃的衍生物教学中的方法统领的目的。

第五章

高中化学深度学习教学改进的推进策略

高中化学深度学习项目的教学改进活动持续多年在实验区、基地校深入推进，探索从不同层面解决深度学习教学的多方面问题，从具体的教学实践要素到完整教学过程的改进、从学生深度学习到教师开展深度学习教学的专业能力等不同方面均取得了积极进展。本章从区域、学校、教师三个层面展现指向深度学习的高中化学教学改进的有效推进策略。

第一节　高中化学深度学习教学
改进的区域实践策略

深度学习项目在实践层面的深入开展，需要各地教研部门的统筹规划和科学指导。教研制度是具有中国特色、富有生命力的教师职后专业发展制度，是我国基础教育质量的基本保障。教研工作在推进课程改革、指导教学实践、促进教师发展、服务教育决策等方面，发挥了十分重要的作用①。通过教研工作促进深度学习在实践层面的有效实施是非常重要的，注重区域教研和校本教研体系建设，整合各类资源，创新教研机制，高水平开展研究、指导和服务项目实施的各项工作。

本节将以北京市海淀区为例，介绍通过区域教研推动指向深度学习的化学教学改进的实践策略。

自 2017 年 7 月起，北京市海淀区从小学到高中全学段、全学科推进深度学习项目，将项目实施的阶段性成果融于区域教研活动中，持续开发教学案例、探索教学改进路径。

一、准确定位，系统规划

区域开展项目实践的最终目的是促进常态课的教学改进，让教师的教学理念转变落实到日常的教育教学行为和学习习惯上，真正实现

---

① 中华人民共和国教育部. 教育部关于加强和改进新时代基础教育教研工作的意见 [EB/OL]. (2019-11-25) [2021-05-22]. http://www.moe.gov.cn/srcsite/A06/s3321/201911/t20191128_409950.html?eqid=976480360006b715000000056445fc8e.

新课程要求的核心素养目标落地。为实现以上目标，项目团队需要聚焦三个问题：一是如何促进教师对深度学习各个要素的内涵、特征和设计原则的理解；二是在理解的基础上如何进行素养导向的深度学习单元教学设计和实施；三是从教研的层面出发，如何更好地支持教师开展指向深度学习的单元教学。其中第二个问题是核心，需要教师在学科理解方面深入思考课程内容的素养发展价值是什么，在学科教学方面思考如何通过教学实现核心知识的素养发展价值。围绕这两个方面问题，区域教研层面给予教师相应的教研支持，教师进行教学设计和实施的持续探索。

区域教研部门将上述关键问题融合到学科教研过程中，将学科教研活动课程化实施，研发了"5+M+N"学科教研课程。有机化学模块的课程结构示例如表 5-1-1 所示。

面向全体教师的必修课程（"5"类课程）基于课程核心内容，围绕深度学习实践模型的四个核心要素做整体分析，通过优秀课例和专题讲座对已有研究经验和未来实践方向做全面系统的分析，解决核心知识的素养发展价值问题。

面向特定化学教师群体的必选课程（"M"类课程）针对项目实施的个性化问题以分专题、可选择、跟进体验式的工作坊形式开展，聚焦深度学习中的一个或几个关键要素，如单元学习主题和目标的确定与表达、单元学习活动的设计与实施、持续性评价方案的设计与实施，结合具体案例持续进行探讨。

校本研修指导的选修课程（"N"类课程）满足不同地域、不同发展层次教师的个性化需求，融合深度学习项目开展的基于学情分析和诊断的校本化课例研究，包括评价工具的开发及使用、基于数据的学情分析和诊断、基于证据的教学改进等内容。

表 5-1-1　海淀区有机化学基础模块 "5+M+N" 学科教研课程结构

类别	模块名称	研修内容	针对关键问题
5	基于课程标准的有机化学基础模块深度学习的教学指导	有机化学基础模块课程标准解读及整体教学建议（4课时）	（1）有机化学基础模块教学发展了学生哪些关键能力？ （2）如何基于课程标准开展有机化学核心内容的深度学习教学设计和实施？ （3）如何确定单元学习主题和目标，如何设计单元学习活动，如何进行持续性评价？
		有机化学基础模块单元教学关键问题分析、教学策略建议及教学案例示范（16课时）	
M	有机化学基础模块深度学习的单元学习主题、目标设计及实施	深度学习再认识——基于必修深度学习教学实践的反思与研讨	基于深度学习的单元教学主题和目标有哪些特征？
		基于深度学习理念的单元学习主题、目标设计案例分享	如何基于课程标准设计深度学习单元主题和目标？
		基于深度学习理念的单元学习主题、目标实施案例分享	如何基于实践改进完善深度学习单元主题和目标？
	有机化学基础模块深度学习的单元学习活动设计及实施	深度学习再认识——基于必修深度学习教学实践的反思与研讨	基于深度学习的单元教学活动有哪些特征？
		基于深度学习理念的单元学习活动及评价设计案例分享	如何基于课程标准设计深度学习单元活动及评价？
		基于深度学习理念的单元学习活动及评价实施案例分享	如何基于实践改进完善深度学习单元活动及评价？
	有机化学基础模块学业质量评价及单元作业设计与研发	有机化学基础模块课程标准的学业质量评价解读	素养导向的作业系统有哪些特点？
		指向素养发展的作业命题框架构建	如何基于学业质量标准进行作业设计？
		指向素养测查的作业及试题研发	如何基于学业质量标准进行试题研发？

类别	模块名称	研修内容	针对关键问题
N	高中学科教研基地联片研修	针对有机化学基础模块的教学重难点问题，结合基地校学生特点开展基于学情诊断的教学研究与实践	如何基于学情诊断进行有机化学基础模块的教学研究与实践

区域学科教研课程的设计，呈现了引导教师完成对深度学习的教学改进项目从理念理解与共识，到实践内化，再逐步转化为教学行为的具体过程。每个关键问题在实践过程中进一步细化为系列问题。针对"如何基于学情诊断进行有机化学基础模块的教学研究与实践"关键问题，细化后的问题，如"学生前测反映出哪些问题？学生课堂上的表现与我们的预想是否一致？其背后的成因是什么？""是否要改进情境素材、调整驱动问题或任务？""对学生活动表现有没有做出及时、合适的反馈评价？针对学生的困惑，我们可以怎样进行引导和追问？如何使学生的思路外显？""为了使学生学习活动高效开展，我们可以采取哪些具体的活动调控措施？"

二、基于实践，持续改进

项目实践的主体是教学改进的过程。项目实施首先需要明晰教师的教学现状，可依据指向深度学习的教学实践模型的要素及内涵进行现状调研。调研结果表明，教师在学生活动设计及课堂教学实施方面比教学目标的确定和反思方面做得更好，而教师教学设计的整体思路比较匮乏，对学习者分析的水平略低。这反映出教师对课堂教学活动的实施有丰富的实践经验，但对为什么设计活动、学习目标是什么、如何评价活动的达成度等方面缺乏系统思考。在核心素养导向的目标设计方面，还存在"贴标签"的现象，表现为每个单元都有五个维度的素养目标，但目标表述空泛，缺少对应的学习活动，缺少学生的具体行为描述，无法准确诊断目标达成与否。因此，深度学习的教学改进项目的目标之一是促进教师从基于经验的教学走向基于系统思考、理性分析的教学，提升教师专业水平。教师面临素养导向的教学目标确定及目标驱动下的教学系统改进的挑战，已有的教学经验需要转化为理性认识，才能更好地迁移应用到教学实践中。

以高中化学必修课程"电离和离子反应"单元的教学改进为例。该案例在 2015 年实施的基础上，在 2018 年、2019 年、2020 年经历了聚焦教学目标确定与实现的三轮次教学改进实施。第一轮次改进的重点是目标的确定及表达，将目标与主题、学习活动和评价对应，呈现素养表现的行为、水平，此时的学习活动更加细化，同时增加了角色扮演等外显学生对溶液中物质及其变化认识水平的活动，活动类型更加丰富。第二轮次改进的重点是目标的优化，目标呈现学生的认识发展进阶和问题解决能力发展的过程。此时的教学实践重在梳理学生的认识发展脉络和障碍点，开展教学的前后测，结合前测结果从学科本体的角度思考如何让学生从宏观现象切入进行微观猜想，获得实验证据。第三轮次改进的重点是目标的完善，提升目标与学习活动、持续性学习评价的一致性，基于目标的问题任务、评价指标、单元作业更加清晰。详见表 5-1-2。

表 5-1-2　核心素养目标统领下的深度学习教学改进内容

改进轮次	改进内容
第一轮次	确定及表达目标——呈现素养表现的行为、水平（目标—主题—活动—评价）
第二轮次	优化目标——呈现学生的认识发展进阶和问题解决能力发展（内容组织、情境素材、学习活动）
第三轮次	完善目标——与学习活动、持续性学习评价的一致性论证与提升（问题任务、评价指标、单元作业）

实践表明，教师基于固有视角的对课程、教材及资源的分析与素养导向教学目标之间的不匹配，会导致学习活动和目标不对应，进而缺少对学习活动中的学生表现的评价。教学实践层面，教师不仅要关注教学，还需要关注学生：学生的学习过程是怎样的？实现学生知识

的素养发展价值的策略有哪些？学生如何基于课程标准实现深度学习？教师要解决教学实践策略的系统问题，需要进一步丰富三方面的知识：一是学生学习及评价知识，包括学生的已有概念、错误认识、障碍点、进阶路径、行为表现、评价方式。二是单元教学策略知识，包括教学方式和在此基础上进一步考虑的内容组织、情境创设、素材呈现、驱动问题和任务的设定等方面。教学方式包括启发式、讲授式、探究式、小组合作等，在深度学习中通常是以多种方式灵活地组合使用，根据整体教学目标由教师进行选择，这需要教师充分了解不同教学方式的特征才能灵活使用。三是课程教材资源知识，包括对课程标准的理解、对教材的分析、资源选择。很多教师在教学时更多参照教材和已有教案，而基于新课程新课标的教学要求教师依据课程标准开展教学。但是，不同教师看课程标准时会有不同的理解，甚至很多教师不理解课程标准表述的内在意图，导致只是照本宣科地跟进训练。目前的教科书既有正文又有资料性和活动性栏目，如何将教材与教学对接，让教材更好地支持教学是教师需要钻研的。教学资源包括为学习提供的支持性资源、实验室试剂和仪器等。这些知识相互关联，共同服务于深度学习的整个教学系统。

上述改进过程对教师来说具有较大挑战，但能够和已有的教学经验对接。教学改进不是另辟蹊径，而是不断优化。这样的优化指向系统化教学，突出学科本质与思想方法，突出学科育人价值，贴近学生生活，突出学生主体。

三、激发活力，创新突破

校本教研是区域推进高中化学深度学习的教学改进项目的关键。对校本教研的指导，主要从增强校本教研的学术内涵、开展实践取向的微研究、解决"真"问题等角度入手。海淀区三级联动的深度教研模式，体现了对校本教研是学校、教师发展的动力之源的价值认同（见图5-1-1）。创新的教研机制有助于激发学校教研组的内驱力，鼓励教师创造性解决指向深度学习"教—学—评—改"一致性的关键问题，解决制约深度学习真实发生的"真"问题。

在校本教研层面，通过建立区域学科教研基地，探索关键问题的学校解决方案，将区域教研、校本教研有机融合。每个学科在学科教研基地校开展项目实验，学科教研基地校实行"双微驱动"模式，学校教研组"首席教师"带领"微团队"，以"微项目"为载体，结合自身实际开展研究与实践，聚焦关键问题，探索问题解决的实践路径，建立健全教研机制，促进学科建设。

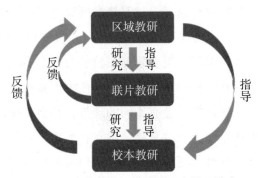

图 5-1-1　海淀区三级联动深度教研模式

学校的备课组或教研组作为一个团队，借助专家、教研员、区域名师的力量，聚焦深度学习教学系统中的某个问题深入研究，带动对教学的系统思考。如有的学校聚焦学习目标的设计，有的学校聚焦学习活动，有的学校聚焦评价或作业改进等。这些都成为区域深度学习的教学改进项目课题下的子课题和微项目。示例如表 5-1-3 所示。

表 5-1-3　海淀区部分高中化学学科教研基地深度学习项目研究与实践

学校	研究内容、实践过程及效果
北京一零一中石油分校	化学教研组教师与指导专家、教研员共同经历了三次集体备课、三次试讲的实践过程；通过"重雾霾天气时是否要采取'汽车限行'措施"的课例研究，探索"科学态度与社会责任"素养的教学实现途径，探索社会性科学议题的项目教学的模式、方法和策略；在此期间完成了深度学习活动设计与实施的学校研究与实践、"促进学生学习方式转变"的教学行动研究

续表

学校	研究内容、实践过程及效果
北京市中关村中学	聚焦电离和离子反应，从必修课程到化学反应原理模块的复习课，再到高三的一模试卷讲评课，聚焦应用水溶液认识模型解决真实问题的主题，进行了不同年级同一个主题教学的进阶研究；同时也开展了其他主题内容的深度学习案例研究；学校化学组全体教师参与项目实施，将教师自身的发展融于团队的发展中，教师多次承担市级、区级等现场课教学展示和分享，取得了显著成效；在"风采杯"等比赛中取得优异成绩

对于教师来说，从最初的认识到初步的实践是一个艰难的过程，需要教师由点到面，既有广度又有深度，系统深入教学的各个方面并做出改进。虽然这是一个漫长的过程，但是如果在某一方面逐步深入，久而久之就可以实现常态课的教学行为和教学习惯的改变。

第二节　高中化学深度学习教学改进的学校实践策略

学校是深度学习项目实践的主要环境，学校的教师工作机制、教师教育的环境都影响教学的开展，学校体系内的教师和管理者都需要借助工作模式和措施来推动深度学习的教学在日常课堂上的实施。学校面临着教师专业发展制度改进、教师价值观念转变和教学实践改革，以及有效支持教师专业发展的课程或项目开发的挑战[1]。从学校层面创新管理机制，持续推进校本教研，将促进深度学习教学改进的落地。

在"普通高中基于学科核心素养的深度学习教学改进"总项目组的部署和引领下，在北京市西城区"双新"项目组的指导下，北京师范大学第二附属中学推进了闭环思维管理，转变观念，顶层设计，系统推进，使每一位教师更好理解与应用深度学习理论，激发教师教学

改进的内在驱动力，促进教师积极改进教学。

一、闭环思维，实现深度学习的可持续发展

　　闭环思维是北京师范大学第二附属中学深度学习项目推进的总指导思想。闭环思维将工作分为四个阶段：计划，执行，检查，行动。四个阶段循环完结后解决一些问题，未解决的问题进入下一个循环，如此阶梯式上升，直到任务完结。在深度学习项目推进中，"计划"意味着学校整体方案的论证与解读，各学科骨干教师深度参与，研讨深度学习的核心概念，将研究内容细化为学科年度计划。在此基础上学科组形成学科年度方案，这一过程引导教师明晰目标，达成共识。"执行"是基于计划，围绕共同主题，分阶段开展教学实践。近两年学校搭建平台，在全体教师中先后开展了"大概念引领下的单元教学设计与实施"展示课和"对标核心素养　聚焦任务设计"单元说课活动，旨在引导教师在教学实践时要"想明白""做到位"。"检查"是总结梳理，是反思发现新问题的过程，是将问题转化为新的研究点，从而再"行动"。每一次活动后，学校组织教学论坛，通过"论"明晰优势，找到不足，清晰研究方向；学科组结合评价指标和课堂观察，聚焦每个课例，开展学科组层面的教学研讨。总之，闭环思维引导教学实施更加深入，引导教师追求"没有最好只有更好"的教学，实现深度学习项目的可持续发展。

二、明晰问题，促进教师教育观念的转变

　　每一次教学改革都不是推倒重来，学校的课程与教学改革都是在原有基础上发现问题、优化推进的过程。梳理学校课堂教学现状，不难发现，在课堂教学中存在诸多问题："只见树不见林"，只重视单个具体概念的分解与深讲，缺少概念间的联系，缺少解决问题的思维路径的结构化设计；过多虚拟情境设计，用虚构"事实"代替真实情境；教学中急于引导学生思维，用教师的思考替代了学生的思考，又或者

任务难度不够，导致学生缺乏兴趣而被动学习；用解题、做题的教学过程代替了问题解决的过程，无法实现举一反三；等等。应在梳理、明晰问题的基础上对问题进行分类，找寻解决每一类问题的着力点，清晰教学改进措施，优化教学行为。具体应对策略如下：用"综合性主题"解决"只见树不见林"的问题，用"真实性情境"优化"过多虚拟情境设计"的现状，用"挑战性任务"革除"教师思考替代学生思考"的弊病，用"创造性迁移"应对"只解题做题不解决问题"的状况，实现教师从教学行为到教育观念的转变，激发教师的主动性和创造性。

三、转变观念，明晰学生视角下深度学习的内涵

深度学习的"深度"最终应该体现在学生身上，有必要建立学生视角下"深度学习"的表现，用以指引深度学习的真实发生。学生的"深度学习"应该包含多个因素，北京师范大学第二附属中学建立了三个维度、六个二级指标。三个维度指学生对学习过程的"深度参与"、对学习对象的"深度认知"和学习效果的"深度发展"。三个维度指向了学生学习的三个要素，即学习过程的参与程度、学习对象的认知程度以及学习后的发展程度。在三个维度下分别建立了二级指标，如"深度参与"具体表现为情感积极主动、思维活跃有深度、课堂上与他人产生和谐的互动。细化的二级指标的主语一定是"学生"，用以引导教师进行教学设计与实施。维度与指标是实现教师观念转变、理解"以学生中心"教学的内涵、引导教师教学设计与实施的指南和依据。

四、评价先行，为教学设计与实施提供支架

系统、具体的评价对于教学导向具有非常重要的作用，评价设计要先于教学实践。学与教不同视角下的评价具有不同的功能。"教"视角下的评价给予教师教学设计的抓手，北京师范大学第二附属中学以"有主题、有任务、有情境、有迁移"作为一级维度，并在此基础上建

构二级指标，为教师的教学设计提供支架。"学"视角下的评价力图把教学设计转化为教学实践指南，引导教师关注学生在课堂上的深度参与、深度认知和深度发展，引导教师在课堂实践中实施到位，同时也作为课堂观察、听课评课的指导工具。

五、积累资源，助力每位教师的专业成长

首先，为了确保项目的传承与发展，为每位教师的专业成长助力，要对每个教学案例进行再整理，形成基于标准的教学资源包，便于教师学习使用和优化完善。资源包包括单元教学设计、课堂实录、课后反思、说课等内容。教研组利用教研活动时间进行资源包的分享交流，确保下一个年级的备课组理解教学案例，引导教师在实施教学时能对已有的教学案例进行再优化，保障实践过的教学案例在新一轮实施中得到继承与发展，促使教师在行动研究中成长。经过多轮次教学案例的梳理与反思，教研组逐步提炼出基于深度学习的校本教学策略，形成独具特色的学科实施方案。

其次，学校还积极创造条件，鼓励教师参加高质量的学习与培训，同时还给予教师展示与发表成果的机会，比如说课比赛、研究课展示等活动。通过高质量的输入与高平台的输出，促使教师不断经历学习、实践、反思、再学习、再实践的过程，实现教师的专业成长，促进项目不断发展。学校还积极倡导教师开展跨学科联合教学，因为真实问题往往不是单一学科可以解决的，在进行真实问题解决的过程中，丰富教师的视野，促进教师问题解决能力的发展与提升。

最后，专家资源是项目不可或缺的资源。专家深度参与下的专题校本研修，引导教师站在高起点、系统化地认识深度学习理论、课程标准以及新教材，指导教师如何基于课程标准设计与实施单元教学，科学诊断教学中出现的问题。这些工作使教师在将先进理论转化为教学实践的过程中少走弯路，更快促进教师教学行为的转变，更精准地引导学生实现深度学习。

第三节　教师在深度学习教学改进项目中获得专业成长的有效策略

在区域与学校层面全面推进深度学习的进程中，教师主动参与，深入思考，融合深度学习的理论和实践经验，实现了教学能力的发展和个体的全面成长。

对于处在成熟期的教师而言，参与深度学习的实践，实际上是对教育教学的系统性再学习。因为深度学习不是某一流派的理论演绎，而是对历史上优秀教育理论成果及优秀教学实践经验的汇聚与提炼，是对学生学习与核心素养发展的持续探讨。很多骨干教师经验丰富，有的已经形成了自己的教学风格，深度学习项目实际上是在和他们一路同行，帮助他们整理经验，回归对学生核心素养的关注。这一过程帮助教师更深刻地认识教学的根本目的，重新认识教学目标的价值，是对教育境界和教育情怀的质的提升。

对于处在发展期的教师而言，深度学习项目是助力教师提升专业素养的加速剂。项目推进过程中形成了很多专家和骨干教师参与其中的备课团队、工作坊，在高端的备课引领、同行的智慧碰撞中，教师们亲历了学习主题的确立、大概念的打磨、教学活动的设计与课堂实践的全过程，在深度学习的示范课到常态课的转化过程中，逐步将这种备课思路变成自己的思维工具，进而内化为其专业素养的一部分。

教师的成长是深度学习项目扎实推进的必然结果，因为教师是深度学习中的关键要素。教师与学生在深度学习中是相互成就的，有了教师的不断探索和成长，学生的学习会不断推向深入。同样，在不断引发学生深度学习的过程中，教师自觉地赋予了自己更丰富的职责，在成就和发展学生的同时，也获得了自身的持续发展，实现了自身的价值。

在深度学习项目中，教师的成长程度有较大的差别，主动性、持续的教学实践、立足学生的素养发展是促进教师在深度学习项目中发展的重要因素。

一、主动性是必要前提

任何一次教学改革对教师个人来说都是成长契机，是否主动参与其中，成长和收获大不相同。深度学习项目是在全面深化课程改革的大势之下应运而生的教学改进项目。与其说深度学习项目是一次变革，不如说它是一种改进和深化，沿袭了这十几年来课改的理念与成果，而非一种与以往的课改理念相背离的、全新的事物。作为教师，不能因变革而恐慌、排斥，也不能因沿袭而守旧、自封。教师应将参与深度学习项目的过程看作自身教育教学知识重构、提升育人素养的契机，直面自己的问题，主动学习顺应改革，甚至引领改革。

然而，做到这一点并不容易。在深度学习项目推进的过程中，我们是否产生过或听到过这些声音：

"深度学习太难了！我至今连什么是深度学习都没搞明白。"

"教学设计表格太烦琐了，框架如此复杂。"

"深度学习项目初中生玩一玩还行，高中生不会有兴趣的，什么探究汇报，学生就是配合一下而已，并没什么实质收获。"

"总是搞一些花架子，耽误进度又不实在，要是没人听课，谁会这么上课啊？"

"谁不知道真实情境、问题解决好啊，可是这么多内容根本上不完。"

……

这些想法，实际上是在潜意识里先入为主地形成了一道不主动参与的屏障，禁锢了自身，阻碍了教学改变。因此，成长的第一步就是突破屏障，打开自身，迎接改变。

深度学习太难？我们有没有主动尝试去学习？我们可以多向专家和书本学习，多向同事和学生学习，多进行自我反思性、关联性的学习。解决"难"的问题，靠的是主动的、内生性的学习，而不是完成任务的、刷时长的学习。

深度学习的教学设计烦琐？我们有没有主动尝试简化？深度学习设计里最核心的部分是什么？自己最擅长或最薄弱的部分是什么？能不能试着用深度学习的理念设计一个简版的实践框架？或者从目标、任务设计等某一个环节入手先去尝试一下？要知道，再烦琐的问题都是由一个个简单步骤构成的，做起来，才是化繁为简的关键。

深度学习的活动学生不感兴趣、完成效率低？我们有没有反思过这是活动设计的问题还是深度学习理念的问题？重新审视学生的需求、探索如何设计适合学生学段特点、针对素养提升节点的教学活动，这才是更积极、更主动的状态。

二、持续的教学实践是必由之路

教师要在项目中获得真实的成长，必须依赖于持续的教学实践。从选取引领性学习主题、确定素养导向的学习目标，再到挑战性学习活动的设计和持续性学习评价的开展，深度学习的每一个环节都需要在课堂上亲身实践。其中情境素材的选择、课堂教学中的深度互动等关键策略，更需要反复实践、反思、改进。深度学习就发生在学生设计方案、发表意见、讨论修正、争论辨析、实践探索、结果分享的过程中，学生的参与感越强，参与的程度就越深，学习的收效也就越大。因此，有人把深度学习的学习活动称作"沉浸式"活动参与方式。在实践中与学生共同"沉浸"，是最促进教师主动思考、主动求变的方式。

例如，设计深度学习的单元学习任务时转变观念很重要。是"先记住知识再提高能力"还是"在解决问题中获得知识、发展能力"，观念不同，对深度学习的理解就会有很大差异。但是，仅仅靠听专家的讲座、观察同事的教学，很难真正扭转观念，只有真的在课堂中尝试过、实践过才能有真正深刻的体验。有位化学教师分享了他教学中的一次真实经历。在设计"氢氧化钠的化学性质"时，该教师就是否采用开放度较高的小组实验探究策略举棋不定，担心影响进度，影响落实效果，但又想尝试让学生深度参与、真实体验。最后，他大胆走向课堂实践，让学生通过细致观察提出各式各样的问题，讨论交流，设计实验进行后续探究。初期，他为学生的深度参与而感到惊喜，虽然，与采用讲授课形式的平行班相比，学生的随堂测验分数低，方程式正确率也低，进度也明显拖慢了。可是，在实际的课堂实践中，他感受到的不仅是测验的数据，还有学生对问题的思考碰撞，师生、生生的深度互动，真实的课堂体验让他触摸到了学生的思维，这是与以往教学不一样的体验。正是这种体验，支持他在面对不理想的测验数据时，没有停止探索，而是坚持继续推进完成了整个单元的教学。在后来的阶段测试和复习中，他发现学生对这部分知识的理解和掌握程度比平行班要更高、更持久，而且面对综合问题时的表现明显更好。

这样的例子在深度学习的实践过程中是比较普遍的。因为深度学习的特点决定了它指向的是素养、能力层面的发展，是价值观的形成和关键能力的培养。这是一个隐性的过程，也是一个长期而缓慢的过程，可能对短时记忆类任务没有明显帮助，甚至可能暂时落后于传统讲授式教学。教师进行深度学习实践需要一定的自信，而这份自信来自课堂真实的实践体验。

真学习、真思考、真实践，才能解决"真"问题，也才能实现"真"的转变和提升。

三、立足学生的素养发展是根基

在深度学习中，学生是学习的主体，教师是引导者而非学生学习的替代者。教师在深度学习项目中应牢牢把握学生素养发展这一核心，站在学生发展的视角来分析和解决教学实践中的困难。

例如，在选取引领性学习主题时，如果教师按照"哪节课设计成深度学习容易出彩、容易获奖"的思维方式，这可能会设计出一节好课，但教学理念的转变和提升是有限的。如果教师立足于"整个单元甚至是整个学段中哪些是值得设计成深度学习的、是学生真正需要理解突破的"，这立足的就是学生素养的发展，是统筹规划的常规课堂。设计学习活动必然比传统讲授耗时，但学生理解得深透。选择哪些内容用深度学习方式教学，就是在平衡深入理解类和记忆复现类教学内容的"性价比"，在整体规划中寻求教学效率的最优解。这样选出的学习主题，在实践中更容易落实在常规课堂中。仅仅停留在纸面上的教学设计，仅仅生存在表演课、比赛课中的教学设计，对教师的提升是极其有限的，只有将深度学习的理念融于常态课，教师才能获得快速而有质量的发展。

再比如，教师在设计深度学习活动时可能有多种设想。哪个活动好，最关键的不是看哪个热闹，哪个"顺当"，而在于实践中哪个更能将素养目标落到实处。任务是否有挑战性，需要在学生与任务的深度互动过程中展现出来。有的活动，可能低年级的学生参与热情高，高年级的就不太感兴趣，或者某一层次的学生互动深入，另一层次的学生却特别容易"冷场"，甚至是同一教师同一层次的学生，这个班热情参与，另一个班却不为所动。照搬专家的、同事的或者自己之前的教学设计，在实践中都不一定能获得最佳效果。立足学情的深度学习活动才有真正的生命力。

主动参与，积极实践，立足于学生的素养发展，这样的教师在区域与学校全面推进深度学习的过程中进步是非常明显的。从教师论文、心得体会、教材教法的分析思路、日常教学的行为转变中，都能发现迅速发展的教师典型。

四、教师发展案例

高中化学深度学习的教学改进项目持续组织教师培训、教学改进活动。在众多参与的教师中选取全程深入参与的教师，根据教师的教学设计和课堂实施等多方面的表现刻画教师的成长过程，结合教师访谈深入了解教师的真实想法和教学观念变化。以下选取处于发展期的教师 A 在项目实践中的成长过程进行呈现。

教师 A 具有研究生学历，教龄两年。在参与项目组活动之前未参加深度学习的相关培训，对深度学习的理论一知半解。项目开展过程中，教师 A 完成了理论讲座学习、教师小组研讨设计深度学习单元教学案例、教学实践与反思。在此过程中，教师 A 对深度学习及促进学生深度学习的教学的认识和专业能力发生了明显变化。

1. 理论学习中丰富对深度学习及教学的认识

在参与理论讲座学习前，我看了深度学习项目前几期的培训讲座视频。通过视频学习，我对深度学习的理解是要学生主动参与，形成核心知识结构和思路方法，能够迁移应用并创新地解决问题，最终实现核心素养的发展。这一认识和我的经验产生了共鸣，但是我对学生深度学习过程要体现社会责任的价值与评判、形成自主深度学习的能力与习惯的认识仍不足。我非常认同促进学生深度学习的教学要注重核心知识的素养发展功能，关注活动的素养发展作用，教师要引导学生主动探究。但是将对教学的认识转化为教师真正的教学，对我来说有较大挑战，具体包括：基于单元整体设计连贯的教学内容；每节课都要承载不同的内容，指向不同的学生素养；通过一个单元的教学，完成课程标准要求的学生素养培养目标；等等。

关于如何设计深度学习的教学，我以往进行教学设计时都会参考课程标准和教材等材料，能够研读分析教材中的知识关联和素材，能够分析课程标准并关注核心知识和学科观念，但在综合课程标准和教材等材料构建核心知识及分析并确认核心知识承载的素养表现时存在困难；能够分析教学内容承载的核心素养维度，但仅孤立体现某些维度的素养表现；能够有意识地设计符合学生学习过程的活动，设计小组合作和学生主动探究的活动，但学生合作和探究的效果难以达到预期。

高中化学深度学习项目组组织理论讲座，系统讲解深度学习和促进学生深度学习的教学。通过理论讲座阶段的学习，我理解了开展指向深度学习的教学的意义和如何设计教学，尤其是引领性学习主题的分析与设计——这是我此前没有详细做过的。但是理论讲座后，我在挑战性学习活动、持续性学习评价、开放性学习环境的设计方面的改变较小，仍然不知道如何操作，即使是在了解到这些要素和如何分析设计这些要素应该要达到什么样的表现之后，仍然很难形成有效的思路，并将其迁移到我的实践中。

2. 教学设计研讨中重塑对如何设计的理解

我带着对深度学习教学的新认识，参与到深度学习教学设计的培训活动中，在经历了与小组教师讨论和专家及时指导后，对设计教学的各个要素有了新的认识。在与其他多位教师进行小组讨论时，我们讨论的重点是关注学生能力素养进阶的起点。我们要先弄明白学生的已有基础是什么，再考虑学生将在已有基础上发展什么。但是此时我遇到了如何建构核心知识和如何准确确定学生的核心素养发展进阶过程的问题。这个问题不仅存在于教学设计阶段，一直贯穿到后面的挑战性学习活动、持续性学习评价的设计中。例如，我设计的学习活动关注了核心知识线、活动线、学生认识发展线，但是在此过程中学生解决某个任务时可能表现出的不同能力水平和预设的活动线索不匹配，建立解决一类问题的思路方法的过程与预设的核心知识线、活动线的匹配程度较低。这些都是我们在设计过程中不断出现的问题。当时工作坊还有多位指导专家，他们也给我们提出了针对如何通过分析课程标准解决这些核心问题的建议。

3. 课堂实施中真切感受深度学习的教学

经过多轮次的教师研讨，结合专家的建议，我将设计的案例应用到课堂教学实践中。我能够按照深度学习教学设计开展教学活动，特别关注学生主动探究和合作解决问题的需求，给学生提供较充足的时间，特别关注让学生经历建立、应用解决此类问题的思路方法，这是在设计基础上做的调整。但是我在根据学生的深度学习表现及时调整教学、提供针对性的指导方面仍然存在不足。例如，学生在完成任务后，我能够根据学生的结果提出针对性建议，但往往直接给学生提供"应该是什么"的答案，而缺少对学生思考的引导。关于深度学习教学设计提倡的"教、学、评"一体化，我的课堂教学过程包含了针对学生学习活动表现的评价，但是基于学生深度学习表现的评价缺少有效的评价反馈。例如，在让学生分析绘制含硫物质转化路径的活动后，我为学生描述了三种表现水平作为评价标准，学生自评属于哪个水平，学生自评后我再关注学生自评的结果，但我没有根据评价结果给予学生反馈并据此调整教学。

从理论讲座学习到教学设计研讨再到课堂实践，我通过理论讲座从不了解深度学习到能够结合自己的经验建立对深度学习和促进学生深度学习的教学的认识，尤其是能够根据学生深度学习的特征反思教学要求。但是将这样的认识应用到教学设计时，如何操作成为难以解决的问题。如何分析课程标准和教材中的核心素养要求？如何准确分析学生的能力素养进阶过程？如何用深度学习教学特征自我评价教学设计是否达到要求？这些都是我面临的具体问题。最开始我对深度学习的认识不是特别深入，认为深度学习就是给学生一个挑战性学习任务，培训后觉得其实所谓的挑战性学习任务不一定是完全陌生的情境，比如预测物质的转化、设计方案证明转化等对学生来说就是挑战性的任务。理论学习完成之后感觉深度学习应该首先让学生有初步的思考，然后学生应该小组讨论、共同修改完善方案，不是只有教师教。参加了深度学习培训后，本学期将近一半的教学活动，基本是按照促进学生深度学习的教学框架实施的。将教学设计应用到课堂实施时，我能够按照设计推进学生的深度学习过程，但是在根据学生的深度学习表现提供针对性指导、基于学生的深度学习表现进行评价并提供结果反馈方面仍有待提高。有时候学生的回答没有体现出思维过程，达不到期待的层次，我就需要提示、追问学生，但是我在课堂上对学生的提示还不够清晰，有学生表示不理解要做什么。有时想再给学生自我完善的机会，但是课堂时间不够。

附　录

附 录 ①

名词解释

附 录 ②

指向深度学习的高中教学
设计模板和案例模板

请扫描右侧二维码阅读详细内容。

附 录 ③

检验深度学习的教学设计的必备工具

1. 引领性学习主题的检验

要素	内容
核心知识、知识结构	核心知识能够促进学生的核心素养发展；知识结构，结构化程度高，具有素养功能，反映学科思想方法，体现认知模型
核心素养的表现	多维度整合后的素养表现，具体化，针对性强，符合教学阶段和学生的基础
挑战性大任务（可选）	能够承载核心知识和素养发展功能；符合学生兴趣，具有驱动性和挑战性，能够贯穿单元的全程学习
表达	高度概括的语句表达，表明了核心知识、素养表现及挑战性大任务

2. 素养导向的学习目标的检验

要素	内容
素养导向的学习目标的要素与表达	以学生为主体，凸显核心知识，体现活动载体，表述核心素养具体表现及水平
整合性	学习目标的内容能够整合学生深度学习过程和结果的全阶段；整合学生的知识、能力、素养多方面；同一个目标条目内整合多维度的化学学科核心素养
具体化	不仅明确体现化学学科核心素养的维度，而且结合主题内容描绘学生的核心素养的具体表现，描绘学生的核心素养表现的程度
可落实	描述学生经历的具体实践活动，学生经历怎样的学习活动，通过该活动可以具有怎样的核心素养表现；并与单元学习目标检核

续表

要素	内容
可评价	描述学生学习过程中可能达成的核心素养表现水平，能用行为动词，如举例说明、解释、论证等描述并初步评估水平；体现可供评价的具体内容，并确认能否获取评估目标达成情况的必要信息
单元学习目标和课时学习目标的关联	课时学习目标间的逻辑关系与单元学习目标相匹配，课时学习目标较单元学习目标更具体

3. 挑战性学习活动的检验

要素	内容
针对性	针对素养导向的学习目标，提供核心素养发展的实践过程，突出以化学实验为主的多样化探究实践活动；针对持续性学习评价提供可评价的活动表现
进阶性	学习活动间的关联，符合学生核心素养进阶的路径，符合知识结构建构的过程，符合知识从建立到理解再到应用的过程，符合问题解决的基本过程
建构性	为学生创造主动建构的机会和空间，学生主动合作、解决问题，主动完成关联已有知识、理解新知识、迁移创新的过程
真实性	学习活动为学生提供真实的参与过程，给学生真实的参与探究、讨论的机会，学习活动与真实世界关联，为学生提供与真实世界相关联的情境素材，为学生迁移应用知识提供真实的环境
驱动性	符合学生的兴趣，激发学生持续探索；学习活动以简短的语句表达，具有一定的挑战性

4. 持续性学习评价的检验

要素	内容
评价要素完整	具有完整的评价方案，包括评价内容和评价指标、评价任务、评价标准、评价反馈方式多个要素
注重学生素养表现证据	注重学生的深度学习表现，收集学生的素养表现证据，基于学生表现设计评价、反馈等内容

续表

要素	内容
一致性	与学习目标一致，评价任务、评价方式与学习活动一致，评价标准与学习活动一致
匹配性	评价内容和评价指标、评价任务、评价标准、评价反馈方式各个要素之间具有较高的匹配性；针对某一评价内容设计对应的评价任务，预设相应的学生水平形成评价标准，设计匹配该评价任务的评价反馈方式
过程性	评价贯穿单元学习全过程，包括单元学习前、单元学习中、单元学习后；评价结果对学生的学习具有反馈调节作用，促进学生的反思和改进
多样性	评价内容多维，包括核心概念、多维素养表现；评价方式多样，包括活动表现、对话、问卷、访谈等；评价主体多元，包括教师、学生个人、学生评价小组
有效性	评价结果能真实、有效反映出学生的学习效果和能力发展水平，从而为教师教学反思提供证据，促进教师教学改进

5. 开放性学习环境的检验

要素	内容
开放性	针对深度学习的开展，提供相应的物理、虚拟和人文环境，从不同途径和不同角度呈现学习环境的开放性
学生为中心	学习环境的创设与学生活动及其表现密切相关，为学生提供与实际相关联的情境素材，让学生在平等开放的环境中进行自主学习与讨论分享
人文环境	创设合理的、促使学生参与感和责任感提升的人文环境；营造学生便于讨论分享、积极参与的氛围，形成师生和生生学习共同体；为学生提供完整论述观点、与教师平等对话的机会等
物理环境	提供指向主题完成的相关学习场所、实验资源以及相关活动设施等；为活动的开展呈现必要的材料等；给予学生分享和思维外显的工具

续表

要素	内容
虚拟环境	提供与主题、活动等密切相关的学习资源；拓展学生的交流研讨方式，可采用线上师生或生生研讨的工具；提供相关线上学习平台促进学生的个性化学习；结合具有证据性或拓展性的视频资源或互联网工具

6. 反思性教学改进的检验

要素	内容
基于证据反思	综合持续性学习评价结果，根据收集到的真实、科学、有效的学生学习表现，分析学生表现是否体现高中化学深度学习的特征，反思学生是否经历了深度学习，反思教学是否促进了学生化学学科核心素养的发展
反思指向教学系统全过程	围绕教学系统进行反思，从横向反思引领性学习主题、素养导向的学习目标、挑战性学习活动、持续性学习评价、开放性学习环境各个要素是否符合深度学习的要求，以及各要素间的一致性；从纵向的教学设计、课堂实施、教学完成后各个阶段反思教学是否促进学生深度学习
动态改进教学	对教学设计和课堂实施全过程进行反思，根据反思结果即时提出改进意见，在教学设计和实施时即时改进教学；改进教学系统中某一要素的同时优化其他相关要素

后　记

　　教育部课程教材研究所组织专家团队，针对我国课程教学改革、促进普通高中课程标准落实的需要，为教师基于课程标准设计和实施核心素养导向的教学提供支架，2019 年启动了"普通高中指向核心素养的深度学习教学改进项目"。高中化学学科深度学习项目组在总项目组的指导下，与项目的实验区和实验校共同进行了积极探索和深入实践，开发了丰富的指向深度学习的单元教学案例，开展了一系列高中化学深度学习教学设计的工作坊，进行了大量的教师和学生的调研，紧密结合理论和实践研究，在此基础上提炼形成了《深度学习：走向核心素养（学科教学指南·高中化学）》一书。

　　本书由北京师范大学胡久华教授等著，胡久华负责全书的编写、统稿工作，并执笔撰写了第一章第一节（部分）和第三节、第二章、第三章第一节；北京市海淀区教师进修学校尹博远老师撰写了第一章第二节、第三章第三节；北京教育学院何彩霞教授撰写了第一章第一节（部分）；北京市海淀区教师进修学校陈颖老师撰写了第三章第四节、第五章第一节；北京市海淀区教师进修学校支瑶老师撰写了第三章第二节；北京师范大学第二附属中学相红英老师撰写了第五章第二节；北京师范大学博士生刘洋撰写了第五章第三节；尹博远老师执笔撰写了第四章案例 1，胡久华和北京师范大学硕士生董娜共同完成了案例 2，安徽省教育科学研究院夏建华、朱成东和合肥市第六中学袁天祥老师撰写了案例 3，北京一零一中学陈争老师撰写了案例4，北京师范大学魏锐教授和北京景山学校林红焰老师共同完成了案例5，陈颖老师和北京理工大学附属中学叶斐、甄甜丽、张雅玲老师共同完成了案例6。刘洋依据深度学习的培训内容撰写了第二章的初稿，尹博远、支瑶、陈颖老师参与了第二章的修改。何彩霞老师、北京师范大学博士生张瑞林对全书进行了审读，夏建华老师审读了第一章和第二章。

深度学习项目实验区和实验校老师提供了实践基地，并共同研发案例；王严、何文杰、庞雪、富瑶、陈争、尹博远老师分享了深度学习教学实践的经验和智慧；刘洋为本书的出版做了大量的助理工作；教育科学出版社为该书的出版给予了大力支持。在此一并表示感谢！

指向深度学习的化学教学实践，是每个化学教师的教学追求，是促进化学学科核心素养落地的重要途径。本书是高中化学学科深度学习项目组多年理论研究和实践研究的阶段性成果，难免有不妥之处，期望广大教师在应用和实践的过程中提出宝贵建议。

深度学习教学改进项目高中化学学科组
2024 年 9 月

出 版 人　郑豪杰
策划编辑　池春燕
责任编辑　邵　欣
版式设计　孙欢欢
责任校对　贾静芳
责任印制　叶小峰

图书在版编目（CIP）数据

深度学习：走向核心素养. 学科教学指南 高中化学/
胡久华等著. -- 北京：教育科学出版社，2024. 12
（深度学习教学改进丛书 / 张国华主编）
ISBN 978-7-5191-3842-4

Ⅰ. ①深… Ⅱ. ①胡… Ⅲ. ①中学化学课—教学研究
—高中 Ⅳ. ①G633

中国国家版本馆 CIP 数据核字（2024）第 059387 号

深度学习教学改进丛书
深度学习：走向核心素养（学科教学指南·高中化学）
SHENDU XUEXI：ZOUXIANG HEXIN SUYANG（XUEKE JIAOXUE ZHINAN · GAOZHONG
HUAXUE）

出 版 发 行	教育科学出版社		
社　　　址	北京·朝阳区安慧北里安园甲 9 号	**邮　　编**	100101
总编室电话	010-64981290	**编辑部电话**	010-64989179
出版部电话	010-64989487	**市场部电话**	010-64989009
传　　　真	010-64989419	**网　　址**	http://www.esph.com.cn
经　　　销	各地新华书店		
制　　　作	北京金奥都图文制作中心		
印　　　刷	河北鹏远艺兴科技有限公司		
开　　　本	720 毫米×1020 毫米　1/16	**版　　次**	2024 年 12 月第 1 版
印　　　张	22.75	**印　　次**	2024 年 12 月第 1 次印刷
字　　　数	313 千	**定　　价**	69.00 元

图书出现印装质量问题，本社负责调换。